浙江财經大學東方學院
ZHEJIANG UNIVERSITY OF FINANCE & ECONOMICS DONGFANG COLLEGE

仰山論叢

2017年卷

◎ 沃 健 主编

ZHEJIANG UNIVERSITY PRESS
浙江大学出版社

图书在版编目（CIP）数据

仰山论丛. 2017年卷 / 沃健主编. —杭州：浙江大学出版社，2018.9

ISBN 978-7-308-18627-8

Ⅰ.①仰… Ⅱ.①沃… Ⅲ.①高等学校—教学研究—中国—文集 ②高等学校—教学改革—中国—文集 Ⅳ.①G642.0-53

中国版本图书馆CIP数据核字（2018）第214888号

仰山论丛(2017年卷)

沃健 主编

责任编辑 傅百荣
责任校对 李瑞雪 沈巧华
封面设计 刘依群
出版发行 浙江大学出版社
（杭州市天目山路148号 邮政编码310007）
（网址：http://www.zjupress.com）
排　　版 杭州隆盛图文制作有限公司
印　　刷 虎彩印艺股份有限公司
开　　本 880mm×1230mm 1/16
印　　张 13
字　　数 494千
版 印 次 2018年9月第1版 2018年9月第1次印刷
书　　号 ISBN 978-7-308-18627-8
定　　价 65.00元

浙江大学出版社市场运营中心联系方式:0571-88925591;http://zjdxcbs.tmall.com

《仰山论丛》(2017卷)
编委会成员

目　录

区域研究

公共管理与政策

教学研究

区域研究

智慧市场、网上网下市场融合发展路径研究*

倪玲霖　黄董良　王跃梅　吴君钧　邵建辉

（浙江财经大学东方学院，浙江 海宁 314408）

摘　要：专业市场对区域经济和社会的发展有着举足轻重的作用，在互联网如火如荼发展的大背景下，电子商务对专业市场的发展产生了巨大冲击，为继续保持专业市场的影响力和竞争力，实现市场自身的转型升级，传统专业市场选择了网上网下市场融合发展的路径。本文在调研浙江省十大专业市场的基础上，对智慧市场、网上网下融合的概念进行了界定，并给出了两者间的主要关系，并分析了专业市场在电子商务发展背景下所发生的主要变化，据此剖析了专业市场在智慧市场建设、网上网下融合过程中的经验、困惑以及瓶颈，最后提出了智慧市场建设、网上网下融合的七大对策建议。

关键词：专业市场；智慧市场；网上网下融合；融合路径；融合对策

一、绪 论

（一）研究背景与意义

1. 研究背景

专业市场是一种以现货批发为主，集中交易某一类商品或若干类具有较强互补性和替代性商品的场所，是一种大规模集中交易的坐商式的市场制度安排①。由块状经济迅速发展而形成的浙江省专业市场，已成为促进浙江产业发展、提高商贸流通水平、加快城市化进程等方面的重要载体。目前浙江省亿元以上商品交易市场数量为756家、摊位数44.6万个，均位列全国第一②，以义乌小商品城、绍兴中国轻纺城、余姚中国塑料城等为代表的专业市场名闻遐迩，浙江省是名副其实的“市场大省”。而近年来随着信息技术的巨大发展，社会已进入了一个电子商务时代，截至2017年6月，中国网络购物用户规模达到5.14亿③，2016年全年浙江省通过网络实现零售额达1006亿元，增长幅度高达58.3%。伴随着电子商务的冲击，新流通业态、新商业模式迅速兴起，许多企业自创

---

* 项目来源：浙江省自然科学基金资助项目（LQ17G010001）。

① 郑勇军，袁亚春，等. 解读“市场大省”——浙江专业市场现象研究[M]. 杭州：浙江大学出版社，2003.

② 中华人民共和国统计局编. 2017年中国统计年鉴[M]. 北京：中国统计出版社，2017.

③ 中国互联网络信息中心（CNNIC）第40次《中国互联网络发展状况统计报告》。

品牌,构建自有营销渠道,并开拓网上销售渠道,这对以提供销售渠道和信息服务功能为赢利点的传统专业市场产生了巨大的影响。

1999 年电子商务进入实质性商业阶段,经过漫长的探索和发展,从量变跃升至质变,网络消费已成为当今不可逆的消费趋势。自 1999 年开始,我省商品交易市场进入数量增减不定的状态,到 2016 年只剩下 3951 个,为 1993 年来的最低值,但十亿元以上市场的数量逐年增长,至 2016 年已高达 294 个。这表明在电子商务的影响下,浙江省专业市场的发展已从数量上的扩张转向质量、规模的提升。在中国社会科学院财经战略研究院 2017 年发布的"中国商品市场百强"榜单中,浙江有不同类型的 43 家市场入围,占据近半壁江山;同时发布的"网上网下融合型市场 30 强"和"引领产业型市场 30 强"中浙江市场分别占据 13 席和 14 席,远远领先全国其他省份。截至 2016 年底,浙江省实体市场共实现成交总额 2.05 万亿元,网上商品交易市场共实现成交总额 3.57 万亿元。浙江省专业市场之所以能牢牢抓住电子商务带来的机遇,实现总体平稳有升的发展,离不开政府精准把握专业市场发展趋势的能力以及市场举办方较强的创新能动意识。2004 年 9 月,余姚中国塑料城创建了全国第一家网上交易市场,为浙江省乃至全国的专业市场做了创新示范。在浙江省政府《关于进一步推进商品交易市场提升发展的意见》(浙政发〔2012〕65 号)和省工商局、省财政厅《关于开展智慧市场、现代商品市场集群及网上网下融合示范市场建设试点工作的通知》(浙工商市〔2015〕11 号)文件精神引领下,全省各大专业市场积极主动应对新形势,纷纷尝试开展智慧市场建设和网上网下融合,取得了上述成果。近些年来,浙江省商品市场情况见表 1。

表 1　浙江省商品交易市场情况①

年份	交易市场/个	10 亿元以上/个	100 亿元以上/个	商品市场成交额/亿元
1999	4347	69	3	3606
2004	4049	114	9	6384
2009	4194	180	18	10745
2014	4321	225	33	17800
2015	4243	243	33	20500
2016	3951	294	32	20500

但是,当前浙江省专业市场仍然面临着诸多挑战。习近平总书记在党的十九大报告中指出"我国社会主要矛盾已经转化为人民日益增长的美好生活需要和不平衡不充分的发展之间的矛盾"。在消费者美好生活的需求下,浙江省专业市场大批量化、高度同质化的同类商品已不适应现在小批量、个性化的市场需求,随着供应链逐渐变短,流通环节过度加价的贸易方式已经逐渐被消费者抛弃。此外,专业市场规模化、专业化、信息化的发展趋势下,巨大的竞争压力使一部分运营思路不清、获利形式单一、基础设施建设滞后、管理松散粗放、服务水平较低的专业市场开始走下坡路;而创新意识及能力强、具有综合管理能力的市场开始转型升级并呈现出信息化加快、网上网下融合发展的态势,逐渐探索出一条适合自己走向大而强的可持续道路。面对各方带来的压力,浙江省应如何不断适应、创新和变革,继续引领专业市场大方向,是新时期专业市场转型升级的重要研究内容。

2. 研究意义

专业市场是商品交易场所,更是一种商品交易制度,具有自身的发展规律,需要不断调整并适

① 浙江省统计局,国家统计局浙江调查总队. 2017 年浙江省统计年鉴[M]. 北京:中国统计出版社,2017.

应当下社会经济环境。随着信息技术的发展，专业市场正经历着颠覆性的变化。研究基于智慧市场发展的网上网下融合主要方向及具体路径，不仅可以促进浙江省专业市场的发展，更能够实现以专业市场为中心的整条产业链的跃升，为全省经济的持续增长作保障。

(二)国内外研究现状

受"专业市场消亡论"(Braudel[1])的影响，国外关于专业市场建设的文献非常少；在信息技术发展更迭下，智慧市场、网上网下市场融合的文献也逐渐增多，这些文献主要集中在我国。一是智慧市场的研究较为空缺且大多围绕农产品批发市场展开。智慧化是信息化发展的最高阶段，由交易费用理论、交易分工理论和随机前沿分析等方法验证得知，专业市场可以通过充分利用诸多信息技术来降低市场的交易成本及信息搜集成本(王晓飞等[2]；龙腾紫[3])。信息主导型的农产品批发市场(俞菊生[4]；傅清波[5])被提出后，众多学者开始研究农产品专业市场信息平台建设、信息系统功能的完善，以及智慧化阶段市场内大数据分析及交易中心建设、产品溯源系统、市场价格预测系统、商务协作系统的建立(周伟坚[6]；张苗钰等[7])。二是网上网下市场融合的发展思路一再被验证。电子商务能有效降低营销成本(Benjamin[8])、扩大市场范围(Troy Jefferson Strader[9])，打造网上网下相适应的电子商务平台是传统专业市场走出"衰退论"的重要途径(陆立军等[10])。在融合措施上，于斌斌[11]构建理论模型分析专业市场与网络融合的微观机理，提出除了网站平台以外，还需加快信息服务、金融服务、物联网体系建设以及各相关组织机构的电子商务化步伐，这与其他专家建立市场管理系统、交易系统、服务系统的研究结果不谋而合(黄锋[12]；马斌等[13])。三是专业市场未来发展方向上众多学者给了一定的建议。研究表明品牌嵌入、配套服务及功能转型对专业市场适应性有正向作用，网络化、信息化、品牌化及业态高级化、功能多元化是专业市场的发展趋势(赵永刚[14])。阮王梓[15]运用交易制度变迁理论，又证实了专业市场国际化的发展方向及思路(2014)。未来的专业市场应是传统店铺、网商\电商企业、平台商、物流、金融、设计、品牌共同合作创造价值的健康的市场生态系统，商品展销、信息集散、价格形成、购物旅游、产品创新、技术交流、标准制定、规则输出等方向是传统专业市场转型提升的可行服务功能(陆立军等[16][17])。

从文献中可以看到：(1)智慧市场的建设还有许多探索空间，除农产品外，进口产品、制造业中的成品及半成品的专业市场智慧化建设是空缺，也是我们所需研究的重点内容。(2)网上网下融合已成必然，网上市场充分打破了实体市场时空的劣势，成为网下市场很好的补充，可以肯定的是，在一二十年内，随着网络的普及和应用，必将有越来越多的专业市场通过开展电子商务，逐步向网下有形市场与网上无形市场相结合的方向转型。(3)专业市场的功能转型已经迫在眉睫，于我国众多的专业市场而言，唯有加快市场硬件和软件的改造提升，完善配套服务设施，推进信息化、数字化建设，创新交易方式、交易手段，积极采用电子商务交易方式，促进网下有形市场与网上无形市场相融合，才能适应市场未来的发展趋势，避免被动遭淘汰。

(三)基本概念的界定

1.智慧市场

智慧市场的提出源自于IBM在2008年率先提出的"智慧地球"(Smarter Planet)，也称为智能地球，是指把感应器嵌入和装备到电网、铁路、桥梁、隧道、公路、建筑、供水系统、大坝、油气管道等各种物体中，并且被普遍连接，形成所谓"物联网"，然后将"物联网"与现有的互联网整合起来，实现人类社会与物理系统的整合。2009年，IBM又提出建设"智慧地球"首先需要建设"智慧城市"的口号，随后建设"智慧城市"成了当今世界各大城市发展的新趋势。2009年，时任国务院总理温家宝在北京科技界大会上作了题为"让科技引领中国可持续发展"的报告，其中对与"智慧城市"密切相关的"智慧地球"、"物联网"等进行了科学诠释和目标展望,标志着"智慧城市"研究和实践已引起国家层面重视。为规范和推动智慧城市的健康发展,构筑创新 2.0 时代的城市新形态,2013 年我国住房和城乡建设部公布了首批国家智慧城市试点名单,所谓的智慧城市是运用物联网、云计算、大数据、空间地理信息集成等新一代信息技术,促进城市规划、建设、管理和服务智慧化的新理念和新模式①。专业市场是城市的重要部分,智慧城市的建设离不开智慧市场的建设。

综上所述,课题组将智慧市场概括为:利用物联网、云计算及大数据等信息技术对传统专业市场进行改造,通过构建智慧管理平台、智慧指数平台、智慧交易平台等平台,解决市场中商品溯源、信息预测、精准交易等问题,最终实现以专业市场为中心产业链升级的新型市场。

2. 网上网下融合

网上网下融合又称线上线下融合,这里的网(线)指的是互联网。传统实体市场规模的扩大受到空间的限制,投入成本越来越高,同时市场辐射被区域限制;建设网上市场可突破传统实体市场的时空限制,商品和企业可在网上实现虚拟集聚,弥补了实体市场空间扩张受限的缺陷。目前我国网上市场主要分为自建平台与第三方平台:第一种以京东为代表,其主要营运模式是通过平台网站向生产商或经销商购入产品,再由平台直接销售给消费者;第二种以阿里巴巴为代表,由平台网站向各经销商和消费者提供交易场所及必要服务。两种平台的区别在于第三方平台具有显著的中介性质,并不会参与到交易中去,成熟的第三方平台在成本、试错、时间、绩效等方面占据较大优势。两种平台并非完全的竞争关系,随着内部条件和外部市场的变化,这两种方式也可能互相转换,甚至并存发展。

然而,网上市场对消费者来说并非万能,商品的可视性、可触性、可听性、可感性等直观属性是缺失的,网上流量成本也越来越高。鉴于网上市场对体验、成本效率升级的不彻底性,阿里、京东纷纷开始布局网下实体市场,并分别提出了"新零售"与"无界零售"的发展方向。阿里巴巴集团董事局主席马云指出"纯电商时代很快就会结束,未来十年、二十年,线上线下和物流必须结合在一起,才能诞生真正的新零售"。京东集团董事局主席刘强东认为"第四次零售革命的实质是无界零售,终极目标是在知人、知货、知场的基础上,重构零售的成本、效率、体验"。

综合"新零售"、"无界零售"的理念,课题组将网上网下融合概况为:以需求为导向,以互联网为依托,通过智慧化手段的运用充分发挥网上商流、信息流、资金流及网下物流、体验、服务的优势,围绕人、货、仓、配全方位服务消费者,以多方共赢为目标最终实现数据、物流、金融和供应链等有机融合。

3. 智慧市场与网上网下融合的关系

从定义中可知,智慧市场强调的是管理技术手段的应用,而网上网下融合则是一种商业运营的趋势,两者的关系可概括为网上网下融合是专业市场发展的总体趋势,智慧市场是网上网下有效融合的重要实现手段。

智慧手段的运用主要服务于以专业市场为核心的供应链各个节点,实现多方共赢,最终目的是实现专业市场网上网下融合。借助大数据、云计算将处理好的数据信息反馈给市场内的管理者、经营户,以及市场外的生产商、下游采购商,帮助这些供应链的各个节点真正理解消费者,并以此为依据做好决策,提高消费者在网上网下融合市场中的购买率。物联网则能重塑产业链,实现产品来源、物流信息、产品质量等信息全透明,确保消费者了解产品最真实的状态,并能提高生产商及市场

① 参见 2014 年国家发改委、工信部、科技部、公安部、财政部、国土部、住建部、交通部八部委印发的《关于促进智慧城市健康发展的指导意见》。

经营者对销售市场的反应能力，是网上网下融合市场中提高消费者信任度、增加市场经营者黏性的重要手段。

（四）研究的主要内容

本课题组在阐述研究背景和研究意义的基础上，对智慧市场、网上网下融合的概念进行了界定，并研究得出两者间的关系主要是：网上网下融合是专业市场发展的重要趋势以及智慧市场建设是网上网下融合的重要实现手段。同时，结合对杭州农副产品物流中心果品批发市场、余姚中国塑料城、宁波保税区进口商品市场、海宁中国皮革城、中国科技五金城、衢州市粮食批发交易市场、绍兴中国轻纺城、新昌中国茶市、天台金恒德中国汽车用品城、中国舟山国际水产城这十大专业市场的深入调研，分析了专业市场在电子商务发展情况下所发生的主要变化。据此剖析了专业市场在智慧市场建设、网上网下融合过程中的经验、困惑以及瓶颈，最后明确提出了智慧市场建设、网上网下融合的七大对策建议。

二、专业市场建设现状分析

专业市场经过多年的发展，不断实现升级换代，和区域特色产业集群互为依托、联动发展，区域经济发展对专业市场和产业集群的依赖不断增强，专业市场的发展状况甚至已成为当地经济发展的晴雨表。但信息技术和电子商务的发展冲击和改变着传统市场的时空观、信息传递方式、交易成本和交易方式，为实现实体市场的转型升级，专业市场逐步走向了网上网下融合发展的道路，专业市场的构成结构，经营户对市场举办方的服务需求以及市场举办方的功能也随之发生了改变。

（一）专业市场构成结构发生变化

随着电子商务的发展，传统市场部分经营户的业务开始发生变化，从传统的批发业务为主转为批发与零售兼容的业务模式。市场的经营户构成也由原来的传统经营户为主转为经营户和电商经营户并存的格局。经营户的营销渠道也在发生改变，由原来的线下现货交易为主转为线上远程交易和线下对手交易并存的形态。

（二）经营户对市场举办方的服务需求发生变化

传统市场的经营户对市场举办方的需求多为市场管理以及市场影响力的扩大，据此来提升自己的经营业务。随着电子商务的发展，在网上市场销售成了许多经营户的选择。网上交易相对于面对面交易，对产品的品牌以及质量的背书提出了更高的要求，而专业市场的大部分经营户往往经营规模小，缺乏品牌。但经营户创建品牌的需要却与日俱增，或者希望专业市场为其质量背书，而这就对市场举办方的知识产权保护、产品的标准化以及构建产品溯源系统提出了新的要求。同时，随着市场竞争的激烈化，物流、金融等也成为经营户发展的制约因素，经营户也希望举办方在这些方面有所作为。

（三）市场举办方的功能发生变化

市场举办方充分地认识到网上网下融合是传统专业市场的一个发展趋势，为了顺应经营户需求的变化，更好发挥专业市场在整个产业链中的作用，传统专业市场在功能上发生了很大的转变，市场开始为经营户提供货物仓储、物流配送、金融服务、信息服务、电商培训、商品质量检测等诸多增值服务。同时，为了更好满足为经营户背书的需要，市场举办方对专业市场也进行了精细化的管理,积极创新知识产权保护机制,并加强了专业市场的展示和体验等环节。

三、专业市场发展的基本经验及主要问题

在互联网如火如荼发展的大背景下,专业市场必须拥抱互联网,走网上网下融合的路径,才能实现专业市场的转型升级。而专业市场网上网下融合发展必须借助智慧市场的建设,现有专业市场在这两方面都进行了不同的尝试和探索,在十大试点市场调研的基础上,课题组总结了智慧市场建设以及网上网下融合的基本经验、主要困惑与瓶颈。

(一)智慧市场建设的基本经验、主要困惑与瓶颈

1. 基本经验

(1)市场举办方理念是智慧市场建设的关键

智慧市场的建设对市场管理者及实际操作人员要求极高,市场举办方必须具备以下三方面的能力:第一,需要对智慧市场有足够高的认识及远见,这就要求管理者首先应对智慧市场有充分的认识,并能正确规划智慧市场建设的方向;第二,应熟悉自身专业市场所在的整条产业链,智慧市场建设需向产业链前后端延伸,无论是前端生产商还是后端消费者和采购商都可共享收益,这也使智慧建设过程中带有一定的公益性质;第三,对专业市场的运营模式有清晰的认识,了解传统运营及管理模式中的局限性,颠覆原有获利形式。如舟山国际水产城是普陀区政府直属全民事业单位,政府在推动智慧市场建设中占据了主导地位,确保了建设的高度。在对智慧市场的规划中,拟开辟水产品远程交易系统、海陆渔业信息互通系统以及平台安全保障支撑系统,这些系统可重构舟山水产品的产业链。最终可实现整个作业过程无缝衔接,减少作业环节,缩短作业时间,减少海鲜损耗,确保消费者可以购买到更新鲜、优质同时定价合理的海鲜产品。

(2)产品可溯源查询是智慧市场建设的核心

消费者、市场经营户以及市场举办方是智慧市场的主要服务对象,智慧市场建设应先解决这些服务对象的基本痛点及难点。消费者最常见的痛点即花高价买差劣、假冒的商品,为甄别商品的好坏真伪,就要花费大量的时间和精力。对于经营户而言,优质经营户经常要为证明自身商品优质而花费大量的精力和成本;部分经营户缺乏约束,高价卖次品,畸形发展;还有经营户受生产商影响,自身品牌受损却无法追溯。市场举办方在缺乏质量管理及产品追溯的情况下,无法识别经营户质量,也无法达到监督经营户及上游生产商的作用。以上种种问题均与产业链信息不对称、不透明有关,现阶段智慧市场的建设可从开发产品溯源系统入手,实现对专业市场中各经营户产品质量、状态、生产及销售路径的全面跟踪,从而敢于为经营户背书。一方面让买方买得放心,降低买方的信息甄别成本;另一方面,专业市场也具备了识别经营户质量的依据,为专业市场的产品质量筑起一道新防线,从而促进经营户更好地发展,增强了经营户对专业市场的黏性;最后在产品各类信息透明的情况下,整条产业链可实现健康发展。如衢州粮食批发市场联合质监局建立粮油等产品的可追溯系统,推出放心粮油的服务,宁波保税区进口商品市场开通进口商品溯源查询,这些都是现阶段已开发实施的溯源查询系统,均取得了较好的效果。

2. 主要困惑

(1)对智慧市场认识不足

调研中发现,农产品类专业市场在智慧市场建设上的成果大于制造业类及进口商品类专业市场,关于农产品专业市场信息化、智慧化建设的研究也较为成熟,这与农产品交易中专业市场的核

心地位有关。目前浙江省智慧市场、现代商品市场集群及网上网下融合示范市场建设试点工作已满两年,但仍有较多市场管理者对智慧市场的概念存在着认识不足的问题,导致发展方向有偏差。如中国科技五金城,将智慧市场建设的重点放在扫码导航购物系统的建设上,且并未提出新的规划方向。智慧市场并非信息技术的粗浅应用,市场管理者应深刻理解智慧市场的实质,即以专业市场为主导通过数据分析及应用重构整个产业链,要注重"数据"这项核心资源的采集及运用。

(2)智慧市场建设方案不完整

智慧市场建设应同时满足消费者、市场经营户、市场举办方等多方主体的利益诉求,而当下市场举办方在制定智慧市场建设方案时往往无法考虑周全导致方案缺乏完整性。如海宁皮革城计划根据访客的数据为全国不同地区做商品定位预测,或根据市场收银台获取消费者购买品类信息并为分市场做原材料备货等方面的参考,但目前消费信息收集困难等问题都还未解决,这与智慧市场建设方案制定者未充分考虑到消费者需求有关。此外,无论是市场内的管理人员还是信息技术人员,其对智慧市场相关技术的应用缺乏一定的了解,也无法保证技术的可操作性,更不懂信息技术的开发,这也导致了智慧市场在建设路径上的整体不清晰、建设方案上的不完整。

(3)智慧市场带来的效益不确信

一方面智慧市场建设中大量技术手段的应用需巨额的资金及人才支撑,其带来的收益又具有一定的滞后性,投入和产出的不平衡导致专业市场尤其是企业主导的专业市场,建设智慧市场的动力明显不足。如海宁皮革城近四年时间内,对智慧市场项目费用投入约3030万元,但目前只做到了WiFi覆盖和移动APP。另一方面,只让市场举办方投入资金显然是不合适的,智慧市场带来的收益是整条产业链可共享的,那如何构建多方共同投资,实现产业链共同获益的模式也是举办方困惑之处。

3.主要瓶颈

(1)市场举办方思维有待提升

智慧市场的建设并没有一个明确的最终状态,这需要市场举办方具有前瞻性的发展思维,不断创新使市场朝现代的、可持续的方向发展。市场举办方可探索颠覆原有的商业及服务模式,通过智慧市场的建设,在牢牢把握市场中心位置的基础上,从产业链源头出发,掌握产品实物流及全程信息流。如海宁皮革城在智慧市场建设上应大量收集其经营户的各类信息包括销售信息,并出具大数据报告,为提出针对性的改善措施提供数据参考。而海宁皮革城目前的运营模式中,经营商的销售额等信息独立于市场外,这就需要颠覆原有的商业及服务模式以完成数据接入端口设计。

(2)技术方案及资金障碍有待破解

就物联网、大数据及云计算等信息技术而言,其发展已有一定的成功经验,但智慧市场建设并非简单的技术叠加,建设方案的制定也需要充分考虑到市场内产品特性、所在产业链特性、市场类型及其影响力、经营户素质和消费者需求等因素。如余姚塑料城中多为塑料半成品,其智慧市场建设对象应面向生产型企业,而中国科技五金城面向的群体既有生产型企业又有成品批发商,智慧市场建设的复杂度相对前者来说增加许多。如天台金恒德中的市场经营户多为高中以下学历,对智慧市场建设的内涵难以理解;绍兴轻纺城中较多创二代已接手,这些创二代多具有较高的文化水平和留学经历,对智慧市场的接受程度高;宁波进口商品市场的消费者通常具有一定消费能力且对生活质量要求较高,对智慧化技术的运用更易上手。不同市场经营户及消费者对智慧市场的认识参差不齐,这就要求市场智慧化的操作难易程度也需做适当调整。

(3)复合型人才有待培养

智慧市场的建设离不开智慧技术人才的支撑,虽然专业市场中不缺乏计算机及信息技术相关专业的人才,但具备智慧市场相关的高新信息技术服务与改造能力的人才非常少。与此同时,大部分专业市场缺少与当地高校及研究机构以及高新技术企业的沟通交流，导致智慧市场建设的理论及技术高度不够，也影响了人才资源的有效利用。但纯技术人员亦无法完全胜任智慧市场的建设工作，专业市场需要培养理解专业市场产业链及运营模式并懂得技术操作的复合型人才。

(二)网上网下融合的基本经验、主要困惑与瓶颈

1. 基本经验

(1)智慧市场建设是网上网下融合的重要手段

智慧市场是指利用物联网、云计算及大数据等信息技术对传统专业市场进行改造，通过构建智慧管理平台、智慧指数平台、智慧交易平台等平台，解决市场中商品溯源、信息预测、精准交易等问题，最终实现以专业市场为中心产业链升级的新型市场。通过智慧市场的建设，将充分发挥网下市场产品展示和体验的优势，同时解决网上市场产品质量追溯、标准化等问题，增强经营户对消费者的消费行为数据和行业信息的敏感度，消除了经营户开展网上经营的诸多困扰，解决了买方花了高价却买到差劣、假冒商品，为甄别商品的好坏真伪，而花费大量的时间和精力的问题，将大力促进专业市场的网上网下融合。

(2)增值服务是网上网下融合的关键

为扶持经营户做大做强，增强专业市场与经营户之间黏性，促进网上网下市场的融合，专业市场为经营户提供了仓储和物流配送服务、融资服务、电商培训服务、信息服务等方面的增值服务。仓储和物流配送服务为经营户节约了营业场地，提高了进出库的装卸效率，提升了库存管理水平，降低了配送成本；融资服务为经营户提供了可持续和可信赖的融资渠道，解决经营户融资难的问题；电商培训服务提升了经营户网络经营的能力，使经营户能够更好驾驭网络销售；信息服务为经营户提供了及时、权威、准确的行业价格指数和景气指数，增强了经营户对行业信息的敏感度。知识产权保护为经营户提供了一个公平的营商环境，有利于实现市场交易的公平竞争。这些服务都将有利于增强经营户对专业市场的黏性，促进专业市场的进一步发展。

(3)创新知识产权保护机制是网上网下融合的保障

知识经济时代，创新日益成为发展的源泉和动力，为给经营户的创新提供保护壁垒，规范市场秩序，实现公平竞争，专业市场需要不断创新知识产权保护机制。专业市场可以考虑成立专职的行业侵权仿冒执法办公室，设立一个由经营户及行业专家组成的“人才库”，参加是否侵权判定的专家都是从“人才库”中随机选出，定期开展专项打击行动，同时加强知识产权维权的宣传工作。其次，出台由行业协会参与制定的产品知识产权保护的地方性规章，加大对地方产业产品的侵权惩罚力度。

(4)市场精细化管理是网上网下融合的支撑

市场的精细化管理包括两方面，一是产品的分档品质管理、经营户的规模及诚信管理，为市场举办方实现质量背书等奠定基础；二是基于专业市场的数据，进行数据的深度挖掘，一方面为经营户的经营管理提供价格、趋势指导，另一方面，为专业市场的铺面的档次调整、品类分区提供支撑，构建良好的市场竞争环境，促进有潜力的经营户做大做强。

(5)扩大专业市场影响力是网上网下融合的有效助力

专业市场的影响力直接影响经营户的销路，同时也影响经营户网上市场的客户拥有量。专业市场通过开办产品博览会、展销会等途径，拓展了商品流通渠道，推进市场结构调整和优化，形成人流、物流、信息流的大融合，促进市场交易向品牌化、国际化方向发展，为专业市场以及市场内经营户的形象塑造、品牌推广、促进销售提供了较好的平台，同时，专业市场影响力的提升也使得市场为经营户质量背书时更有信任度，这都将有效促进专业市场的网上网下融合。

(6)第三方电商平台是网上网下融合的主要媒介

第三方电商能够满足消费者的多项需求，拥有很高的知名度和客户拥有量，专业市场依托该类平台，可以解决物流配送、在线支付、网上市场影响力等问题，迅速建立起“实体＋网络”的经营模式。而专业市场自建的电商平台难以形成与第三方电商平台一样的知名度和客户拥有量，平台用户活跃度低，运行维护成本高，配套的仓储物流服务水平也有限，平台难以实现盈利。当然，在专业市场发展战略的指导下，综合市场的影响力、产品特点、经营户素质、物流整合能力以及专业市场在产业链的结构等因素，同时，第三方平台依托不理想的情况下，经过充分的调研和论证，专业市场可以考虑自建电商平台，且该电商平台应重点在于 B2B，而不是 B2C。

2. 主要困惑

(1)网上与网下融合路径不清

专业市场已经认识到信息技术和电子商务的发展冲击和改变着传统市场的时空观、信息传递方式和交易方式，也意识到网上网下融合是传统专业市场转型升级的有效路径，网上与网下融合路径有多种，各专业市场因市场类型、交易产品类型、产品特性、市场的影响力等差异，在网上网下融合时应因地制宜采用不同的融合模式。多数专业市场认为自建电商平台才是真正的网上网下融合，而实践证明清楚洞悉市场自身的经营特点，进行智慧市场建设，提供相应的增值服务才是网上网下融合的关键。很多活动虽然不直接将经营户上网，但确为经营户上网提供了有力的支撑和保障。

(2)增强经营户对网上市场的黏性缺乏抓手

网上市场分为市场举办方自建的电商平台和依托第三方大型电商平台，市场举办方都在积极鼓励和引导经营户到自建或依托的电商平台上去开展网上交易。但如何更好地吸引经营户到网上交易缺乏有力抓手，天台金恒德汽车用品城尝试推出电商培训服务和物流服务，鼓励经营户依托第三方电商平台开拓网上交易市场，但部分经营户受到知识水平的限制，不愿意上网去交易，由此市场推出了电商培训服务，但许多其他专业市场却依然没有找到有效抓手。

(3)专业市场与大型电商谈判缺乏筹码

专业市场与大型电商平台合作，可以避免自建电商平台前期投入巨大，运行维护成本高、影响力弱等困境，能够迅速建立起网上网下融合经营模式。但目前的合作形式主要还是以专业市场的部分经营户在大型电商平台上面开设了虚拟商铺或旗舰店为主，这种合作是局部个别的。同时这种方式不能有效地将线下专业市场对经营户的管理跟线上结合起来，则不能有效地激励经营户的积极性，也不能有效地发挥大型电商平台对专业市场整体影响力的提升以及网上市场的开拓。部分专业市场也曾经尝试与大型公共电商平台探寻更为深入广泛的合作，但因为双方体量不对等、盈利模式不同等诸多因素，没有取得富有成效的合作模式。

3. 主要瓶颈

(1)智慧市场建设滞后

智慧市场是网上网下有效融合的重要实现手段，各专业市场对智慧市场建设进行了不同的探索和实践，但部分专业市场在智慧市场建设方面还存在着概念认识不清，建设方案不完备，发展速度滞后，功能不够强大等问题。智慧市场建设是一个综合体概念，需要有正确的思路规划，完善的建设方案，科学的实现手段，并需要重点对产品溯源、信息预测、精准交易等诸多功能的实现手段做相关探索，切实推动网上网下的融合。

(2)缺乏相关技术实施的专业人才

网上网下融合涉及的智慧市场建设，增值服务的提供，创新知识产权保护机制，市场精细化管理,自建电商平台等要素的实施及运作都需要相关专业型人才做保障,但目前专业市场缺乏相关要素的专业人才。各专业市场的市场类型、产品特性、市场影响力、经营户素质和消费者也不尽相同,各要素在不同专业市场具体实施过程中,也要专业人才根据各专业市场的实际特性做相关调整和优化。

(3)经营户网上经营能力参差不齐

网上市场虚拟商铺的经营涉及诸如店铺美工装修、市场营销、宣传推广、数据分析、线上支付结算等问题,经营户只有具备这些知识才能在网上市场实现较好的经营,但专业市场的老一代经营户通常不具备电商营销知识,而新生代经营户虽然自带互联网基因,但吃苦耐劳方面远不如老一代经营户。经营户网上经营能力整体表现为参差不齐。

(4)人、货、仓、配融合能力不足

网上网下融合将进一步扩大专业市场消费群体的范围,也将面对更多消费者的个性化需求,这对物流配送系统的及时性、安全性提出了更高要求。"新零售"尤其强调了物流的重要性,提出网上网下必须与物流结合在一起才能诞生真正的新零售,在研究专业市场网上网下融合的过程中,也应高度重视物流的协同发展。但就目前而言,传统的物流配送体系只能较好地完成点对点配送,还存在着业务较为单一、缺乏灵活性等问题,消费者、产品、物流节点、物流配送服务尚处在割离的状态,无法及时响应消费者需求,更无法提供完善的一对一服务。人、货、仓、配融合能力不足,导致物流成本居高不下、消费者体验不足,是网上网下融合过程中的一大瓶颈。

四、专业市场智慧市场建设及网上网下融合的对策

网上网下融合是传统专业市场发展的必然趋势,随着线上虚拟市场的不断发展壮大,未来实体市场将不断缩小,并将往智能化、展示性、体验式、参与性、娱乐性五个方面转化,市场举办方也在从传统的管理市场转为经营市场。经过上述的经验、困惑和瓶颈的分析,课题组建议从以下七个方面推进专业市场的智慧市场建设和网上网下融合。

(一)基于溯源,提升智慧市场建设水平

智慧市场建设是网上网下融合的重要实现手段,市场举办方应以信息技术的应用为依托,以完整且个性化的智慧市场建设方案为依据,提高专业市场运营效率。智慧市场建设方案的制定不应仅仅考虑市场自身,还需注重以专业市场为核心向产业链的前后端延伸,前端为生产商,后端为零售商和消费者。为建立与产业链前后端的紧密联系,可从专业市场溯源可查询系统的开发入手,实现原材料、生产加工商、专业市场经营户、零售商、消费者全路径状态及信息的跟踪。专业市场溯源系统可为产品档次高低的甄别、产品从生产到消费各环节责任人的鉴定提供依据,巩固专业市场在产业链中核心地位的同时,对整个产业都具有良好的提升促进作用,甚至会带动整个产业的转型升级,是智慧市场建设的基础。

(二)因地制宜,创新网上网下融合模式

各专业市场因市场类型、所处行业、经营产品品类的不同,主管部门可以从产品溯源查询、商铺精细化管理、产品标准化、物流建设等方面的差异,给予分类指导意见。产品溯源查询方面,对于粮油、果品、茶叶、海鲜、进口食品等农副产品,针对消费者的追求安全、新鲜、价格合理的食品需求,可鼓励专业市场在从安全、新鲜、价格合理等角度为经营户提供背书方面有所作为,使商品可溯源,让消费者买得放心,使经营户可以更好地开拓网上销售渠道;商铺精细化管理方面,对于服装、纺织、

车饰等成品，鼓励专业市场在市场设计方面强化商品展示和体验环节，同时鼓励实行市场的精细化管理，促使专业市场激励经营户加强品牌建设，促进行业的转型升级；产品标准化方面，对于塑料、五金等工业中间品，品质是买方追求的最重要的指标，将产品指标化、体系化将有利于保证质量的情况下，实现价格透明化、交易简洁化，因此，产品的标准化数字化应该成为专业市场最重要的努力目标；物流建设方面，针对经营户规模不大，而农副产品对储存和运输又有较高的要求的问题，可以鼓励专业市场在仓储与配送物流方面（属智慧市场建设）加大投入，仓储方面可以考虑自建仓库，帮经营户提供有偿物流仓储服务，在运输或配送环节，可以考虑与顺丰、速递等知名冷链物流企业合作。

（三）集团作战，增强与第三方电商平台谈判能力

对于专业市场而言，其自建的平台产品仅限专业市场产品，只能满足消费者的单项需求且非日常需求，很难让消费者为这一时的需求而专门下载软件，并长期保持登录，这就决定了平台很难打造与已有知名大众平台的知名度和客户拥有量。也就是说，专业市场自身开发交易平台既浪费资源，也很难打造较高的知名度。因此，建议市场主管部门可以联合各个专业市场共同与大型电商平台协商，开拓专业市场频道，既可让经营户依托电商的知名度提高产品销量，也可让专业市场的管理者便捷地管理经营户的网上销售行为。如果仅仅让专业市场以旗舰店的方式在现有的网络平台销售，相当于专业市场从事了和经营户相同的商业行为，和经营户形成了竞争，因此，很难对经营户进行管理。

（四）引育结合，提高经营户和管理者的素质

网上网下融合发展的效度在很大程度上取决于市场举办方管理人员及专业市场经营户的素质。针对专业市场部分管理人员的思维局限及管理水平能力不足，政府和专业市场管理机构可以通过与高校、科研院所、知名培训机构等建立高效的政产学研合作机制，聘请专业人士加强对专业市场管理人员在经济、管理、外贸、法律、金融、外语、职业道德等方面的教育培训，着力提高管理者文化知识素养和经营管理水平；针对经营户在网上市场经营能力的不足，专业市场可以举办各种形式、各种层次的学习班、培训班，增加经营户在电子商务、信息技术、数据分析等方面的知识，强化其在法制、诚信、品牌、知识产权保护、产品质量安全和环保等方面的意识。

（五）优化环境，创新知识产权保护体制

目前知识产权纠纷解决机制主要有诉讼、仲裁、和解、调解和行政解决五种方式。其中，诉讼存在诉讼迟延和成本过高等问题，建议通过宣传，让企业重视诉讼外的纠纷解决方式，形成与民事诉讼制度相衔接的多元化纠纷解决机制，发挥各种纠纷解决方式的优势。同时，借助网络，构建在线纠纷解决机制，提高纠纷解决的效率，保障创新主体的利益，形成良好和谐的创新氛围；加强执法能力和惩罚力度。体制方面，建议成立专职的行业仿冒执法小组，工作小组积极吸纳行业人才，同时借助行业协会力量，共同甄别仿冒与否。工作小组重点处理行业知识产权维权申请及执法工作，同时加强知识产权维权的宣传与沟通工作，定期开展专项打击行动。规章方面，充分发挥各市场背后的地方产业在全国的“话语权”作用，考虑由行业协会参与，出台相关产业的产品知识产权保护的地方性规章，加大侵权惩罚力度。

（六）示范引领，创新融合之路

各专业市场因市场类型、市场影响力、产品类型、管理人员素质等多方面的不同，在智慧市场建

设方案以及网上网下融合所取得的成效也会有所差异,市场主管部门可以创建一些专业市场间的经验分享平台,深度剖析各举措取得成功的背后机理以及举措推广适用的条件,让各专业市场间成功的经验和亮点可以分享和移植,对存在的问题也可以进行探讨,分析失败举措的缘由及相应的解救措施,避免其他市场重蹈覆辙。市场主管部门要积极推动各专业市场在溯源开发、产品标准化等多方面的示范引领作用,促进各专业市场实现网上网下有效地融合。

(七)积极扶持,落实优惠政策

政府根据智慧市场建设方案的完备性以及创新性,将专业市场纳入高新技术企业,给予税收减免政策和一定的资金补助;在不增加土地增量的基础上,政府可以转化土地使用功能,推动专业市场仓储物流的建设;针对智慧市场建设、产品溯源开发、产品标准化实施等紧缺的各种人才,政府可以出台相关人才引进补助政策,通过提供住房补贴、购房补贴或者一些其他的鼓励性措施来吸引并留住各种人才。政府还可以设立专业市场升级发展专项基金,以公司化方式运营,缓解经营户融资难问题,此外,鼓励金融机构创新金融工具,推出适合专业市场的金融产品。

参考文献:

[1] Braudel. Capitalism and Material Life 1400 — 1800 [M]. New York: Harper and Row,1975.

[2]王晓飞,王晗青.信息化时代专业市场发展对策[J].商业经济与管理,2003 (8).

[3]龙腾紫.专业市场的转型升级研究——以义乌专业市场为例[D],杭州:浙江大学,2011

[4] 俞菊生,王勇.上海发展信息主导型农产品批发市场研究[J].上海农业学报,2000 (16) .

[5]傅清波.面向二十一世纪的智能化农业发展模式[J].现代化计算机,2000 (2) .

[6]周伟坚.丽水构建食用菌专业市场信息化平台的探索与思考[J].今日科技,2009 (2)

[7]张苗钰.信息化管理助力专业市场提升企业竞争力[J].商业会计,2013 (12).

[8]Benjamin, R. I. and Yates, J. The Past and Present as a Window on the Future[M]. M. S. Scott Morton (ed.), The Corporation of the 1990's. New York: Oxford University Press, 1991.

[9] Troy Jfferson Strader. The Impact of Electronic Commerce on Consumer and Organizational Costs[D]. Ph. D. Thesis, University of Ilinois at Urbana-Champaign,1997.

[10]陆立军,于斌斌,杨志文.基于万家商户问卷的电子商务与专业市场联动发展探析[J].用商业经济与管理,2009 (2).

[11]于斌斌,陆立军.专业市场与电子商务双渠道融合的微观机理与实证分析[J].研究与发展管理,2017 (3).

[12]黄锋.重庆机电市场发展途径探索[D].重庆:重庆大学,2003.

[13]马斌,徐越倩.论专业市场与电子商务的动发展——以浙江省为例[J].商业经济与管理,2005 (3).

[14] 赵永刚.基于复杂适应系统的专业市场演化研究[D].金华:浙江师范大学,2012.

[15]阮王梓.浙江专业市场国际化发展的研究——以义乌小商品市场为例[D].杭州:浙江大学,2014.

[16]陆立军,杨海军.市场拓展、报酬递增与区域分工——以"义乌商圈"为例的分析[J].经济研究,2007 (4).

[17]陆立军,张友丰.专业市场转型的路径与机制研究[J].财经纵横,2014 (6).

城市化水平与耕地产能的时空耦合分析*

——以浙江省68县市为例

王　华[1]　李武艳[2]

(1.浙江财经大学东方学院，浙江 海宁 314008；2.浙江财经大学，浙江 杭州 310000)。

摘　要:本文以经济发达地区浙江省为例，运用空间自相关模型、耦合协调度模型探讨2004年和2011年浙江省城市化水平与耕地产能之间的关系。结果表明:(1)浙江省城市化与耕地产能均呈现浙北较高，浙中及沿海县市次之，浙西南地区最低的格局。(2)浙江省县市级城市化存在显著的正向空间自相关关系，表现出空间集聚；县市级耕地产能也存在显著的正向空间自相关关系，表现出空间集聚。(3)浙江省县市级城市化与耕地产能之间存在正向空间相关关系。随着时间变化城市化与耕地产能的空间相关性提高。(4)浙江省县市级城市化与耕地实际产能的协调性较好，尤其是浙东南地区。研究结果可为优化经济发展与耕地资源保护提供新思路，能够为土地整理和推进城市化发展提供对策建议。

关键词:城市化；耕地产能；空间关系；浙江省

一、引言

耕地资源是人类赖以生存和发展的基础和条件，是国家粮食安全、经济发展和社会稳定的最根本保证。城市化是国家经济社会发展水平的重要标志，是实现现代化的必要途径。城市化过程中必然会占用大量耕地资源，城市化的快速推进造成耕地面积的减少已经成为不争的事实和难以逆转的趋势，但城市化水平的提高导致对农产品需求日益增加，致使城市化与耕地利用之间形成了强烈的矛盾，因此保证城市化与耕地产能协调是目前保证粮食安全的重要措施。从1978年到2015年，浙江省耕地面积在缓慢减少，而浙江省城市化水平由14.05%提高到65.80%，年平均增长1.4个百分点，从1999年至2005年浙江省城市化增速较快，年平均增长2.23个百分点，2015年高于全国城市化平均水平9.70个百分点。不仅如此，从1990年开始，浙江省城市化水平始终高于全国城市化水平。城市化进程仍在不断加快，这要求我们处理好城市化与耕地产能之间的关系，重视城市化对耕地产能的影响，在耕地面积逐渐减少的趋势背景下，协调粮食安全与城市化之间的关系，提高耕地资源利用效率，实现区域均衡增产，保障新型城市化建设与粮食安全战略协调发展，为制定县域城市化演进与耕地保护政策提供参考，有序推进新型城市化建设。

18世纪工业革命以后，城镇人口剧增，人们开始关注粮食问题，进一步关注耕地资源问题。

* 基金项目:浙江省教育厅一般课题(Y201636445)资助。

1898年,英国学者E. Howard的《田园城市》表达出人类对保护城市生态环境的渴望;1962年美国学者R. Carson写了《寂静的春天》;1972年联合国教科文组织制定了"人与生物圈(MAB)"的研究计划,号召人类更加关注人与环境的关系。1990年,国外开始着重关注城市可持续发展及其生态环境评价,如Wackemagel和Rees的生态足迹法[1]、Odum的能值分析理论[2]。国外更多的是侧重土地退化成因及对策研究[3][4]。研究城市化与耕地资源领域类相关理论涉及经济学、生态学、地理学、环境科学与系统科学等学科,说明耕地资源具有有限性和稀缺性[5]。

20世纪70年代前后,国内学者开始积极探讨城市化与耕地以及生态环境的关系,呼吁全球关注中国的生态环境问题。国内学者对城市化与耕地资源领域的研究集中在以下几个方面:城市化对耕地数量的影响[6][7];城市化对耕地质量的影响[8];城市化水平与耕地压力的关系[9];城市化水平与耕地资源生态服务价值的关系,也有少数人研究城市化对耕地占补平衡制度的影响[10]。研究方法中定量研究方法较多,多数采用长时间序列数据与截面时间数据结合回归分析等数学方法,拟合出对数线性方程、指数方程、一元二次线性方程以及多元线性方程等数学关系式,或者基于经济学边际理论[11],采用相关分析方法、最佳拟合优度、协调度模型[12]以及回归分析模型[13]等探讨耕地资源变化与城市化进程之间的联系。城市化对耕地的影响,仍是地理学、经济学、环境学等方面学者关注的热点,并呈现以下特点:参与研究的学科更多,更加融合;研究内容更广,更加综合;更多研究理论被利用;多种研究方法被运用。城市化水平和耕地资源领域的研究向全面、系统方向发展,尤其是其方式、强度、机理及其发展规律。而关于城市化水平与耕地产能的空间关系的研究则相对较少。

二、数据来源及研究方法

(一)研究区及数据来源

浙江省属于经济发达地区长三角的重要区域。全省属于亚热带季风气候,雨热同期。全省地形地貌复杂多样,地市西南高,东北低,西南是山地,中部是丘陵和盆地,东北是平原。全省陆域面积10.54万平方公里,其中山地和丘陵占比最大,为70.4%。根据土地二调结果,全省人均耕地0.56亩,远低于全国人均耕地面积,故浙江省呈现出人地矛盾突出,耕地资源不足的现状。

基于统计数据的可获取性,本文以浙江省68个县市为基本单元。本研究城市化评价涉及12个指标,数据来源于2005和2012年浙江省统计年鉴以及各县市统计年鉴。本研究耕地产能主要数据来源于浙江省农用地分等调查结果,理论单产和可实现单产核算基于基础数据建立产能模型;实际单产以及影响因素的数据采用2005和2012年浙江省各市县统计年鉴耕地质量相关数据。

(二)耕地产能核算方法

浙江省耕地产能核算以分等成果为基础,依据耕地自然质量等指数、利用等指数分别核算理论产能和可实现产能,以县市行政区为研究单元,建立抽样单元耕地实际标准量和自然等指数、利用等指数的函数回归模型。理论产能的核算模型为:

$$y' = aR_i + b \tag{1}$$

式中,y'为指定作物理论标准粮单产;R_i为分等单元自然质量等指数;a、b为回归系数值。

可实现产能核算模型为:

$$y'' = cY_i + d \tag{2}$$

式中,y''为指定作物标准粮现实单产;Y_i为分等单元利用等指数;c、d为回归系数值。

按式(1)、(2)求得各分等单元的年均理论单产和可实现单产,依据各个县域耕地分等单元面积进行加权平均,从而获取县域理论单产和可实现单产。实际单产是通过标准量换算系数计算出标准粮食产量。

(三)城市化评价方法

城市化评价从人口、经济、空间和社会四个角度选取了12个评价指标,分别是:非乡村人口比重、二三产业人口比重、人口密度、人均GDP、二三产业产值比重、人均财政收入、城镇密度、公路里程密度、城乡一体化程度、人均社会消费品总额、每万人中等职业学校及以上学历学生人数和每万人拥有医生数量。首先对数据进行标准化;其次用熵值法和主成分分析法分别计算指标权重;最后采取平均法求取综合权重,即得到城市化综合指标权重。

(四)空间自相关指数

本文采用空间自相关分析法[14]来分析城市化水平和耕地产能之间的空间相关性。该方法中的全局Moran's I指数的表达式如下:

$$I=\frac{N}{\sum_{i=1}^{N}\sum_{j=1}^{N}\boldsymbol{W}(i,j)}\times\frac{\sum_{i=1}^{N}\sum_{j=1}^{N}\boldsymbol{W}(i,j)(X_i-\overline{X})(X_j-\overline{X})}{\sum_{i=1}^{N}(X_i-\overline{X})^2} \tag{3}$$

式中,N为研究对象的数目,X_i为观测值,$\overline{X}$为X_i的平均值。$\boldsymbol{W}(i,j)$为实体空间连接矩阵,属于二值(0,1)空间权重矩阵。因为浙江省有些县市是完全独立分布的,因此本文空间权重采用了基于距离关系的方法,预先设定距离阈值L,若空间单元之间的距离小于或等于L,则$W_{ij}=1$,否则$W_{ij}=0$。

(五)耦合协调度

城市化和耕地产能之间存在一定的相关性,因此本文把城市化与耕地产能作为相互耦合的两个系统,用浙江省68个县市州面板数据,探索二者之间的协调关系。借用已有协调性分析成果[15],本文的协调度模型为:

$$C_{xy}=\frac{(X+Y)}{\sqrt{X^2+Y^2}} \tag{4}$$

式中,X和Y分别为城市化水平和耕地实际单产的变化速度,C_{xy}为二者的协调度,C_{xy}的取值范围为[-1.414,1.414]。协调度的类型和特征为:$C_{xy}=1.414$表示协调;$1.2\leqslant C_{xy}<1.414$表示较协调;$1.0\leqslant C_{xy}<1.2$表示基本协调;$0.8\leqslant C_{xy}<1.0$表示调和;$0.5\leqslant C_{xy}<0.8$表示基本调和;$0\leqslant C_{xy}<0.5$表示勉强调和;$-1.414\leqslant C_{xy}<0$表示不协调。

三、数据分析

(一)耕地产能核算

在浙江省农用地分等成果的基础上,利用理论产能计算模型、可实现产能计算模型以及实际单产计算出2004年和2011年68个县市的理论产能、可实现产能和实际产能,表1仅列出各市市区的三类产能。

表 1　浙江省各市市区 2004 年和 2011 年耕地产能　　单位:kg/hm²

市区名称	2011 年			2004 年		
	理论产能	可实现产能	实际产能	理论产能	可实现产能	实际产能
嘉兴市区	23421.24	19148.70	13696.99	22713.63	18822.48	14018.53
湖州市区	21263.88	17480.12	14809.52	21295.27	17537.19	14620.45
杭州市区	20286.24	16891.64	12178.28	20763.32	17071.53	11318.01
宁波市区	20176.27	16242.22	10097.57	20979.74	16425.96	10180.02
绍兴市区	21457.28	17764.58	12605.96	22098.38	18072.42	12174.61
衢州市区	18148.65	15212.95	10858.37	17889.91	15063.22	10630.63
丽水市区	15343.58	12790.50	10519.26	17538.00	13401.09	8434.66
温州市区	17441.21	14923.52	11745.85	17829.53	14970.15	9992.00
金华市区	17250.12	14948.15	11052.31	17039.51	14743.00	10621.73
台州市区	17849.39	15227.86	10518.03	17968.84	15279.80	6096.90
舟山市区	15556.85	13620.31	9875.15	15903.43	13829.84	9674.05

(二)城镇化评价

城市化评价根据选取的 12 个评价指标,通过数据标准化、熵值法和主成分分析法计算权重,再计算出综合权重(见表 2)。

表 2　浙江省城市化综合指标权重

一级指标	基础指标层	熵值法	主成分分析法	综合权重
人口城市化	非农业人口比重	0.0841	0.1058	0.09495
	二三产业就业人口比重	0.0095	0.0672	0.03835
	人口密度	0.1280	0.0674	0.0977
经济城市化	人均 GDP	0.0773	0.0930	0.08515
	二三产业产值比重	0.0007	0.0605	0.0306
	人均财政收入	0.1539	0.1052	0.12955
空间城市化	城镇(街道)密度	0.1069	0.0516	0.07925
	公路里程密度	0.0354	0.0330	0.0342
	城乡一体化程度	0.0051	0.0474	0.02625
社会城市化	人均社会消费品总额	0.0874	0.1188	0.1031
	每万人拥有医生数量	0.0332	0.1238	0.0785
	每万人拥有中等职业学校以上学历学生人数	0.2783	0.1265	0.2024

2004 年到 2014 年的地级市城市化综合水平如图 1 所示。首先进行数据标准化,其次采用熵值法和主成分分析法分别计算指标权重;最后采取平均法求取综合权重,即得到城市化综合指标权重。

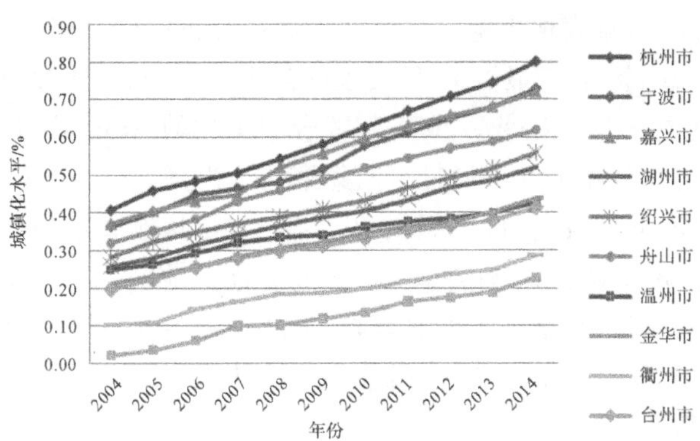

图 1 2004—2014 年浙江省地级市城镇化水平

四、结果分析

(一)浙江省耕地产能时空演变格局

2004 年至 2011 年浙江省耕地理论单产和可实现单产均有所下降,实际单产提升较大。浙江省耕地产能较高的地区主要分布在浙北(见表 1)。随着时间变化,产能较低的地区有所变化。2004 年浙江省理论产能低的地区主要位于浙西北安吉、磐安以及浙南泰顺等县市,其中安吉县理论产能最低,为 13970kg/hm^2;可实现产能低的地区位于浙南丽水以及浙东沿海宁海、三门县等地区,其中三门县最低,为 13132kg/hm^2;实际产能低的地区主要位于浙东南温州以及台州部分县市,其中温岭市最低,为 6077kg/hm^2。2011 年理论产能低的地区向浙中集中,其中缙云县理论产能最低,为 14572kg/hm^2;2011 年可实现产能低的地区空间分布没有明显变化,主要集中在浙南以及浙东沿海台州地区,其中丽水市区可实现产能最低,为 12790kg/hm^2;2011 年浙江省耕地实际产能有所提升,耕地产能低的地区大幅减少,其中最低的地区为磐安县,为 7645kg/hm^2。

(二)浙江省城市化时空演变格局

本文将城市化水平(p_{urban})进程划分为:起步阶段($p_{\text{urban}} \leqslant 30\%$)、中期阶段($30\% < p_{\text{urban}} \leqslant 60\%$)、后期阶段($60\% < p_{\text{urban}} \leqslant 80\%$)和终期阶段($p_{\text{urban}} > 80\%$)。2004 年浙江省县域城市化率整体偏低。86.96%的县域城市化处于起步阶段,13.04%的县域城市化处于中期阶段。城市化率最高的县市为杭州市区,城市化率为 0.49,城市化率最低的县市为松阳县,城市化率为 0.05。城市化率相对较高的区域分布在浙北地区和东南沿海地区的几个市区,城市化率在 0.3 以上;在城市化起步阶段的地区中,城市化相对较高的地区仍旧分布在浙北地区和浙西南沿海地区,浙中的金华市和义乌市的城市化率也较高。2011 年 68 个县市中有 3 个地区进入城市化后期阶段,分别是杭州市区、绍兴市区和宁波市区,城市化率分别为 0.66、0.65 和 0.61。33.33%的县市城市化水平处于中期阶段,62.32%的县市城市化水平处于起步阶段,比 2004 年降低了 24.64 个百分点。与 2008 年相比,2011 年海盐县和洞头县等六县市从城市化起步阶段进入城市化中期阶段。2011 年城市化率最高的县市为杭州市区,城市化率为 0.66,城市化率最低的县市为庆元县、淳安县、景宁县,城市化率均为 0.13。

(三)浙江省城市化与耕地产能的空间关系

1. 城市化的空间自相关性分析

2004 年综合城市化的 Moran's *I* 指数为 0.4603,表明具有较强的空间自相关性。城市化率存在显著的正向空间自相关性,且表现出空间集聚性。通过分析空间集聚性(见表 3),可以看出属于显著高-高类型的县市有 10 个,属于显著低-低类型的县市有 8 个,属于显著高-低类型和低-高类型的县市分别有 1 个,其他县市均不显著。2011 年综合城市化的 Moran's I 指数为 0.4560,与 2004 年相比表明具有较弱的空间自相关性。经过空间集聚性分析,属于显著高-高类型和低-低类型的县市个数分别为 13 和 11,属于显著高-低类型的县市有 1 个,其他县市均不显著。对比 2004 年和 2011 年空间集聚性(见表 3),显著高-高类型主要分布在浙北地区,2011 年高-高类型在 2004 年的基础上退去了浙东沿海的乐清市,增加了浙北嘉善、平湖等 4 县市,浙北集聚性更加明显;2004 年显著低-低类型主要分布在浙西南地区,2011 年低-低类型增加了江山、文成、泰顺 3 县市,浙西南集聚性更加明显。浙北杭州湾地区属于浙江省经济发达地区,城市化水平处于后期阶段,经济发展具有一定的区域效应,因此空间自相关性变化不大,而空间集聚性更强。

表 3　城市化 LISA 聚集分布情况

集聚类型	2004 年	2011 年
高-高集聚	嘉兴市区、桐乡市、海盐县、海宁市、杭州市区、绍兴市区、绍兴县、余姚市、乐清市、玉环县	嘉善县、平湖市、嘉兴市区、海盐县、桐乡市、海宁市、德清县、杭州市区、绍兴市区、绍兴县、上虞市、余姚市、玉环县
低-低集聚	仙居县、衢州市区、遂昌县、松阳县、龙泉市、云和县、景宁县、庆元县	仙居县、衢州市区、江山市、遂昌县、松阳县、龙泉市、云和县、文成县、景宁县、庆元县、泰顺县
低-高集聚	上虞市	无
高-低集聚	丽水市区	丽水市区
不显著	其余县市	其余县市

2. 耕地产能的空间自相关性分析

浙江省理论产能、可实现产能和实际产能均表现出显著的正向空间自相关性(见表 4)。2004 年和 2011 年可实现单产的全局空间自相关指数 Moran's I 值分别为 0.7477 和 0.7217,在三类产能中具有最高的空间自相关性。2011 年三类产能的空间自相关性均低于 2004 年,这表明随着时间的变化粮食产量与空间的关系有一定减弱。理论产能的空间自相关性较高主要是因为考虑了耕地的自然属性、地区耕作制度、光温降水,而可实现产能在理论产能相关因素的基础上考虑了耕地利用方式以及政策引导,因此具有较高的空间自相关性。

耕地实际产能更多地受到地区农业发展水平以及社会经济发展水平的影响,农业技术发达、农业投入高的地区耕地实际产能提高,同时经济快速发展的地区的粮食需求增大,浙北平原区历来属于浙江省经济发达地区,农业发展水平高,耕地实际产能高,台州、温州等地近年来经济发展迅速,沿海丘陵、平原的农业投入较大,耕地实际产能提升较快。因此相对理论产能和可实现产能,实际产能的空间自相关略小。此外,随着时间的变化三种类型耕地产能的空间自相关性均有所减弱,耕地产能的地区依耐性略有降低,其结果与地区政策、产业导向有关。

表 4　2004 年和 2011 年耕地产能的 Moran's I 指数

产能类型	2004 理论单产	2004 可实现单产	2004 实际单产	2011 理论单产	2011 可实现单产	2011 实际单产
Moran's I	0.7136	0.7477	0.7005	0.7071	0.7217	0.6466

3. 城市化与耕地产能的空间相关性

浙江省城市化与耕地产能存在正向空间相关性(见表 5)。2011 年的城市化与三类耕地产能的空间相关性比 2004 年要高。2004 年城市化与可实现单产的空间相关性最高(Moran's I 值为 0.4828),2004 年城市化与实际单产的空间相关性最低(Moran's I 值为 0.2972)。2011 年城市化与可实现单产的空间相关性最高(Moran's I 值为 0.5114),2011 年城市化与实际单产的空间相关性最低(Moran's I 值为 0.3458)。

表 5 2004 年和 2011 年城市化与耕地产能的 Moran's I 指数

Moran's I 指数	城市化与理论单产	城市化与可实现单产	城市化与实际单产
2004 年	0.4453	0.4828	0.2733
2011 年	0.4927	0.5114	0.3458

城市化与耕地产能在不同时期的空间相关性有差异。由表 6 可知,2004 年城市化与实际单产的高-高地区主要分布在浙北杭州、德清、湖州等 9 县市,2011 年该类型在原来基础上增加了绍兴市区和长兴县。2004 年低-低区主要集中在浙东沿海地区宁海、临海、三门和浙南的泰顺、文成等 9 县市,2011 年该区浙东沿海三门退去,增添了象山和仙居,浙南的景宁、文成和泰顺 3 县市退去。2004 年低-高区集中在浙北的长兴、安吉、临安 3 县市,2011 年长兴和临安 2 县市退去,增添了桐庐县。2004 年高-低区集中的东南沿海的台州、温岭、瑞安等 5 县市,2011 年该区除了瑞安市其余 4 县市均退去。总体上看,浙江省城市化与耕地产能呈现空间正相关性,且随着时间推移关联性增强,在空间上呈现出高-高地区在浙北集中,低-低地区在浙东集中。

表 6 城市化与实际单产 LISA 聚集分布情况

集聚类型	2004 年	2011 年
高-高集聚	嘉善县、平湖市、嘉兴市区、桐乡市、海盐县、海宁市、湖州市、德清县、杭州市区	嘉善县、平湖市、嘉兴市区、海盐县、桐乡市、海宁市、长兴县、湖州市区、德清县、杭州市区、绍兴市区
低-低集聚	新昌县、宁海县、天台县、三门县、临海市、龙泉市、景宁县、文成县、泰顺县	龙泉市、象山县、宁海县、新昌县、天台县、临海市、仙居县
低-高集聚	长兴县、安吉县、临安市	安吉县、桐庐县
高-低集聚	台州市区、温岭市、乐清市、玉环县、瑞安市	瑞安市
不显著	其余县市	其余县市

(四)浙江省城市化与耕地产能的协调耦合性分析

2004—2011 年浙江省城市化与耕地实际单产之间的关系主要有较协调、基本协调、调和和基本调和四种关系(见表 7)。68 县市中 25 县市属于较协调类型,大部分分布在浙东南地区,这些县市的城市化发展速度和耕地产能变化接近均衡,是浙江省城市化与耕地产能协调性最好的区域;31 县市中的基本协调类型分布最广,分布在浙西南、浙中及浙北等县市,该区域中县市的城市化发展水平略高于耕地产能变化,二者是较理想的基本协调状态;10 县市处于调和状态,较为零散地分布在浙中到浙北边界,该 10 县市的耕地实际单产都有所减少,但仍然保持在承载力的阈值内;浙北的平湖市和海盐县耕地实际单产减少较多,基本保持在承载力的阈值内,处于基本调和状态。浙江省没有城市化与耕地产能不协调的状态。

通过总结发现浙江省城市化与耕地产能的协调性较好的区域呈现出耕地产能较低且城市化水平较低,此外人均 GDP 相对较低、公路里程密度较低、城乡一体化程度较低、医疗设施及教育水平都相对较低,地处山区机耕面积较少,且种植结构单一。浙江省城市化与耕地产能的协调性较差的区域呈现出耕地产能很高,实际单产排名在 68 县市的 25%以前,且城市化水平处于中期阶段。因此在日益加快城市化的脚步下需要思考与耕地产能的协调性问题。

表 7 浙江省城市化与耦合直辖市度

协调类型	2004 年
较协调	温州市区、台州市区、丽水市区、临海市、苍南县、平阳县、瑞安市、青田县、永嘉县、余姚市、奉化市、龙游县、兰溪市、云和县、文成县、泰顺县、建德市、富阳市、景宁县、常山县、象山县、诸暨市、温岭市、玉环县、临安市
基本协调	杭州市区、绍兴市区、湖州市区、金华市区、舟山市区、衢州市区、淳安县、永康市、缙云县、龙泉市、新昌县、武义县、嵊州市、庆元县、磐安县、浦江县、遂昌县、天台县、东阳市、德清县、松阳县、绍兴县、慈溪市、仙居县、海宁市、江山市、上虞市、桐乡市、三门县、嵊泗县、嘉善县
调和	宁波市区、嘉兴市区、开化县、岱山县、宁海县、桐庐县、乐清市、义乌市、安吉县、长兴县
基本调和	平湖市、海盐县

五、结论与讨论

综合以上分析,本文得出如下结论:(1)浙北城市化水平较高,浙中及沿海县市次之,浙西南地区最低;呈现出以地级市市区为中心向四周散发的态势。浙江省耕地理论产能和可实现产能均表现出浙北高,浙中次之、浙西北和浙南低的格局,耕地实际产能呈现出由浙东北向南递减的空间分布格局。(2)浙江省县市级城市化存在显著的正向空间自相关关系,表现出空间集聚;县市级耕地产能也存在显著的正向空间自相关关系,表现出空间集聚。(3)浙江省县市级城市化与耕地产能之间存在正向空间相关关系。随着时间变化,城市化的空间自相关性降低;耕地产能的空间自相关性也降低;城市化与耕地产能的空间相关性提高。(4)浙江省县市城市化与耕地实际产能的协调性较好,没有不协调的县市。浙东南地区的协调性较好,浙北尤其是平湖市和海盐县处于调和状态。

我国城市化的脚步在逐渐加快,随着城市范围的不断扩张,用地类型发生变化,耕地资源数量受到影响,耕地产能属于耕地资源的重要方面。首先,制定城市化发展决策和耕地保护决策应注重区域影响力。要打破行政区划的界限,按照经济区划和耕地资源的客观规律,实现耕地的规模化经营,促进城市化水平与耕地产能协调发展。其次,探索城镇空间分布和研究城镇规模结构时应考虑耕地资源的协调性和承载力。最后,城镇化发展要与农业现代化同步,稳固农业根基,严守耕地保护红线,稳定粮食播种面积,确保粮食产量。因此,研究城市化与耕地产能之间的关系可为优化经济发展与耕地资源保护提供新思路,能够为土地整理和推进城市化发展提供对策建议,有助于实现可持续发展。

参考文献:

[1]Wackemage M, Rees W E. Perceptual and structural barriers to investing in natural capital Economics from an ecological footprint perspective [J]. Ecological Economics,1997,20(1).

[2]Odum H T. Environmental Accounting, Emergy and Environmental Decision Making [M]. New York: John Wiley & Sons,1996,42(4).

[3] Hoffman M T, Todd S. A national review of land degration in South Africa: The influence of Biophysical and socio-economic factors [J]. Journal of Southern African Studies, 2000,26(4).

[4]Boer B, Hannam L. Legal aspects of sustainable soils: International and national. Reciel. 2003,12(2).

[5]Grossman G M, Krueger A B. Economic growth and the environment [J]. Quarterly Journal of Economics,1995,110(2).

[6]张乐勤.基于组合模型的城镇化演进对耕地影响极限测算[J].农业工程学报,2014,30(24).

[7]杨建云.基于EKC模型的河南省工业化、城镇化水平与耕地面积关系研究[J].水土保持研究,2013,20(2).

[8]孟鹏,郝晋珉,周宁,洪舒蔓.黄淮海平原城镇化对耕地变化影响的差异性分析[J].农业工程学报,2013,29(22).

[9]罗翔,罗静,张路.耕地压力与中国城镇化——基于地理差异的实证研究[J].中国人口科学,2015(4).

[10]曹飞.城镇化进程中的耕地占补平衡制度:困境与创新[J].社会科学辑刊,2015 (5).

[11]张乐勤,陈素平,陈发奎.基于边际模型的中国城镇化演进对耕地影响极限研究[J].中国生态农业学报,2014 (7).

[12]占纪文.生态文明视野下城镇化与耕地保护协调发展研究——以福建省宁德市为例[J].中国农业资源与区划,2014(4).

[13]黄滢冰,南卓铜,徐启恒,赵克飞.珠三角典型地区耕地流失特征及机制分析——以1988年～2013年快速城市化的东莞市为例[J].世界地理研究,2017,26(5).

[14]苑韶峰,朱从谋,杨丽霞,徐建春.人口半城镇化与产业非农化的时空耦合分析——以浙江省67县市为例[J].经济地理,2017,37(3).

[15]吴怡,张华.大连市城市化进程与耕地保护和粮食安全的协调性研究[J].国土与自然资源研究,2017(5).

丽水农产品品牌生态系统建设研究*

戴钰慧　宋海伟

（浙江财经大学东方学院，浙江 海宁 314408）

摘　要：商品的多元化和多样化趋势日趋明显，完全的市场竞争下，消费品的品牌建设显得尤为重要。对于一个地区，一个产业来说，发展品牌生态系统日趋成熟。本文将首先阐述品牌生态系统的时代背景，然后梳理品牌生态系统的理论概念，最后通过对丽水生态农产品品牌生态系统进行分析，总结丽水品牌生态系统的构建和发展之路。以生态品牌建设理论为基础，通过政府、企业等利益相关者的共同协作，促进丽水品牌生态系统的发展。

关键字：丽水农产品；品牌生态系统；“丽水山耕”

一、引　言

随着时代的发展，市场上有越来越多的商品，消费者在选择商品的同时也渐渐开始注重品牌，品牌便成了一个信号，在无形中牵引着消费者。消费者会最先关注自己消费过的品牌，逐渐成了该品牌的忠实消费者。现代市场经济从某种意义上来讲就是“品牌经济”，所谓品牌经济也就是以品牌为核心去整合各种经济要素，以此来带动整体经济运营的一种经济形态。

丽水作为浙江省中西部的农业大市，九分山一分田，通过有效利用自身的生态资源优势，积极合理地调整农业产业结构，大力高效地发展生态农业，加快推进了现代农业的进程，逐步形成了具有区域优势的特色农业格局。其中，食用菌、名优茶、中药材、水干果、畜禽等农业主导产业的地位日益显现。丽水市农业产业经营层次不断提高，进一步延伸了产业链，但现在存在一个很大的问题——许多农产品因为没有好的品牌卖不出好价钱或者根本卖不出去。

本文基于品牌经济的大背景下，将品牌生态系统融入浙江丽水农产品品牌生态系统的构建路径和建设策略中，具有理论创新意义。以“丽水山耕”品牌生态系统为例，详细探讨了其品牌生态系统建设的构建路径及策略，旨在为丽水农产品品牌文化建设提出有效的建议和措施。

*　项目基金：供应链视角下的制造企业物流成本研究（2017Y25）。

二、品牌生态系统相关理论

(一)品牌生态系统的含义

品牌生态系统是多种品牌群落相互依赖,相互合作,进行利益交换的统一整体。品牌生态系统包括品牌本身、供应商、消费者、分销商、政府、媒体、商业环境等。品牌生态系统具有稳定性,在生态系统内部的品牌与品牌之间,虽然也存在摩擦与竞争,但是也有合作共赢,整体看来是趋于稳定的。

品牌生态系统是一个复杂的系统,具体可以分为四大类——品牌个体、品牌种群、品牌群落、品牌生态环境,如图1品牌生态系统构成图。

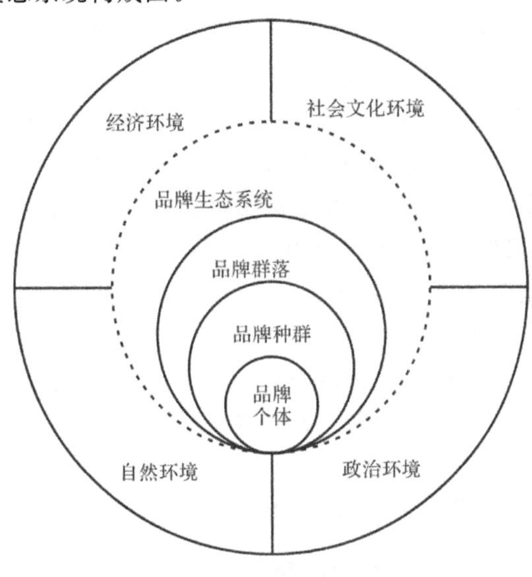

图1　品牌生态系统构成

(二)品牌生态因子和品牌生态位

品牌生态因子是指在商业生态环境中对品牌的发展有着直接或间接影响的各类环境因素,主要包括经济生态因子、社会生态因子、企业生态因子、其他生态因子。

品牌生态因子的集合构成了品牌生态位。生态位是品牌占有资源的体现,也是品牌实力的一部分。在一定的时间和空间内,因环境、占有的资源的不同,每个品牌的生态位也不同。

(三)品牌生态位的复杂性

品牌生态位如果相同,意味着所占有的资源相同,那么彼此的关系是竞争关系,相似度越高,竞争也就越激烈。随着市场的日趋饱和,消费者的理性消费,生产效率的提高,使企业之间的竞争白热化。因此,企业要在生态位上抢占先机,谋求差异化,才能有利于企业的长远发展。

企业所占有的资源是有限的,所以会重点针对消费者的需求做出相应调整。随着消费者的需求变化,生态位也不断扩宽和转移。企业只能专注于某一个品牌生态位经营,所以一个品牌生态位上可以容纳更多的品牌。

但一个生态位的容量是有限制的,并不能无限地加入品牌。品牌种群的成熟,使得每一个品牌生态位上的竞争愈加激烈,淘汰竞争失败的品牌,留下优秀的品牌,品牌生态系统也奉行着“适者生存”的自然法则。

三、丽水农产品品牌生态系统的形成及其存在问题

(一)浙江丽水农业品牌的发展路线

丽水经典农业耕作虽在整体上走的是“资源节约、环境友好”的路线,但这样的方式会造成效益和效率的双向缺陷,达不到高效生态农业的标准。在现代生产力条件下,浙江丽水农业的发展需要继承传统、推陈出新,借用现代先进的品牌理念,做强区域化、特色化、品牌化的主导产业,通过产品品牌化达到高效生态农业的标准,提高农业资源价值,实现环境和经济的双赢。丽水下辖七县一区一市,生态环境状况指数连续多年位居浙江省第一名,作为养生福地,秀山丽水,这里的农耕文化源远流长,物产丰富,有一大批类似松阳猕猴桃、庆元香菇、云和雪梨、处州白莲等成名良久、声名远播的农产精品。但因品类分散,主体单薄的特点,所以即使有 7000 多个农业主体、2800 多个农业品牌,却也很难在市场形成影响力和竞争力。因此,打造一个覆盖全区域、全品类、全产业链的农产品区域公用品牌“丽水山耕”,即可以带动丽水“生态精品农业”发展,扎实推进农业供给侧结构性改革。又可以促进传统农业转型升级,将丽水生态环境优势转化为商品经济优势。

2014 年 9 月,“丽水山耕”正式亮相丽水生态精品农博会。通过母子品牌运营,创新品牌“1+N”全产业链一体化公共服务体系,引导地标品牌及农业主体加入“丽水山耕”品牌体系,不断完善庞大的线上线下销售渠道,形成“平台+企业+产品”价值链,实现利益均衡分配。2017 年“丽水山耕”品牌销售额达到 32.1 亿元,品牌销售额累计已达 58.2 亿元,平均溢价率达 30%。作为目前浙江省唯一的一个市级区域公用品牌,浙江省委省政府高度重视“丽水山耕”品牌建设工作,2017 年 2 月省级相关厅局联合下发《关于支持“丽水山耕”品牌提升发展的若干意见》,并作为区域品牌建设的支持性文件,为“丽水山耕”的后续发展提供政策支持及方向引导。

(二)生态环境因子的构建情况及存在问题

“丽水山耕”这个品牌是由政府、协会、部门、市农发公司、农业主体协同工作,从完善品牌培育机制、构建质量标准和认证体系、打造品牌农产品质量安全体系、强化品牌保护机制、优化品牌营销模式、深化金融保障机制、建立大数据基础、建设冷链物流体系等方面着手,从标准化、电商化、金融化等方面建立了“丽水山耕”生态系统。

消费者市场是不断变化的,所以市场调查要不断进行,通过数据的不断更新才能把握消费者的需求。尤其是近年来互联网技术不断发展,快递物流行业高效快速发展,让我们了解到时代的进步和生活的便捷,也让消费者的消费模式产生了改变。所以要想构建完整的丽水生态农产品品牌生态系统,首先要有充分的市场调查作为发展的基础。

质量安全不仅仅是原生态,还有各项种子的选用、后续加工技术等。丽水虽然有纯天然的优良地理生态环境,但在选种育种、加工技术方面与全国一流地区仍存在一定差距,希望丽水可以在发扬自身优良生态的同时,也要提高自身在选种育种、加工技术方面的严格把关把控,让消费者可以了解农产品从种植到销售全过程质量保障,可以吃得放心安心。

起初,建立丽水生态农产品品牌生态系统时,只有很少的十几家企业加盟,日常事务的管理较为简单,但至今已有 500 多加企业加入了丽水生态农产品品牌生态系统的建设当中,随着加盟企业增加,组织结构复杂化,需要更加费心于组织管理,让企业之间可以实现互利共生、协同发展的产业供应链,通过共享经济让丽水生态农产品品牌生态系统可以更好地改善。

综上所述，在生态品牌系统经济环境的建设方面，还存在市场调查不充分、品牌目标不明确、质量安全保障机制不完全、组织结构复杂等问题。

（三）政治生态因子环境的构建情况及存在问题

得天独厚的生态环境优势为丽水农业发展提供稳定的生态基础。丽水市委市政府深入贯彻落实“绿水青山就是金山银山”发展战略，重视品牌生态系统建设，编制完成《丽水市生态精品农产品品牌战略规划》，由丽水市委市政府带领丽水现有农业品牌组织实施。

但在在具体的品牌扶持政策上力度不大、宣传推广力度还不够不强。众所周知，区域品牌生态系统的建设离不开政府的支持，在丽水政府的支持下，丽水开办了“丽水山耕”这一区域品牌，在宣传丽水农产品的同时可以让大家了解丽水文化。但在对于其他生态农产品企业的优惠政策上，支持力度还没有具体体现，可以借鉴其他区域品牌生态系统建设成熟的地方的经验加以实施。

在品牌宣传方面，由于是区域品牌，必不可少要提到丽水，所以两者可以相互促进，让消费者一想到生态农产品就想到丽水，一想到丽水就想到生态农产品，让两者紧密结合起来，就如同青岛与啤酒。所以，希望可以在政府的帮助下，在宣传丽水的同时宣传生态农产品，向全省甚至全国投放宣传，向消费者传达健康营养、原生态的农产品消费理念。

（四）社会生态环境因子的构建情况及存在问题

作为农产品区域公用品牌，丽水市专门成立丽水市生态农业协会，设立丽水市市场监督管理局丽水山耕生态精品农业品牌指导站，为“丽水山耕”商标品牌进行培育、维权和指导等工作。2016年委托浙江大学卡特（CARD）中国农业品牌研究中心从丽水农业现状着手，对品牌进行了全面策划。选定丽水市农业投资发展有限公司进行运营，同时协会的秘书处与丽水市农发公司采用两块牌子一套人马的运行机制。统一“丽水山耕”在生长、种植养殖、加工、储运、文化内涵、销售方式等方面的标准。

对于企业来说，企业品牌是旗帜，消费者的客户黏性随着旗帜的丰富而牢靠。所以，我们只有不断丰富品牌的文化，才能牢牢地抓住消费者。但丽水生态农产品品牌生态系统内的500多家企业大多数品牌文化没有得到开发，需要在区域品牌的基础上进行发掘。

生态农产品是丽水发展农业的重要优势，在保持这一优势的同时也要弥补自己在技术创新方面的劣势。在科学技术创新角度，丽水地区创新农业发展比较缓慢，需要大批人才的创新研究，以此来追赶一流创新农业企业。就现状来说，丽水农产品的生态品牌系统建设还存在着品牌文化底蕴不足、科学技术创新缺乏的问题。

四、丽水农产品品牌生态系统构建建议

通过了解品牌生态因子理论，我们发现其在丽水农产品品牌生态系统建设中存在着直接或间接影响，是品牌发展建设的作用，并对品牌的发展建设起到了至关重要的条件。之后，将通过经济生态因子、企业生态因子及社会生态因子这三类生态因子对丽水农产品品牌生态系统构建策略进行分析。

（一）构建优质的经济生态环境

经济生态因子主要包括消费者市场因子、物资市场因子和产业结构因子等，想要构建优质的经济生态环境的前提是了解经济生态因子在其中的作用。

1. 做好市场调查,实现品牌推广营销

在构建经济生态环境的前期,做好市场调查分析是必不可少的环节。通过了解消费者的喜好,可以让我们充分了解消费者的需求,从而对消费者市场进行市场细分。根据细分市场的种类不同,我们可以选择不同的品牌宣传推广渠道。如,对于年轻人的细分市场,可以选择以手机新闻广告等形式在电子产品上宣传、通过手机APP等网络渠道引导消费;而对于老年人的细分市场,可以选择电视广告或超市线下促销的方式宣传、通过线下超市或专卖店的渠道引导消费。通过多样化的品牌推广销售渠道,建立健全的品牌营销体系。

2. 提升产品质量,打造优质生态农产品

根据达尔文在《物种起源》中的自然选择学说,我们了解到优胜劣汰、适者生存是生物生态系统中的法则。同样,品牌生态系统亦是如此。丽水农产品的特色在于有良好的生态环境,我们要充分发挥其特点,通过保证生态农产品的质量来树立品牌形象,以此获得广大消费者的认同。企业要严格把关生态农产品种的种植加工全过程,对种子购买、肥料选用、水源选择以及成熟后的加工包装等各环节实施全面监控,保证全过程的原生态、纯自然。

3. 优化产业结构,推动产业集群发展

丽水品牌生态系统的构建是“丽水山耕”区域品牌形成和发展的过程,而丽水地区的产业集群是“丽水山耕”区域品牌形成与发展的载体。因此,推动丽水地区的产业集群化发展是构建丽水品牌生态系统的重要内容。通过优化产业结构,创造有利于丽水农业企业聚集的各种区域资源、区域条件和区域政策,可以更好地引导丽水生态农产品品牌企业加强与上游农民、下游经销商的合作关系,形成一条完整的从农民到品牌经销商之间互利共生、协同发展的产业供应链,最大限度地实现高新技术、产品信息、基础设施等资源的共享,带动产业集群化的形成与发展。

(二)建立良好的政治生态环境

企业生态因子主要包括政治环境因子、社会制度与政策因子和教育因子等,只有先了解了这些相关的企业生态因子才可以更好地建立良好的政治生态环境。

1. 颁布相关政策,完善区域品牌生态系统

区域品牌的发展离不开政府的政策支持,丽水市政府首先要树立品牌意识,为“丽水山耕”这一区域品牌做好品牌战略推广工作。通过颁布一些地方性政策,让“丽水山耕”品牌生态系统可以更好地在政府的绿荫下成长。如,青岛市以青岛家电、食品、服装为依托,通过制定青岛市重点品牌发展规划,颁布系列产品质量法,系统开展“培育品牌、发展品牌、保护品牌”的各项工作,鼓励企业积极申报品牌商标,建立完善的区域品牌生态系统。

2. 协助品牌推广,扩大品牌影响力

丽水市政府可以通过自身对公众的影响力为区域品牌的发展做好宣传工作,成为“丽水山耕”的品牌代言人。对丽水的品牌农产品企业可以实行宣传优惠政策,在品牌农产品企业需要进行媒体宣传时,可以利用政府资源如广播、报刊、电视等,让公众在了解丽水文化的同时了解丽水生态农产品。同时,政府还可以联系农业协会等组织,推荐丽水品牌农产品企业参加农产品展销会、博览会等,积极进行品牌的推广宣传,扩大品牌影响力,增加品牌知名度。

(三)营造和谐的社会生态环境

社会生态因子主要包括文化因子、技术创新因子和人力资源因子等,为了营造和谐的社会环

境，我们首先要对社会生态因子进行分析，解读其中的内涵，最后给予有效的建议。

1. 挖掘品牌文化，丰富品牌文化底蕴

企业是品牌的总体形象，文化则是品牌的灵魂，没有文化的品牌将失去色彩，脱离公众的视野。在品牌生态系统里，各农业企业要主动挖掘自身的品牌文化，丰富自身品牌的文化底蕴与品牌的社会风情，让公众从了解品牌、认同品牌到信任品牌、拥护品牌。"丽水山耕"区域品牌可以在宣传自身品牌文化的同时，帮助其他中小型的农产品企业进行品牌文化的发掘，并加以宣传，来获得品牌效应。

2. 鼓励技术创新，提升企业创新能力

技术创新是提升企业核心竞争力的主要体现，是提升品牌活力、品牌竞争力的重要武器。企业可以设立科研的专项基金加大农产品的科研技术创新，还可以将大学教授、企业科研人员等相关工作者聚集起来，通过举办农业技术交流会，进行农业科研技术的交流，鼓励人员技术创新，形成社会浓厚的技术创新氛围。调查了解，现丽水市农业投资发展有限公司("丽水山耕"区域品牌创建者)正和丽水农科院、农林大学在进行农作物的嫁接、育种等方面的新技术研发，还自主创新研究农产品保鲜、分拣、存储和配送等物流方面的技术，希望可以在不久的将来获得一个好成绩。

五、结论和展望

丽水农产品品牌的建设是一项长期的工程。随着丽水农产品品牌的不断建设，浙江省政府对这一区域品牌的发展越来越重视，将通过政府的力量发展丽水经济，让"丽水山耕"这一区域品牌走向全国。通过政府提供的良好发展环境，丽水市农业投资发展有限公司将积极推进品牌建设和品牌战略发展，这对"丽水山耕"区域品牌的未来建设具有重大意义。本文选取国家首个市级区域品牌"丽水山耕"作为研究对象，从品牌本身的建设出发，分析品牌生态系统的形成、发展，及其复杂的外部生态环境。以此来指导品牌管理者增强品牌意识，提高品牌和企业的市场竞争力，促进品牌企业的发展壮大，来带动丽水区域的经济发展繁荣。但构建区域品牌生态系统并不是一朝一夕的工作，不但需要政府引导，更需要企业等生态系统中的其他组织共同努力，相互促进，和谐发展。只有这样，才能发挥丽水农产品品牌的最大效用，带动丽水整个地区的经济发展，乃至国家的发展。

目前，关于这一领域的研究还不成熟，本论文在理论研究方面还有很多不足，提出的政策建议还有不完善之处，今后会进行更为深入的研究。

参考文献：

[1]杨慧. 黄河三角洲品牌生态系统建设研究[D]. 济南：山东财经大学，2013.

[2]张德凤. 山东半岛蓝色经济区品牌生态系统建设研究[D]. 济南：山东财经大学，2014.

[3]周俊杰. 农产品品牌建设中政府导引机制研究——以丽水市为例[D]. 杭州：浙江师范大学，2014.

[4]胡晓云. 丽水市生态精品农产品区域公用品牌战略规划[Z]. 浙江大学 CARD 中国农业品牌研究中心，2014(09).

[5]吕家春. 区域品牌生态研究——以江苏品牌发展为例[D]. 南京：南京财经大学，2011.

[6]张燚，张锐. 品牌生态学——品牌理论演化的新趋势[J]. 外国经济与管理，2003，25(8).

[7]"丽水山耕"打造优质农业品牌[EB/OL]. http://news.21food.cn/13/2803992.html，2017-5-25.

双创背景下东北经济结构转型的思考

董芷含[1]　王　硕[2]　张　静[1]　张　雯[1]

(1.浙江财经大学东方学院创业学院，浙江 海宁 314408；
2.浙江财经大学东方学院信息分院，浙江 海宁 314408)

摘　要：“大众创业、万众创新”是东北经济转型升级的出发点。2017 年，东北地区经济形势错综复杂，经济稍有回暖态势，但仍存在诸多问题。过去的几年，东北三省 GDP 始终居于全国后位，传统经济远远落后于国家整体经济的发展速度，东北地区经济尚未起色。党中央、国务院高度重视东北经济持续下滑的态势，通过稳增长、调结构、促改革、惠民生、大力发展创新创业经济，2017 年东北地区经济开始呈现回暖态势。

关键词：东北地区；创新创业；产业结构

“十三五”时期是适应和引领经济发展的关键时期，也是顺应历史潮流发展创新创业的关键阶段。在创新创业的大背景下，推动东北经济发展，通过优化投资环境为着力点、加快东北地区的产业升级、人才引进等要素的保障，推进“大众创业、万众创新”营造东北地区创业环境，促进产业结构优化升级，加快东北地区的改革。

根据国家最新界定的中国东北地区，广义上包括辽吉黑和东三省管辖的今内蒙古东五盟市(呼伦贝尔市、通辽市、赤峰市、兴安盟、锡林郭勒盟)和东北文化区的承德市、秦皇岛市。本文主要针对东北地区辽宁、吉林、黑龙江三个省份的经济结构展开研究。

一、双创背景下东北地区经济发展的新形势

(一)全国经济发展平稳，东北三省增速放缓并伴有下滑趋势

在大众创业、万众创新的背景下，东北地区经济迎来了前所未有的改革和挑战，2017 年成为东北经济发展的转折年，“最困难的日子”正在过去，上半年辽、吉、黑三省一季度经济增速分别为 2.4%、5.9%、6.1%。这意味着，在黑龙江、吉林两省的经济已经处于回暖趋势，辽宁省的增速也已由负转正，东北三省 2016 年以来的分化走势开始扭转。

近年，东北地区经济持续下滑，党中央国务院特别重视东北地区的经济建设，从 2017 年开始东北地区经济总量增速开始回暖，其经济总量占全国 GDP 比重基本保持平均水平，维持在 8.0%～8.8%之间，2007—2014 年处于下滑趋势，在 2014 年达到最低点，之后 2014—2017 年呈持续增长态势，2012 年之后东北三省 GDP 呈整体下滑趋势，辽宁省加速下滑，降至历史最低点。(见图 1)

东北三省生产总值增速放缓，全国经济总量在“十三五”期间总体提升，全国生产总值保持平

稳增长，辽宁省出现历史性新低，在 2016 年呈－62.7％的减速，吉林省在 2015 年以后增速高于全国平均水平领先于辽宁省、黑龙江省，在 2012 年高于全国平均水平，其他年份均低于全国平均水平（见表 1）。看到这些数据，作为地地道道的东北人实感痛心！

表 1 “十三五”期间东北地区生产总值

年份	全国		辽宁省/亿元	增速/％	吉林省/亿元	增速/％	黑龙江省/亿元	增速/％
	生产总值/亿元	增速/％						
2016 年	606465.7	7.9	6692.2	－62.7	13923.2	10.0	10648.3	4.6
2015 年	561999.8	9.8	17917.9	－27.5	12705.3	12.0	10182.9	3.6
2014 年	512020.7	14.7	24730.8	－1.5	11339.6	13.6	9829.0	－14.1
2013 年	446294.1	19.1	25107.7	15.0	9979.3	5.0	11453.1	18.1
2012 年	374694.7	20.3	21836.3	23.2	9511.5	27.1	9694.7	29.7
2011 年	311485.1	12.0	17726.3	10.5	7441.7	－5.4	7475.4	9.7

资料来源：国家统计公报

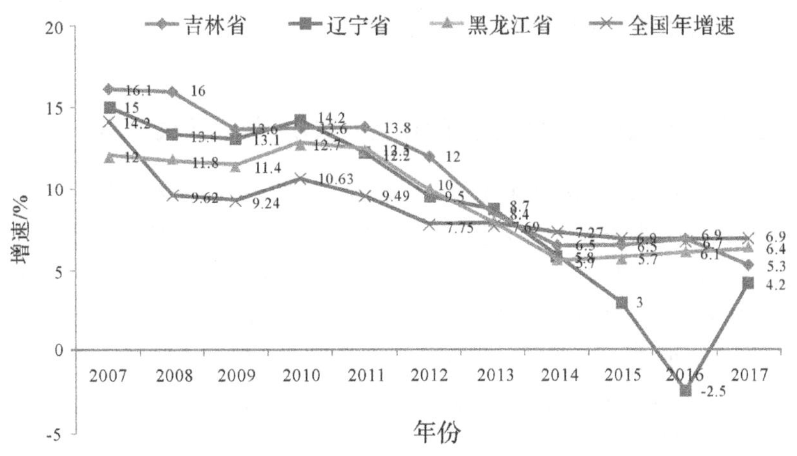

图 1 2007 年以来东北三省地区生产总值的增长态势

资料来源：根据 2007—2017 年《中国统计年鉴》与 2017 年全国及各省市统计公报整理

（二）东北地区受传统经济束缚严重、国有资产投资单一

东北地区深受计划经济体制影响，产业优势自新中国成立以来集中在重工业、资源、原材料和装备制造上，其中国有企业占据主导地位，对中小型企业的发展不重视，营商环境不完善，民营经济发展不到位，产业发展不均衡，投资多数集中在国有企业中，在创新创业大环境的影响下，资金和政策用来扶持东北原有的优势产业是最能见到效果的，于是，大批本应淘汰、限制、转型、升级的产能不降反升，GDP 增速飞快。但随着互联网经济的发展、环境需求的改变，优势变弱势，一味地追求 GDP 增速造成民间资本积累薄弱，无法跟进互联网经济浪潮，不能适应创新创业发展，没有缓冲时间，造成 GDP 断崖式下跌。

固定资产投资与经济产出有直接关系，而东北地区固定资产投资规模及增速呈逐年下降趋势，直接限制东北地区的经济发展。投资规模与就业总量成正比关系，投资规模越大就业总量越多，就业总量的增加带动社会实际收入增加，消费水平提升社会需求增加，失业率下降。

(三)产业结构不合理,民营经济发展滞后

东北地区国有企业占主体,国有企业资产比重超过50%,而其他地区的比重仅为38%。虽然国有企业普遍存在低效率和高亏损的弊病,但东北地区尤为严重,国有企业亏损率高达30%以上,而其他地区国企的亏损率约为25%,所以国企有更大的资本需求,相比民营企业,一方面国企由于存在着政府的隐形担保,资本租赁机构认为国企违约政府会最终"买单",另一方面由于国企并不是管理人员的资产,因此管理人员的责任感较低,所以国企资本需求会远高于民营企业,不对等的资本供需差距使得东北地区的民营企业需要以更高的利息才能借到资金,民营企业生存能力严重下降,恶性循环之下造成东北地区的投资冲动更大,资本需求更高,民营企业生产更加困难。

现代社会城市发展依靠第三产业,而东北地区偏资源型、传统型、重工业型的产业结构和产品结构不适应市场变化,传统的资源型产业结构和粗放型经济增长方式,使东北形成了较为单一的产业结构,发展缓慢、资源枯竭、产业衰退、结构单一导致东北地区经济实力衰退,人们消费能力不足,致使第三产业的发展空间极为有限。

二、东北地区经济困境的原因分析

(一)第三产业贡献率较低导致大学生就业空间狭小,人才流失严重

东北地区始终保持着国有企业"唯我独尊"的局面,导致国企的人才引进形成近亲"繁殖",人才发展空间不断缩减,致使大量人才外流,地方政府腐败致使人才引进资金不能及时发放到个人手中,经济陷入了恶性循环。东北地区第三产业贡献率均低于全国第三产业贡献率平均值,这直接反映出东北地区第三产业的发展严重滞后(见图2)。中国目前第三产业就业人数的比例明显太低,远远低于发达国家,也大大低于一般的发展中国家。就第三产业占GDP的比重来看,东北地区第三产业就业人数远远低于全国平均水平,大量人才流入北京、上海、广州等一线大城市,导致东北个别地区成为形同虚设的"鬼城"。

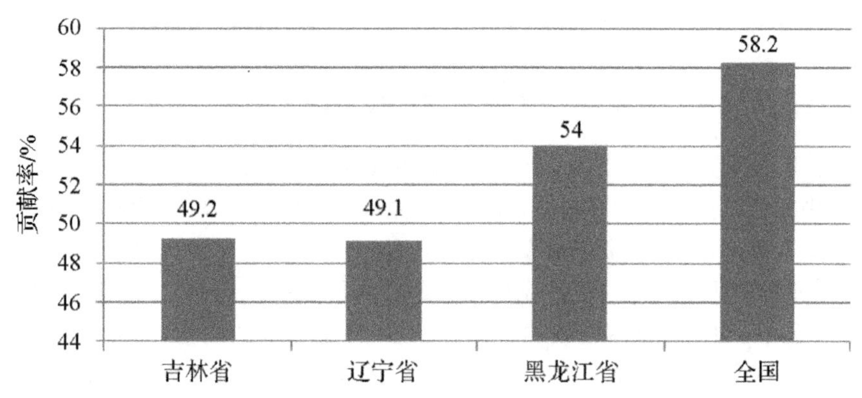

图2 2016年第三产业贡献率

资料来源:根据2016年《中国统计年鉴》及各省区市统计公报整理

(二)东北地区人口红利已经消失,人口老龄化现象日趋严重

东北地区人口红利逐渐消失,伴随着人口老龄化现象日趋严重。如图3,从统计年鉴数据整理来看,2016年全国65岁以上老人所占比重为10.8%,辽宁、吉林、黑龙江三个省份的65岁以上老人所占比重均高于全国平均水平,经济发展严重滞后,老龄人口不断增加,最近几年东北地区受地区气候条件的影响,有一部分消费能力高的老年人冬天去南方过冬,虽然从表面看只是季节性的迁移,但是在几个月的寒冬中这一部分具有较高消费能力的老年人离开东北,对东北的消费市场是一个巨大的打击。

从最新的人口统计数据来看,2016年人口增幅最少的前十个省份中,黑龙江、辽宁和吉林位居前三。从图4可以看出从2011年到2016年,东北地区年均自然增长率仅为0.33%,远低于全国同期水平5.12%,人口增长基本趋于停滞状态(见图4)。

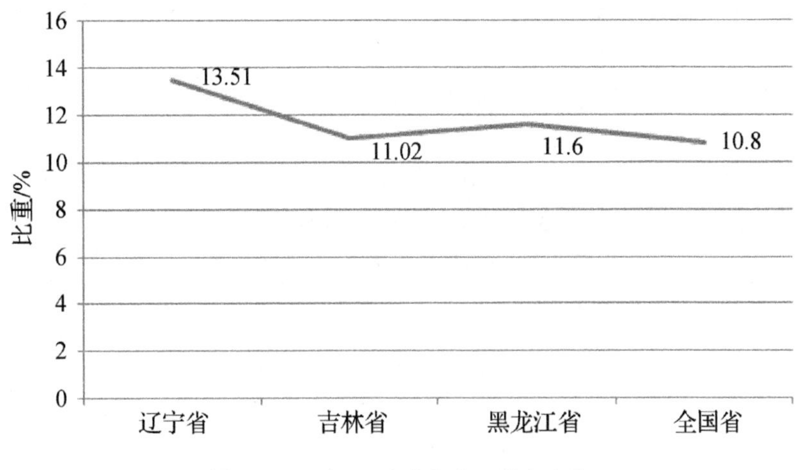

图3　2016年65岁以上人口所占比重

资料来源:根据2016年《中国统计年鉴》整理

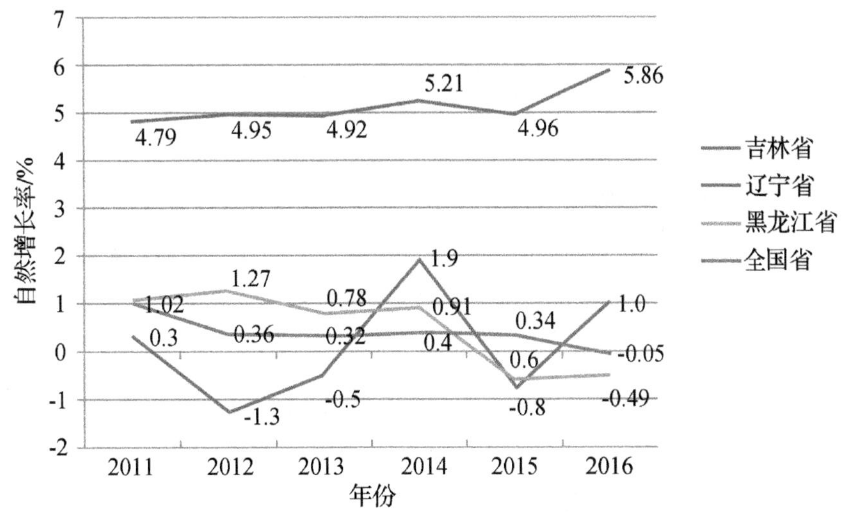

图4　东北地区人口自然增长率

资料来源:根据2011—2016年《中国统计年鉴》与2017年全国及各省区市统计公报整理

(三)受计划经济影响,人们的传统思想观念影响深厚,营商环境恶劣

东北地区是我国最早成立的工业基地,也是最早步入和最晚退出执行计划经济的地区。东北地区是我国计划经济最典型的地区。由于长期实行计划经济,使东北地区的观念具有较强的惯性,大幅度削弱改革的动力及成效。干部及群众的思想观念,相对落后于东南沿海经济发达地区。

东北地区为国家做出过重大贡献,被誉为"共和国长子"。既有自豪感、责任感和奉献精神,也有优越心理、怀旧心理及依附心理。从而导致很多人不相信市场调节经济的功能、不相信民营企业和中小型企业可以有良好发展前景,此观念对建设良性营商环境有较大影响。

(四)创新创业起步晚尚未形成发展态势

首先,东北地区创新科研水平不高,科研创新成果就地转化率低,且科研创新成果流失严重,近年来东北地区专利申请数及专利发明数居全国各省份排名后段,且有效发明专利数持续多年占全国总量不足 4%(见表 2),同时东北地区创业融资额居全国倒数,创新创业资金投入严重不足,研发资金远低于全国水平,资金投入的不足使得创新、创业型企业的科技研发和技术创新活动缺乏足够的支持,创新创业无法形成良性发展。

其次,创新创业环境较差,创新创业体制不完善,缺乏创新创业良好文化氛围,创新创业人才匮乏,且地方相关行政单位对创新创业型企业的支持不够,服务积极性不高。

表 2　东北地区有效发明专利数及占比

年份	全国/个	辽宁省/个	占比/%	黑龙江省/个	占比/%	吉林省/个	占比/%
2013	335401	6923	2.1	2342	0.7	2985	0.9
2014	448885	9055	2	3052	0.7	1884	0.4
2015	573765	10372	1.8	3351	0.6	2649	0.5
2016	769847	14188	1.9	4716	0.6	3395	0.4

资料来源:国家统计公报

三、振兴东北经济的对策及建议

(一)改善东北地区营商环境

投资环境即是一种资源又能促进经济的发展。区域投资环境是该区域经济发展的生命线,优化投资环境已成为吸引人才、增加资本、增强本地区核心竞争力的重要举措。事实证明,区域经济发展得好那么投资环境也一定好,经济发展就会充满生机和活力。全面改善东北地区投资环境应从以下几方面着手:

(1)营造勤政、廉洁、务实、高效的行政环境;

(2)营造规范严明的法制环境;

(3)营造公平竞争、诚信的市场环境;

(4)营造优惠政策的适用环境及舆论环境。

(二)加快产业结构升级调整

突破东北经济高度依赖资源产业和重工业的单一经济结构困局。强调服务业的重要地位,重

视提升现代生产性服务业发展，识别地方生产性服务特色，吸引国内外生产性服务业来东北地区投资，编制东北地区特色服务产业的发展规划，明确发展目标，合理协调安排生产性服务业的发展空间，树立特色生产性服务业标杆，建立企业集群，推动东北地区建立和完善社会主义市场经济体制，加快当地经济发展，提高国民素质和综合能力，扩大就业，缓解本地区的就业压力，提高人民生活水平，早日实现小康。

重视中小型企业发展，推动特色中小企业改造升级，增强中小型企业核心竞争力，对初期升级改造企业进行适度补贴，对中小企业实行税收减免，为中小型企业发展营造良好的政策环境，最终实现以中小型特色企业增长弥补装备工业的不足，以地方企业发展抵消省属工业的下滑。

(三)完善人才引进的相关机制、营造良好的人才孵化环境

首先，必须完善地方人才引进机制，对高新技术人才在创新创业过程中给予帮助和指导，重视人才的培养、提升及使用。为人才营造更为宽松和适宜的工作环境，转变重引进、轻服务的传统思维。除用政策为引进及培养人才提供保障外，东北地区还需要学会利用市场，为人才提供更加广阔的空间。鼓励引进研发人员带专利、高尖端技术来东北地区创业，东北地区需提供良好的孵化环境，建立政府类专项帮扶基金，提高基金的使用效率。只有尽可能多搭建投资基础平台，引导组建创新创业产业联盟，创新创业的种子才能成长为参天大树。对高尖端的创新型企业给予多方位帮扶，使企业产品在最短的周期内市场化，提升企业竞争力。若以“不信春风唤不回”的决心培养人才，一定能加速东北人才回流，厚植起东北振兴的坚实后盾。

其次，东北地区的管理者须摒弃固有的传统理念，转变思想，尤其是为企业服务的基层管理者，将新政策真正地落实到每一个环节上，这将引导市场的经营环境向健康有序的方向转变，有助于升级传统工业并建立良性的产业循环。

(四)鼓励创新创业、加快国企改革

东北经济重新振兴，必须首先要在观念上先求新，摒弃保守传统与思想教条，恢复实干精神，优化东北地区的投资环境，加快国企改革；其次要进行产业结构调整，做到重视人才、培养人才、留住人才、用好人才，做到人尽其才，物尽其用，财尽其效，技尽其精。

加大国企的改革力度，加快国企的改革速度，鼓励企业改制上市，充分利用本地区域优势，实现企业的转型发展。通过国企改革，一方面能够为政府缓解财政压力，且可以带来可观的财政收入，从而有更多的资金用于改善民生；另一方面，由于国企一般不愿意承担风险，创新动力不足，通过改制，引入民间资本，通过市场调节可以让国有企业建立更科学的管理体制和激励制度，从而提高企业的运转效率和节约一定的生产成本。

参考文献：

[1]赵楠.东北地区高端人才吸引回流对策研究[J].经济与社会学研究，2017(6).

[2]胡琦.东北产业结构的逆工业化变动特征及转型思路[J].上海经济研究，2005(6).

[3]李政.发展创业型经济是振兴东北老工业基地的关键[J].学习与探索，2005(2).

[4]刘冰，李娟.振兴东北老工业基地要发展创业型经济[J].北方观察，2011(3).

[5]杨东亮，赵振全.东北经济失速的投资性根源[J].东北亚论坛，2015(5).

企业员工满意度评价体系构建研究*

——以浙江省杭州市滨江区为例

李毓君

（浙江财经大学东方学院信息分院，浙江 海宁 314408）

摘　要：员工是企业利润的创造者，是企业生产力最重要和最活跃的要素，同时也是企业核心竞争力的首要因素。员工满意度调查对企业而言是企业管理的一项基础工具。本文在问卷调查的基础上，对杭州市滨江区员工满意度进行调查，结果表明，员工满意度主要受工作本身、工作环境、工作团体等六个因素影响；同时运用层次分析法构建员工满意度评价体系。

关键词：员工满意度；因子分析；层次分析法

一、引　言

随着互联网＋、云计算、智慧城市等信息技术的飞跃，全球已迈入了大数据时代，多源异构的庞大数据流因其包含的丰富的信息而成为重要的待挖掘资产。过去，企业对顾客数据进行挖掘分析，把顾客当成上帝；而现在，企业管理产生一个重要的理念是把员工当"客户"。员工是企业利润的创造者，是企业生产力最重要和最活跃的要素，同时也是企业核心竞争力的首要因素。

哈佛大学的一项调查研究表明：员工满意度每提高 3 个百分点，顾客满意度就提高 5 个百分点。著名的人力资源咨询公司翰威特的"最佳雇主调查"表明，员工满意度达到 80％的公司，平均利润率增长要高出同行业其他公司 20％左右[1]。因此，员工满意度调查在企业的管理工作中非常必要。滨江区作为杭州的高新开发区，已成为浙江省最有影响的科技创新基地、高新技术产业基地和最具活力的经济增长区域。近年来，人们的就业观也发生着变化，不再像过去一样只做一份工作，导致"员工流动率上升"、"生产效率下降"以及"下属的不忠诚"等结果。因此，员工工作满意度调查引起社会各界的广泛关注。

员工满意度是组织行为学中的一个重要变量，也是考察员工（内部顾客）对工作或岗位态度的指标。员工满意概念的研究，最早由 Hoppock 提出，指员工心理和生理对环境因素的满足感觉[2]。文献[3]提出了员工满意度受到包容型领导方式的影响。文献[4]以某银行总行职能部门为例，构建了内部协同工作的满意度评价体系。文献[5]分析了影响互联网公司员工满意度的影响因素。文献[6]指出劳动保护和福利提升对员工满意度的提升有着积极作用。文献[7]运用多元线性回归方法对知识型员工满意度和工作绩效进行了实证分析，结果表明两者呈显著正相关关系。文献[8]采用主成分分析对员工满意度进行了分析，最终将影响基层员工满意度的因素概括为工作环境、职

* 基金项目：浙江财经大学东方学院一般课题资助项目（2017dfy014）。

业发展、薪酬福利、企业文化和员工关系。但是,很少有学者对员工满意度评价体系的构建作出研究。因此,本文对滨江区员工满意度进行实证调查,运用因子分析方法进行分析,最后构建员工满意度评价体系。

二、调查基本情况

(一)调查的目的

员工满意度调查是一种科学的人力资源管理工具,它通常以问卷调查等形式,收集员工对企业管理各个方面满意程度的信息,然后通过后续专业、科学的数据统计和分析,真实地反映公司经营管理现状,为企业管理者决策提供客观的参考依据。员工满意度调查还有助于培养员工对企业的认同感、归属感,不断增强员工对企业的向心力和凝聚力,也为了提高员工满意度,提出一些意见与建议。

(二)调查的具体实施

本次问卷调查全部采取实地调查方式,在滨江区人流密集处发放问卷,共收集 138 张问卷,样本有效率为 94.20%。从调查对象的分布看,抽取的样本中男性占 49%,女性占 51%;性别分布比较平均,男女比例接近 1∶1。所以不会由性别的差异引起调研结果的差异,调查有一定意义,并且能总体反映滨江区员工满意度的情况。

(三)问卷的设计

本次调查通过问卷形式,调查问卷由以下几部分构成:

(1)被调查者基本信息。包含性别、年龄、工龄、文化程度、婚姻状况共 5 项信息。这些是获得被调查者客观状况的基本信息。

(2)满意度量表设计。满意度测量指标为从事的工作、加班情况、工作分配情况、工作压力情况、公司的发展前景,与直接上级的相处、领导风格及管理方式、直接上级对待下属公平性,同事间的相处、同事之间分工合作程度、同事之间的工作气氛,升迁制度、升迁机会、升迁速度,付出与工资回报、公司的奖励方法、工作业绩评价方法、薪资结构、员工休闲与节日活动,企业文化、办公设施情况、管理规章制度、职位层级划分情况、人财物及相关资源供应,共 24 项。

(3)选择题。主要关于对公司现行制度的满意程度。

(4)开放性问题。包括改善公司的建议以及对解释的想法、不能了解的观点或想令人关注的问题分别是什么。

三、实证分析

(一)信度分析与效度分析

1.信度分析

信度即可靠性,它是指采用同样的方法对同一对象重复测量时所得结果的一致性程度。信度指标多以相关系数表示,大致可分为三类:稳定系数(跨时间的一致性)、等值系数(跨形式的一致性)和内在一致性系数(跨项目的一致性)。信度分析的方法主要有以下四种:重测信度法、复本信度法、折半信度法和 α 信度系数法。Cronbach α 信度系数是目前最常用的信度系数,其计算公式为:

$$\alpha = \frac{K}{K-1} \times \frac{1 - \sum_{i=1}^{n} S_i^2}{S_T^2} \tag{1}$$

其中,K 为量表中题项的总数,S_i 为第 i 题得分的题内方差,S_T 为全部题项总得分的方差。

从公式中可以看出,α 系数评价的是量表中各题项得分间的一致性,属于内在一致性系数。这种方法适用于态度、意见式问卷的信度分析。

本研究采用 Cronbach α 信度系数来检验问卷的信度,根据心理测量学的要求:如果内在信度系数在 0.8 以上,则可以认为调查表有较高的内在一致性;达到 0.7 以上是可以接受的信度值;0.66～0.7表示可以勉强接受;0.6～0.65 表示需要修改或删除;而信度值在0.6以下,表示数据不可取。

从信度分析结果来看,Cronbach α 信度系数为 0.951,证明调查表有较高的信度。

2. 效度分析

效度即有效性,它是指测量工具或手段能够准确测出所需测量的事物的程度。效度是指所测量到的结果反映所想要考察内容的程度,测量结果与要考察的内容越吻合,则效度越高;反之,则效度越低。效度分为三种类型:内容效度、准则效度和结构效度。本文主要采用因子分析的方法对工作满意度量表的结构效度进行验证。

首先对工作满意度量表是否适合进行因子分析进行相应的检验,根据 KMO 系数和 Bartlett's Test 检验统计量来判断,如果 KMO 系数大于 0.7,则表明量表适合进行因子分析。

检验结果表明,KMO 的检验值为 0.915,大于 0.7,说明量表比较适合于做因子分析。Bartlett 球度检验结果显示,近似卡方值为 2137.686,数值比较大,显著性概率为 0.000,因此认为适合于做因子分析。

(二)因子分析

1. 基本原理

因子分析法的基本思想是将观测变量进行分类,将相关性较高,即联系比较紧密的分在同一类中,而不同类变量之间的相关性则较低,那么每一类变量实际上就代表了一个基本结构,即公共因子。对于所研究的问题就是试图用最少个数的不可测的所谓公共因子的线性函数与特殊因子之和来描述原来观测的每一分量。

因子分析提取因子的方法主要有主成分法和极大似然法。本文主要使用主成分分析法,并以正交法进行因子旋转,抽取特征值大于 1 的因子,结果发现特征值大于 1 的公共因子共有 6 个,如表 1 与图 1 所示。

表 1　特征根方差贡献率表

	标准偏差	方差比例	累计比例
Comp. 1	3.406704	0.483568	0.483568
Comp. 2	1.2586906	0.0660126	0.5495806
Comp. 3	1.2163203	0.0616431	0.6112237
Comp. 4	1.1158442	0.0518795	0.6631032
Comp. 5	0.9697885	0.0391871	0.7022903
Comp. 6	0.8984388	0.033633	0.7359233

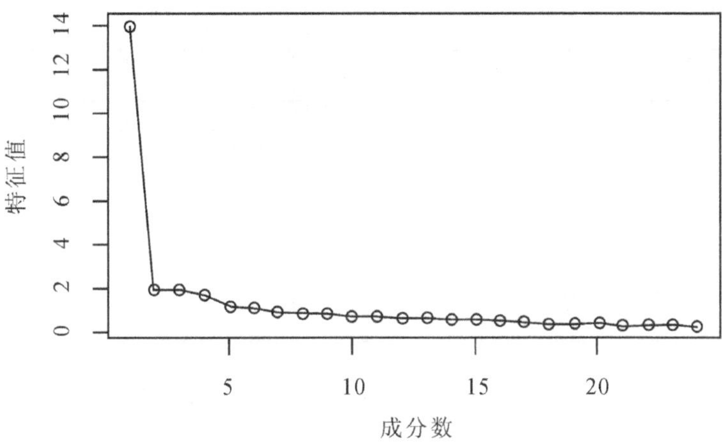

图 1　公共因子碎石图表

表 2 给出了旋转后的因子矩阵表以及各个因子的载荷，表中 X1～X24 分别为问卷中的 24 个测量指标。

表 2　旋转后的因子载荷

	F1	F2	F3	F4	F5	F6
X1	0.745					
X2	0.504	0.429	0.236	0.282	0.172	
X3	0.54	0.306	0.148	0.305	0.257	0.14
X4	0.57	0.162	0.138	0.248	0.378	0.288
X5	0.722	0.284	0.21	0.125	0.328	
X6	0.856	0.196	0.207	0.138	0.16	
X7	0.783	0.218	0.292	0.263		
X8	0.807	0.223	0.284	0.18	0.107	0.117
X9	0.182	0.463	0.223	0.243	0.316	0.166
X10	0.143	0.654	0.217	0.329	0.171	
X11	0.182	0.667	0.115	0.26	0.173	
X12	0.351	0.745	0.176			
X13	0.368	0.573	0.148	0.152	0.203	
X14	0.105	0.626	0.349	0.185	0.264	
X15	0.142	0.183	0.712	0.23		
X16	0.283	0.276	0.326	0.216	0.307	0.125
X17	0.225	0.16	0.798	0.273		
X18	0.389	0.309	0.162	0.449	0.186	0.145
X19	0.332	0.216	0.114	0.402	0.157	

续表

	F1	F2	F3	F4	F5	F6
X20	0.395	0.348	0.22	0.604		
X21	0.248	0.399	0.39	0.117	0.512	
X22	0.258	0.328	0.19	0.144	0.597	
X23	0.513	0.299	0.252	0.223	0.613	
X24	0.508	0.285	0.182	0.214	0.205	0.544

第一个因子,包含了 X1～X8,将其归纳命名为“工作环境”,用 F1 表示。X1～X8 分别代表员工休闲与节日活动、企业文化、办公设施情况、管理规章制度、职位层级划分情况、人财物及相关资源供应、工作业绩评价方法、加班情况。

第二个因子,包含了 X9～X14,其归纳命名为“工作团体”,用 F2 表示。X9～X14 分别代表与直接上级的相处、领导风格及管理方式、直接上级对待下属公平性在内的领导关系以及同事间的相处、同事之间分工合作程度、同事之间的工作气氛在内的同事关系。

第三个因子,包含了 X15～X17,将其归纳命名为“工作本身”,用 F3 表示。X15～X17 分别代表从事的工作、工作分配情况、工作压力情况在内的工作本身的问题。

第四个因子,包含了 X18～X20,将其归纳命名为“工作升迁”,用 F4 表示。X18～X20 分别代表升迁制度、升迁机会、升迁速度在内的晋升制度。

第五个因子,包含了 X21～X23,将其归纳命名为“工作报酬”,用 F5 表示。X21～X23 分别为付出与工资回报、公司的奖励方法、薪资结构(工资、津贴、绩效奖金等)在内的工作报酬。

第六个因子,包含了题项 X24,为公司发展前景,将其归纳命名为“公司前景”,用 F6 表示。

(三)员工满意度各因子描述性分析

1. 员工满意度各因子信度检验

表 3 是关于六个因子的信度检验,结果表明:除了“工作升迁”的 Cronbach α 系数略低于 0.7,勉强可以接受外,其他各项结果都可以接受。

表 3 各因子的信度检验

	F1	F2	F3	F4	F5	F6
Cronbach α	0.89	0.878	0.771	0.659	0.72	

2. 员工满意度各因子的描述性统计

工作满意度的描述性统计分析结果如表 4 所示:工作满意度量表的均值为 2.941,低于五分量表的中间值 3.000,表明被调查对象的工作满意程度略微偏低。六个因子中得分最低的是“公司前景”,得分为 2.78,得分最高的为“工作本身”,得分为 3.150。而工作满意度中“工作环境”波动性最大,“工作团体”波动性最小。

表 4 各因子的描述性统计

	样本数	最小值	最大值	均值	标准差
总体满意度	129	2.612	3.388	2.941	1.162
工作环境	129	2.612	3.388	2.842	1.346
工作团体	130	2.915	3.131	3.000	0.930
工作本身	129	2.946	3.271	3.150	1.149
工作升迁	129	2.829	3.217	2.969	1.213
工作报酬	129	2.845	2.946	2.897	1.034
公司前景	130	1	5	2.78	1.15

(四)指标权重的确定

1.基于层次分析法的指标权重的确定

满意度评估为是多种因素影响下的目标评估。因此,本文采用层次分析法确定各级指标的权重。

(1)构造对比矩阵

假设有 N 种元素,相对于上一个层次中某一元素,决策通过元素的两两比较重要性,设三级指标度可得下列比较矩阵 $\boldsymbol{C}$:

$$\boldsymbol{C}=\begin{bmatrix} c_{11} & c_{11} & \cdots & c_{1n} \\ c_{21} & c_{22} & \cdots & c_{2n} \\ \vdots & \vdots & & \vdots \\ c_{n1} & c_{n2} & \cdots & c_{nn} \end{bmatrix} \tag{2}$$

其中,

$$c_{ij}=\begin{cases} 2,\text{第 } i \text{ 元素比第 } j \text{ 元素重要} \\ 1,\text{第 } i \text{ 元素比第 } j \text{ 元素同等重要} \\ 0,\text{第 } i \text{ 元素没有第 } j \text{ 元素重要} \end{cases} \tag{3}$$

其中,$c_n=1$,即元素自身比较重要性相同,本文采用专家打分方法,构造各个指标的对比矩阵。以工作本身为例,通过专家打分,得到结果如表 5 所示。

表 5 工作本身满意度比较矩阵

	从事的工作	工作分配情况	工作压力情况
从事的工作	1	0	0
工作分配情况	0	1	1
工作压力情况	0	1	1

其次,计算重要性排序指数:

$$r=\sum_{j=1}^{n} c_{ij}\,(i=1,2,\cdots,n) \qquad r_{\min}=\min_{i}\{r_i\} \tag{4}$$

(2)求判断矩阵的元素

根据计算判定矩阵元素的公式,得到判断矩阵 $\boldsymbol{B}=(b_{ij})$,如表 6 所示。

$$b_{ij}=\begin{cases} \dfrac{r_i-r_j}{r_{\min}}+1, & r_i\geqslant r_j \\ \left[\dfrac{r_i-r_j}{r_{\min}}+1\right]^{-1}, & r_i<r_j \end{cases} \tag{5}$$

表 6　工作本身满意度判断矩阵

	从事的工作	工作分配情况	工作压力情况
从事的工作	1	1/3	1/3
工作分配情况	3	1	1
工作压力情况	3	1	1

(3)一致性检验

首先,计算各行元素的乘积 $M_i = \prod_{j=1}^{n} b_{ij}, i = 1,2,\cdots,n$,即:

$$M_1=1\times\frac{1}{3}\times\frac{1}{3}=\frac{1}{9}$$
$$M_2=3\times1\times1=3$$
$$M_3=3\times1\times1=3 \tag{6}$$

接下来,计算 M_i 的 n 次方根$\overline{W_i}=\sqrt[n]{M_i}$,即:

$$\overline{W_1}=\sqrt[3]{\frac{1}{9}}=0.4807499$$
$$\overline{W_2}=\sqrt[3]{3}=1.4422496$$
$$\overline{W_3}=\sqrt[3]{3}=1.4422496 \tag{7}$$

对向量$(\overline{W_1},\overline{W_2},\overline{W_3})^{\mathrm{T}}=(0.4807499,1.4422496,1.4422496)^{\mathrm{T}}$ 进行归一化处理,即:

$$w_1=w_{从事的工作}=\frac{0.4807499}{3.3652491}=0.14285715$$
$$w_2=w_{工作分配情况}=\frac{1.4422496}{3.3652491}=0.42857142$$
$$w_3=w_{工作压力情况}=\frac{1.4422496}{3.3652491}=0.42857142 \tag{8}$$

为了确保结论合理,本文采用方根法来进行一致性检验。

$$AW=\begin{bmatrix}1 & \frac{1}{3} & \frac{1}{3}\\ 3 & 1 & 1\\ 3 & 1 & 1\end{bmatrix}\begin{bmatrix}0.14\\ 0.43\\ 0.43\end{bmatrix}=\begin{bmatrix}0.4267\\ 1.28\\ 1.28\end{bmatrix} \tag{9}$$

$$\lambda_{\max}=\frac{1}{n}\sum_{i=1}^{n}\frac{(\boldsymbol{AW})_i}{\boldsymbol{W}_i}=\frac{1}{3}\times(\frac{0.4267}{0.14}+\frac{1.28}{0.43}+\frac{1.28}{0.43})=3.0004485 \tag{10}$$

计算一致性指标 CI:

$$CI=\frac{\lambda_{\max}-n}{n-1}=\frac{3.0004485-3}{2}=0.00022425 \tag{11}$$

根据平均随机一致性指标 RI,可知 $n=3$ 时,$RI=0.52$

$$CR=\frac{CI}{RI}=\frac{0.00022435}{0.52}=0.00043125<0.1 \tag{12}$$

计算结果表明该判断矩阵具有满意的一致性,则 $\boldsymbol{W}^{\mathrm{T}}=(0.4807499,1.4422496,1.4422496)^{\mathrm{T}}$ 可以作为权重向量。

各级指标权重向量依据以上步骤及方法进行计算和检验。表 7 给出了员工工作满意度各级指标权重。其中三级指标为问卷中满意度量表中设计的 24 项测量指标,二级指标为因子分析的结果，共为六个因子，即表 7 中的六个二级指标，一级指标为员工总体满意度。

表 7　指标权重

一级指标	二级指标	二级指标权重	三级指标	三级指标权重
总体满意度	工作环境	0.2436	员工休闲与节日活动	0.09
			企业文化	0.28
			办公设施情况	0.19
			管理规章制度	0.07
			职位层级划分情况	0.08
			人财物及相关资源供应	0.06
			工作业绩评价方法	0.12
			加班情况	0.12
	工作团体	0.1323	与直接上级的相处	0.43
			领导风格及管理方式	0.08
			直接上级对待下属公平性	0.26
			同事间的相处	0.13
			同事之间分工合作程度	0.08
			同事之间的工作气氛	0.04
	工作本身	0.3031	从事的工作	0.14
			工作分配情况	0.43
			工作压力情况	0.43
	工作升迁	0.0823	升迁制度	0.22
			升迁机会	0.51
			升迁速度	0.27
	工作报酬	0.1726	付出与工资回报	0.27
			公司的奖励方法	0.27
			薪资结构(工资、津贴、绩效奖金等)	0.36
	公司前景	0.066	公司发展前景	1

(五)评价体系的建立

本文运用层次分析法确定员工满意度评估的各指标的权重，评价体系的建立为以下流程：

1. 建立员工工作满意度评估要素集

员工工作满意度的主要素评估指标集 u 为：工作环境 u_1、工作团体 u_2、工作本身 u_3、工作升迁 u_4、工作报酬 u_5、公司前景 u_6。

员工工作满意度评估的子要素评估指标集为：

工作环境 u_1：员工休闲与节日活动 u_{11}、企业文化 u_{12}、办公设施情况 u_{13}、管理规章制度 u_{14}、职位层级划分情况 u_{15}、人财物及相关资源供应 u_{16}、工作业绩评价方法 u_{17}、加班情况 u_{18}。

工作团体 u_2：与直接上级的相处 u_{21}、领导风格及管理方式 u_{22}、直接上级对待下属公平性 u_{23}、同事间的相处 u_{24}、同事之间分工合作程度 u_{25}、同事之间的工作气氛 u_{26}。

工作本身 u_3：从事的工作 u_{31}、工作分配情况 u_{32}、工作压力情况 u_{33}。

工作升迁 u_4：升迁制度 u_{41}、升迁机会 u_{42}、升迁速度 u_{43}。

工作报酬 u_5：付出与工资回报 u_{51}、公司的奖励方法 u_{52}、薪资结构(工资、津贴、绩效奖金等)u_{53}。

公司前景 u_6：公司发展前景 u_{61}。

2. 确定员工工作满意度评估各要素的权重

主要素指标权重：

$$u=\{u_i\}=\{0.2436,0.1323,0.3031,0.0823,0.1726,0.066\},i=1,2,3,4,5,6 \quad (13)$$

子要素权重：

$\{u_{1j}\}=\{0.09,0.28,0.19,0.07,0.08,0.06,0.12,0.12\},j=1,2,3,4,5,6,7,8$

$\{u_{2j}\}=\{0.43,0.08,0.26,0.13,0.08,0.04\},j=1,2,3,4,5,6$

$\{u_{3j}\}=\{0.14,0.43,0.43\},j=1,2,3$

$\{u_{4j}\}=\{0.22,0.51,0.27\},j=1,2,3$

$\{u_{5j}\}=\{0.27,0.27,0.36\},j=1,2,3$

$\{u_{6j}\}=\{1\},j=1$ (14)

3. 员工工作满意度评估集的确定

评估集中指标以 5 分为最高分，1 分为最低分。在此基础上，本文从实际情况出发，确定员工工作满意度评估集为：$W=\{w_1,w_2,w_3,w_4\}$={优，良，中，差}，将员工工作满意度评估分为 4 个等级，即优(3～4)，良(2～3)，中(1～2)，差(0～1)。

4. 计算各二级指标得分

各二级指标得分为对应的三级指标的得分乘以该指标的权重并相加。

$$Y=\sum D_i \times U_i,\quad i=1,2,\cdots,n \quad (15)$$

5. 确定满意度最终结果

将第 4 步中各二级指标的得分乘以其对应的权重，得到员工工作满意度的最终综合评价结果，计算公式为：

$$S=\sum_{i=1}^{6} Y_i \times U_i \quad (16)$$

(六)员工工作满意度指数测算

为了更好地反映员工对工作的总体满意度，计算员工工作满意度指标指数：

$$S_{工作环境}=2.72\times0.09+2.72\times0.28+2.71\times0.19+2.98\times0.07+2.95\times0.08+2.82\times0.06+2.612\times0.12+3.388\times0.12=2.8551$$

$$S_{工作团体}=3.07\times0.43+2.915\times0.08+2.98\times0.26+2.93\times0.13+2.97\times0.08+3.131\times0.04=2.83424$$

$$S_{工作本身}=2.946\times0.14+3.2023\times0.43+3.271\times0.43=3.298158$$

$$S_{工作升迁}=3.217\times0.22+2.89\times0.51+2.829\times0.27=2.94547$$

$$S_{工作报酬}=2.2946\times0.27+2.946\times0.27+2.845\times0.36=2.439162$$

$$S_{公司前景}=2.78$$

$$S_{总体满意度}=2.8551\times0.2436+2.83424\times0.1323+3.298158\times0.303+2.94547\times0.0823+2.439162\times0.1726+2.78\times0.066=2.917036 \quad (17)$$

根据上述计算结果，可以看出工作本身模糊评价结果为优，工作环境、工作团体、工作升迁、工作报酬、公司前景的模糊评价结果均为良。6 个二级指标的员工工作满意度从高到低排序分别为：工作本身、工作升迁、工作环境、工作团体、公司前景、工作报酬。杭州市滨江区员工工作满意度总指数为 2.917036，模糊评价结果为良。

四、滨江区员工满意度的改善建议

(一)建立科学的绩效考核体系和完善的薪酬福利制度

从前面的分析中我们知道,员工对“工作报酬”的满意度是偏低的。如果想要改善这方面的状况,企业应该采取的具体管理措施是:

1.建立科学的工资制度和工资结构

建议员工薪酬由两部分构成:第一部分为相对固定的基本工资部分,这部分收入水平的确定务求体现公平公正的原则;第二部分为浮动工资部分,其主要构成包括各种津贴和奖金,这部分收入的分配务求体现其激励的功能,以有效提高员工的工作积极性。

2.引进富有吸引力的福利政策

在问卷开放式问题的回答中,我们发现大部分人最关注的就是公司福利。

(二)建立良好的企业人际氛围

中国是一个注重人际关系的国家。自古以来,中国人在处理问题时考虑最多的往往是“人情”和“面子”因素。古代的亲缘、地缘、业缘、人缘等各种人际关系模式对当代人际关系仍然产生着很大影响。人们依靠各种关系网,依靠“人情”得到“熟人帮助”或者碍于“面子而帮助熟人”。不可否认的是中国人的这种讲“人情”、爱“面子”有其积极的一面,它有利于人际互动的和谐进行,维系着人与人之间的情感。在中国企业中,如果员工之间、上级与下级之间关系融洽,更有利于企业的发展。

1.重视制度公平,平等看待员工

对待新员工、老员工一样,男员工、女员工也一样,唯一有区别的是勤奋的员工和懒惰的员工。

2.加强交流和沟通

包含同级之间的学习,上下级之间的相互学习,管理者和一线工人的交流和学习,只有彼此虚心,人与人之间才会形成尊重,才能增进人际关系的和谐。

五、结 论

本文在对杭州市滨江区员工满意度进行调查的基础上,运用因子分析法深入分析了影响员工满意度的影响因素,并归类为工作本身、工作升迁、工作环境、工作团体、公司前景、工作报酬六类因子。本文进一步建立了员工满意度测算的三级指标体系,运用层次分析确定各项指标权重,最终构建了员工满意度的评价体系。本文的研究丰富了因子分析等方法在实际中的应用,同时对企业评价员工满意度提供了参考依据。

参考文献:

[1]李维.提高员工满意度的PDACR循环[J].中国人力资源开发,2001(9).

[2]Hoppock R. Job satisfaction[J]. Journal of Counseling & Development, 2014, 21(6).

[3]杜鹏程,姚瑶,杜雪.包容型领导对员工工作满意度的影响——基于心理所有权的中介效应[J].企业经济,2017(8).

[4]傅飞强，彭剑锋．内部客户满意度评价体系研究——以 H 银行总部部门为例[J]．中国人力资源开发，2017(1)．

[5]魏华颖，付佳．互联网公司内部培训员工满意度影响因素分析——以北京 R 公司为例[J]．经济研究参考，2015(55)．

[6]杨正喜，冯嘉萍，朱妍然，等．企业工会效用与员工满意度相关性分析[J]．中国人力资源开发，2016(1)．

[7]徐琴．知识型员工满意度对工作绩效影响的实证分析[J]．统计与决策，2015(5)．

[8]廖金萍，李长生．制造型民营企业基层员工满意度调查与影响因素研究——基于 TB 电子公司的实证分析[J]．企业经济，2016(8)．

附件　员工工作满意度调查问卷

基本信息

性别	□男	□女		
年龄	□18～24 岁	□25～30 岁	□30～40 岁	□40 岁以上
工龄	□3 年以下	□3～5 年	□5～10 年	□10 年以上
文化程度	□初中及以下	□高中	□大学(本科，专科)	□研究生及以上
婚姻状况	□已婚	□未婚		

满意度情况调查

(注：5＝非常满意；4＝比较满意；3＝无所谓；2＝不太满意；1＝非常不满意)

工作本身	从事的工作	5	4	3	2	1
	加班情况	5	4	3	2	1
	工作分配情况	5	4	3	2	1
	工作压力情况	5	4	3	2	1
	公司的发展前景	5	4	3	2	1
上级领导	与直接上级的相处	5	4	3	2	1
	领导风格及管理方式	5	4	3	2	1
	直接上级对待下属公平性	5	4	3	2	1
同事关系	同事间的相处	5	4	3	2	1
	同事之间分工合作程度	5	4	3	2	1
	同事之间的工作气氛	5	4	3	2	1
晋升情况	升迁制度	5	4	3	2	1
	升迁机会	5	4	3	2	1
	升迁速度	5	4	3	2	1
公司福利	付出与工资回报	5	4	3	2	1
	公司的奖励方法	5	4	3	2	1
	工作业绩评价方法	5	4	3	2	1
	薪资结构(工资、津贴、绩效奖金等)	5	4	3	2	1
	员工休闲与节日活动	5	4	3	2	1
其他	企业文化	5	4	3	2	1
	办公设施情况	5	4	3	2	1
	管理规章制度	5	4	3	2	1
	职位层级划分情况	5	4	3	2	1
	人、财、物及相关资源供应	5	4	3	2	1

选择题

1. 你觉得自己是否获得了足够的培训?(单选)

a)是的,我获得了我需要的培训 b)我获得了一部分我需要的培训

c)没有获得我希望的培训,我希望提供以下培训

2. 公司哪些方面让你有幸福感?(多选)

a)整体福利 b)工作上的认可 c)团队的氛围 d)公司的发展前景

e)公司里学习和培训的机会 f)公司对我生活上的关怀 g)其他

3. 你对现行的哪些福利比较满意?(多选)

a)弹性工作时间 b)就餐补贴 c)加班交通费报销 d)健康保障(年度体检、商业医保、子女医疗险) e)带薪休假 f)留任金福利 g)社团活动、部门活动、公司活动 h)教育支持(培训、图书馆、图书补贴、进修补贴) i)生日福利

开放式问题

1. 你希望公司在哪些方面有所改善?

2. 你希望解释的想法、不能了解的观点或想令人关注的问题是什么?

海宁市养老服务业发展规划研究*

朱 计[1] 董永茂[2]

(1.浙江财经大学东方学院财税分院,浙江 海宁 314408;
2.浙江财经大学东方学院工商管理分院,浙江 海宁 314408)

摘 要:人口老龄化进程加快,市场激发出更多的养老服务需求,政府需要在养老服务供给端进行制度设计,来满足老年人多样化的养老服务需求。本文基于海宁现有养老服务业发展的现实基础,结合现有政策对海宁养老服务业未来一段时期发展进行规划讨论,希望能够借助养老服务业的发展,助推海宁养老事业的发展,最终实现海宁市老年人幸福养老的愿望。

关键词:老龄化;服务业;幸福养老;发展规划

一、引 言

养老服务业是为老年人提供生活照顾和护理服务,满足老年人特殊生活需求和精神需求的服务行业。加快发展养老服务业,满足老年人持续增长的养老服务需求,是海宁市构建和谐社会的重要任务。近年来,海宁市养老服务业快速发展,以居家为基础、社区为依托、机构为支撑的养老服务体系初步建立,老年消费市场大致形成,养老服务业发展取得显著成就。但是人口老龄化带来的挑战不容小觑,有公开资料显示,2016 年年底,海宁市全市共有 60 周岁以上老年人 17.18 万人,老龄化比例达到 25.2%,预计到 2020 年末,海宁市老年人口将超过 18.8 万人,约占总人口的 27%。随着人口城市化的推进,丁桥镇、斜桥镇等农村地区老年人口所占比例接近 30%,如何高质量地实现幸福养老,成为政府工作的重点之一。本文基于这样背景,结合海宁实际情况,对海宁养老服务业发展进行探讨,推动养老服务供给端的改革,来提升养老服务质量,实现养老服务事业的大发展。

二、海宁市养老服务业的发展现状

(一)以政策为支撑,以强化政府主导作用

2013—2015 年,海宁市委、市政府高度重视养老服务事业,在充分调研、广泛听取群众意见的基础上,出台养老政策文件近 20 个。其中以《关于深化完善社会养老服务体系建设的实施意见》《海

* 项目来源:海宁市民政局"养老服务业发展专项规划"课题。

宁市"幸福养老"十大工程实施方案(2013—2015年)》为重点,从养老服务、老年文化、养老保障、宜居环境、队伍建设、宣传教育六大方面进一步深化了"十养"工程内容,落实了部门责任,明确了时间节点。

(二)以机构为载体,推进养老机构建设

一是加强养老机构建设。截至2016年年底,海宁市共有养老机构18所(含1个养老社区),养老机构床位数6230张,每千名老人拥有养老机构床位36张。全市养老机构深入实施4H[4H为"家(home)一样的氛围、医院(Hospital)一样的护理、宾馆(Hotel)一样的服务、花园(Horticulture)一样的环境"为主要内容的考核标准]创建,通过考评促进服务质量的提升。二是加快护理型机构建设。原中医院改建的海宁颐康养护院已投入使用;同时加大护理人员队伍建设,截至目前,具有护士职称的专业养老护理员占比达到16%,服务提供更加规范,护理员队伍平均年龄有下降趋势。

(三)以社区为依托,完善居家养老网络

首先是稳步推进照料中心建设。海宁全市共有居家养老照料中心222个,已经实现全市村和社区的全覆盖。其次是加强照料中心运行管理。现222个照料中心中有30个已经委托专业社会组织进行管理,并考虑在试点基础上扩大托管范围。最后在深化完善助餐工作、整合部门资源、利用老年电视大学构建城乡一体化的老年教育全覆盖网络、全面启动"银龄互助"活动等方面发力,全社会关注养老服务业发展氛围初步形成。

(四)以人才为保障,培养专业服务队伍

一是强化人才基地建设。首先是在海宁卫校成立海宁市老年服务人才培训基地;其次协助浙江财经大学东方学院设立浙江省社会工作专业人才培训基地(独立学院唯一一家),开设社会工作新专业,为海宁市养老服务队伍建设提供人才和培训支持。二是制定出台人员待遇保障办法,为参照事业待遇招聘专业养老护理员做好政策保障。三是加强对在职养老护理员的培训工作,引导护理专业毕业生积极参与到养老事业中来,扩大专业服务人员的数量,提升服务队伍的质量。

(五)以信息为动力,提高养老服务效率

一是实施"一键通"政府实事工程,为全市70周岁以上老人家庭每户配置一台"一键通",并给予费用减免。二是开发养老服务云信息管理平台。三是夯实"96345"服务平台建设,通过"96345"加盟商为居家老人开展上门服务,培育专业化的养老服务组织。目前已推进浙报"爱乐聚"品牌居家养老服务的扩面工作,城区社区已经全覆盖。创新实施失能老人助浴服务项目,受益老人超过1500人次。

三、海宁市养老服务业发展存在的问题

(一)缺乏居家养老服务的社会组织

居家养老服务主要应由社会服务组织来承担,政府除规划引导和政策支持外,可通过政府购买养老服务、公益创投等方式来激励社会组织参与养老。但是,居家养老服务利润薄、风险大。目前,大多数老年人自己出钱购买养老服务的观念尚未形成,加上政府购买养老服务的数量很有限,致使海宁市社会力量参与养老服务的积极性不高,专业居家养老服务组织非常缺乏,不能满足快速增长的对养老服务需求。

(二)现有的养老服务队伍数量欠缺,素质亟须提升

据统计,2013 年年末,海宁市专业养老服务人员 168 人,按每百名老年人 8%配比,则到 2015 年年末需要 213 人,2020 年年末需要 705 人。另外,现有养老服务队伍年龄老化,专业素质、技能不足,收入偏低。随着老年人数增多,依靠现有的养老服务人员,养老服务业将难以为继,不能持续发展。

(三)老年照料中心功能需要强化

目前,海宁市老年人对照料中心功能的需求以棋牌娱乐、电视、医疗保健为主,其他功能需求较少。随着人们生活水平的提升,以及养老观念的转变,对照料中心功能的拓展需求将会日益强烈。农村土地被征用或流转后在新村聚集的老年人对照料中心服务的需求会加大。对老年照料中心强化功能需要大量的人力、物力和财力的投入。除上述问题外,养老服务补贴制度有待完善。目前海宁市养老服务补贴享受范围较窄,距离省政府规定的养老服务补贴不少于老年人口数 3%的目标还有不小差距。需要从政策制定上明确扩大补贴范围。

四、推进海宁市养老服务业发展的政策建议

按照“明确政府责任、注重统筹发展、强化规范管理”的发展思路,围绕“到 2020 年,全面建成以居家为基础、社区为依托、机构为支撑的,合理布局、规范适度、覆盖城乡的养老服务体系”的总体目标,结合海宁实际,提出推进海宁市养老服务业发展的政策建议。

(一)完善养老服务功能,增强养老服务能力

1. 完善居家养老服务功能

加强居家养老服务设施建设和运营管理,引入专业化的社会组织管理团队,提升服务质量,丰富老年人的生活。发挥各类服务设施的作用,培育兴趣小组,组织项目比赛等。实施社区无障碍环境改造,大力发展居家养老服务组织,探索连锁化的组织和管理模式,节约运营成本。

2. 着力开展养老机构建设

加强公办养老机构的建设与管理,开展公办养老机构改制试点,加强养老服务机构安全管理,支持社会力量举办养老机构。鼓励社会力量举办规模化、连锁化的养老机构;鼓励民间资本对企业厂房、商业设施及其他可利用的社会资源进行整合和改造,用于养老服务;鼓励境外资本投资于海宁市养老服务业。

3. 切实加强农村养老服务

完善农村养老服务的设施。通过改造设施、提升功能,推进已建的农村居家养老服务站转型升级为居家养老照料中心。探索农村“空巢家庭”合理的居家养老方式。建立农村养老服务中心的长效运营机制及协作机制。鼓励城区养老服务机构与农村养老服务机构建立合作,对口支援和帮助农村养老服务机构提升服务能力。

4. 全力促进医养融合发展

推动医养融合发展。在有条件的养老机构内开设医疗机构,规模较小的护理型养老服务机构和助养型养老服务机构可单独设置卫生所(医务室),也可与周边医院、社区医疗卫生服务机构合作,促进养医融合。积极支持医疗机构开展养老服务,计划到 2020 年,建成一所开展医养结合服务

的镇级医院，建成一所具备二级综合医疗资质的老龄型医疗机构。同时提高养老服务机构康复服务能力。健全医疗保险机制，服务于医养结合工作的顺利推进。

(二)培育专业服务队伍，提升养老服务水平

1. 培养专业养老服务人员

全力展开专业养老服务队伍建设。鼓励高校相关专业毕业生到养老服务机构和社区就业，从事养老服务工作。提高养老护理员持证上岗比例，规范任职资格条件。在现有专业服务人员配备不足的情况下(见表1)，确保各养老机构专业服务人员不低于在岗服务人员的30%。每年定期开展养老护理专业培训，到2020年，养老机构护理人员培训率达到100%，持证上岗率达到95%以上。各类居家养老服务组织和机构护理人员培训达到100%，持证上岗率达到90%以上。

表1 海宁养老服务队伍建设规划

养老类型	2015年末		2020年末	
	专业养老服务人数	与老年人比例(%)	养老服务持证上岗人数	占全部养老服务人员比例(%)
机构养老	158	12.79	564	80
居家养老	224	—	448	—

2. 提高养老服务人员待遇

制定政策切实提高养老护理员的工资与福利待遇水平。探索建立养老护理员特殊岗位津贴制度；探索建立普通护理、特殊护理不同津贴的护理员队伍津贴制度，提升服务质量；探索养老服务定价机制，形成各类养老服务的合理价格体系。依照上级有关政策规定或导向，对取得相应证书并从事养老护理的工作人员按其职称等级给予奖励或补贴。

3. 改善养老服务工作环境

制定政策规范服务人员比例，减轻养老护理超负荷工作状况，护理人员岗位配置比例按照有关文件规定配置到位。要落实与养老机构相适应的值班室和拥有卫生洗浴和必要生活设施的职工休息室，保障早夜班、深夜班服务人员的值班和休息条件；养老机构工作人员上岗统一着装，佩戴养老机构胸牌标志。

(三)促进养老产业发展，提高老年生活品质

1. 创建养老产业基地

制定相关政策激励部分第二产业的企业转型到养老产业上来。围绕养老需要，支持企业积极开发老年用品用具和服务产品，鼓励和扶持有条件的地区开办老年用品专营商店或专业交易市场。将海宁市滨江的“百里长廊”作为养老休闲旅游区，在区域内建设若干“候鸟式”老年人休闲养老区，吸引外地中老年人来海宁休闲度假，使之成为海宁市服务业新的增长点。

2. 加快健康产业进程

推动海宁市健康产业的发展，到2020年，基本建立覆盖全生命周期、内涵丰富、形式多样、结构合理的健康服务体系，形成一批重点项目、一批骨干企业、一批知名品牌和一批产业集群。实行健康管理、健康信息等多元健康服务的全面发展。

(四)推进养老服务业发展的重点工程项目

1. 完善海宁城区养老服务业

(1)建设构想

城市人口将随着轻轨终点站的修建向硖石东部集聚;随着马桥经编园区的建设向硖石南部集聚;随着长安小城市培育过程中,大学城效应逐步带动人口向长安集聚。因此,考虑在硖石东部新建居养型的养老机构;在马桥经编园区新建护理型养老机构。利用长安镇向小城市发展的机遇,以及浙江省医院长安分院新建和长安镇养老服务中心落成的时机,利用原医院旧址在海宁中西部地区新建一所具备二级综合医疗资质的医养融合的护理型养老机构。城区原有的养老服务机构和养老服务点主要通过进一步增加设施设备,配备人员,完善管理制度,提升服务绩效。

(2)重点建设项目

一是在轻轨海宁市终点站附近建立一所居养型养老机构,占地面积 40 亩,建设面积 15000 平方米,床位数 400 张;二是在马桥经编园区新建一所助养型养老机构,占地面积 20 亩,建设面积 9000 平方米,床位数 300 张;三是在长安市区新建一所护理型养老机构,占地面积 11 亩,建设面积 11000 平方米,床位数 300 张。

2. 开辟盐官养老产业试验区

(1)建设构想

结合盐官旅游区的建设,加快完善社会服务设施,借助优越的自然生态条件,积极发展老年休闲旅游业和商贸服务业。利用盐官现有养老服务的资源与条件,研发老年生活用品;适时开辟养老商品一条街试验区。

(2)重点建设项目

一是在盐官(盐仓)景区建老年休闲旅游度假服务中心,占地面积 500 亩,首期建设面积 13000 平方米。二是在盐官建设养老用品专业交易市场,占地面积 200 亩,首期建设面积 15000 平方米,铺面数 20 个。

3. 创建滨江养老旅游休闲带

(1)建设构想

滨江养老旅游休闲带是指以盐官观潮景区为代表的海宁市沿钱塘江地区,通过深入挖掘“潮文化”内涵,结合“百里长廊”建设等工程,积极发展养老休闲旅游业,以尖山、丁桥、盐官、金港、盐仓为休闲旅游服务点。建成集观潮、健身、休闲于一体的特色养老休闲旅游带。

(2)重点建设项目

一是在翁金公路沿线建设 30 公里适宜老年人健身的休闲步道。二是在尖山、丁桥、盐官、金港、盐仓修建 5 个养老休闲旅游健身服务站。

4. 形成若干个镇养老服务点

(1)建设构想

以“公建民营”和“内涵提升、功能增强”的理念将目前海宁市各镇(街道)已建成或即将建成的养老服务中心作为分布在全市各地的分散养老服务点,按照“公建民营”的方式进行转制,满足本地养老服务需求,并带动周边农村地区提供养老服务。引入社会资本投入养老产业,在尖山、滨江和连杭新区等地新建若干个居养型的养老服务中心。项目建设注重环境优雅,医疗服务、休闲服务、健康服务配套齐全。

(2)建设项目

一是改制建设包括海昌街道、海洲街道、斜桥镇、长安镇和许村镇 5 个养老服务中心。二是在尖山新建一所较高层次的居养型养老机构，占地面积 100 亩，建设面积 18000 平方米，床位数 600 张。三是在滨江(百里长廊)新建一所助养型养老机构，占地面积 100 亩，建设面积 18000 平方米，床位数 600 张。四是在长安高新区新建一所助养型养老机构，占地面积 100 亩，建设面积 18000 平方米，床位数 600 张。

参考文献：

[1]钮月终，陆金泉. 一核十化：嘉兴市养老服务业发展思路[J]. 政策瞭望，2017(3).

[2]方颖，闻海斌，李迪刚. 海宁快步迈进“星级”养老时代[N]. 嘉兴日报，2016-04-09.

[3]朱计，刘颖. 医养结合养老服务的现实困境与对策——以海宁市为例[J]. 浙江外国语学院学报，2017(2).

[4]郅玉玲. 居家养老的浙江实践[J]. 中共浙江省委党校学报，2010(2).

[5]徐国娇. 浙江嘉兴海宁首设“养老护理员节”四举措提升养老护理人员社会地位[J]. 社会福利，2014(6).

[6]焦旭祥. 促进浙江健康养老服务业加快发展[J]. 浙江经济，2015(13).

海宁市跨境电子商务发展现状分析

张全贤　陈小娟

（浙江财经大学东方学院信息分院，浙江 海宁 314408）

摘　要：当下我国跨境电子商务正迅猛发展，为我国外贸增添了很多机会与活力。作为“浙江省首批跨境电子商务园区试点市县”和“省级产业集群跨境电子商务发展试点”的海宁市，在推进跨境电子商务发展的进程当中，亦取得了一些成效。本文主要根据目前海宁市跨境电子商务的发展现状，针对海宁市跨境电子商务在产业信息化、跨境电商人才、相关政策、各相关机构合作等方面遇到的问题，提出几点改进的意见。

关键词：海宁市；跨境电子商务；发展现状

一、引　言

在经济全球化及国家“互联网＋”“一带一路”“跨境电商综试区”等大背景下，跨境电子商务可谓日新月异，为促进我国外贸增长起到了积极的作用。2016 年，我国进出口 24.33 万亿元，同比下降 0.9%。其中，出口 13.84 万亿元，下降 2%；进口 10.49 万亿元，增长 0.6%[1]。相对于我国外贸略有疲软的态势，跨境电商却逆势发展，成为我国外贸的新增长点。据统计，2016 年我国跨境电商交易规模 6.7 万亿元，同比增长 24%。其中，出口跨境电商交易规模 5.5 万亿元，进口跨境电商交易规模 1.2 万亿元[2]。由此可见，跨境电商对促进我国外贸特别是出口的稳步发展具有不可取代的战略地位。而入选“2016 中国跨境电子商务最强十佳县域”的海宁市，在探索跨境电商发展的路径中亦有诸多内容可以总结。

二、海宁市跨境电子商务的发展现状

（一）产业基础

海宁市，隶属于浙江省嘉兴市，位于杭嘉湖平原南端，以皮革、经编、家纺三大产业为支柱。据《2016 年海宁市国民经济和社会发展统计公报》发布的数据，海宁市全年规模以上工业总产值为 1455.98 亿元，主要产业中，皮革产值为 110.04 亿元，经编及制品产值为 201.44 亿元，家纺产值为 149.83 亿元[3]。以此三大产业为基础，海宁市大力推进跨境电子商务向规模化和规范化方向发展，力求在互联网环境下，把握住市场发展的趋势，拓展产业的经营渠道和推进产业的创新变革。

(二)对外贸易

据《2016年海宁市国民经济和社会发展统计公报》公布的数据，海宁市全年完成自营进出口总额413.31亿元，增长13.6%，其中，出口总额365.64亿元，增长14.1%，进口总额47.67亿元，增长9.7%[3]。从2016年的国际贸易市场来看，相对于我国外贸规模略有下滑的境况，海宁市的进出口贸易规模却有较大的增幅。由此可见，海宁市政府在发展对外贸易上还是采取了一定的促进措施。在此基础上，如若能更好地发挥跨境电商的作用，海宁市的对外贸易必将有新的突破。

(三)政策环境

近年来，为有效促进以及规范跨境电子商务的发展，上到国家部门下到地方政府都先后出台了相关的法律法规及管理条例。例如，国务院颁布了《国务院办公厅转发商务部等部门关于实施支持跨境电子商务零售出口有关政策的意见》(国办发〔2013〕89号)、《关于大力发展电子商务加快培育经济新动力的意见》(国发〔2015〕24号)，浙江省颁布了《浙江省人民政府办公厅关于印发浙江省跨境电子商务实施方案的通知》(浙政办发〔2014〕59号)。根据国务院和省政府的指导思想，海宁市人民政府在2015出台了《关于促进跨境电子商务发展实施意见》，明确将围绕地方产业特色，培育跨境电商经营主体，大力推进跨境电商的发展。次年，又于《关于大力促进电子商务发展的扶持办法》中明确表示，在企业开展跨境电子商务业务、引进和培育跨境电商龙头企业和建设海外仓储设施等方面给予一定的扶持，以支持跨境电子商务发展。

(四)发展情况

根据市场环境与产业基础，海宁市党委和市政府大力发展跨境电子商务，促进传统产业升级、转型。自2013年以来，海宁市跨境电子商务规模以年均30%的速度增长，已然成为嘉兴市跨境电子商务产业重要的组成部分。近年来，在海宁市党委和市政府的努力下，海宁市先后成为"浙江省首批跨境电子商务园区试点市县""省级产业集群跨境电子商务发展试点"。此外，在跨境电子商务推进中，海宁市亦涌现了一批产业代表。其中，海宁中国皮革城电子商务创业园荣获"省级跨境电子商务园区试点"；海派国际被成功列入"浙江省跨境电子商务公共海外仓项目"；经编产业荣获"省级首批产业集群跨境电子商务发展试点"。

截至2016年8月底，海宁市从事跨境电子商务主体达300余家，在阿里巴巴国际站注册主体达500余个，中国制造网注册主体达30余个，建设海外仓面积超10万平方米。仅2016年1月至11月，海宁市跨境电子商务便成功带动出口超8000万美元[4]。

三、海宁市跨境电子商务发展中存在的问题

(一)产业信息化程度低

以皮革、经编、家纺等劳动密集型产业为基础的海宁市，生产经营模式相对传统，加之企业的电子商务起步较晚，信息化程度低是海宁市企业普遍存在的问题。此外，由于企业负责人大多由传统商业和外贸出身，对互联网相对陌生，过分依赖原有的经营渠道，缺乏对企业信息化建设的投入，更加阻碍了跨境电子商务的进程。

(二)跨境电商人才匮乏

跨境电子商务作为互联网技术与外贸的结合体，是一个全新的领域，需要既有一定的技术基

础,又懂得一定的国际贸易知识,并且还需对贸易国的语言、消费习惯和政策法规等有一定了解的复合型人才。但由于诸多客观原因,不仅是海宁市就连上海、杭州等跨境电商起步较早的地区,相关领域的人才也极度匮乏。而一个领域的发展,离不开人才的输入,因此在跨境电商推进的过程中,人才稀缺将成为海宁市跨境电商发展的一大难点。

(三)相关政策不完善

虽然国家已经极力完善跨境电子商务领域的相关法律法规,但由于跨境电子商务是一个新兴的领域,加之我国电子商务较发达国家起步晚,因此仍未形成完整的法律体系。在此背景下,海宁市相关的政策更多的是集中在对企业的扶持上,并未起到很好的引导作用。

(四)各组织配合不协调

跨境电商是不同关境间的贸易,涉及海关、支付机构、货运公司、保险等众多部门和机构。因此对物流、支付、保险和清关等组织机构的协调运作提出了不小的要求。而在跨境电商方面,海宁市目前各部门、机构之间尚未形成较统一的工作流程和问题处理机制,在一定程度上影响了跨境电商的发展。

四、海宁市跨境电子商务发展的意见

(一)完善配套设施,扶持领军企业

行业和企业的信息化建设,加强通讯、网络、数据等基础配套的建设是关键。政府除了要大力支持网络和通信设备等基础硬件设施的建设,更应该推进与跨境电子商务相关的数据库的建设。只有有了基础设备和数据等配套的支持,跨境电商才能持续性地稳步发展。此外,有了基础配套的支持,政府应该有意识地扶持行业的领军企业。行业的信息化进程,离不开领军企业的带动,只有有效地发挥个别企业"领头羊"的作用,才能更加有效地推进行业的信息化建设。

(二)健全机制体制,培养行业人才

由于我国的跨境电子商务还处于起步阶段,跨境电商方面的人才总体上还相当匮乏。其实海宁市政府已经意识到人才匮乏所带来的问题并已有所举措——据统计,截至 2016 年 8 月底,海宁市共举办了 8 场与跨境电子商务相关的培训,共培育 1200 人[5]。但是相对于目前跨境电商的市场规模,这些仅是杯水车薪。因此,政府应该统一协调好各相关组织,协助培训机构、当地院校建设跨境电商课程,并提供与教学相关的配套设施,如此才能建立较为完善的人才培养机制体制。

(三)统筹地方发展,制定条款条例

对于跨境电商法律法规不健全的问题,政府应该在遵循国家既有法律的基础上,结合相关政策,根据当地企业状况和经济发展的特点,出台具有地方特点的管理办法或条例。首先,政府应该积极联系相关企业、行业协会和专家学者开展讨论会,听取并总结广大从业者的建议。其次,需要政府积极联系其他跨境电商发展较好的地市甚至是其他国家,学习先进经验。最后,根据地方情况并结合各方意见,出台有效的激励政策及管理措施。

(四)加强园区建设,引导产业集聚

由于跨境电商涉及多个政府部门和组织机构,因此只有保证每个部分都协调统一,才能确保相

关业务顺利并流畅地开展。合理推进跨境电商产业园区的建设，将相关机构和平台引入跨境电商产业园区并引导企业入驻，可以有效解决此类问题。海宁市作为省级产业集群跨境电子商务发展试点，可以以此为基础，建设跨境电子商务产业园。政府需助力产业园区引入政务部门、支付机构、货运公司、代运营服务商等相关组织机构，实现跨境电商各流程的一体化运作。

五、结 语

在传统外贸产业相对疲软的态势下，跨境电子商务作为新兴的产业，可以给我国外贸带来更多的机会与活力，推动外贸的创新与变革，保证我国外贸健康、稳步发展。作为有良好产业优势的海宁市，已在跨境电子商务的推进中取得了一定成果。但若想跨境电子商务取得长足的发展，借助跨境电商的推力，为传统外贸插上“翅膀”，就必须重视各式各样的问题，这便需要政府、行业、企业共同努力，合力解决产业信息化程度低、人才匮乏、政策不完善等一系列问题。只有科学地解决了这些问题，才能让跨境电子商务在健全的社会环境下迅猛而稳健地发展，帮助海宁市打开外贸的新局面。

参考文献：

[1]海关总署. 2016 年我国外贸进出口情况[EB/OL]. http://www.customs.gov.cn/publish/portal0/tab49564/info836849.htm.

[2]中国电子商务研究中心. 2016 年度中国电子商务市场数据监测报告[R]. 中国电子商务研究中心，2017.

[3]海宁市统计局. 2016 年海宁市国民经济和社会发展统计公报[R]. 海宁市统计局，2017.

[4]海宁市发改委，海宁市发改局. 海宁市力推跨境电商促外贸转型新发展[EB/OL]. http://www.jiaxing.gov.cn/sfgw/gzdt_5242/qtywxx_5246/201610/t20161025_642330.html.

[5]傅静之. 海宁逐梦电商大时代[N]. 浙江日报，2016-12-13(10).

[6]海宁市商务局. 2016 年海宁市电子商务发展报告[R]. 中国电子商务研究中心，2017.

[7]李栅淳. 中国跨境电子商务发展现状、问题及对策研究[D]. 长春：吉林大学，2017.

[8]孙蕾，王芳. 中国跨境电子商务发展现状及对策[J]. 中国流通经济，2015(3).

[9]海宁市人民政府. 关于大力促进电子商务发展扶持办法的通知[EB/OL]. http://www.hnec.gov.cn/? c=form&form=document&id=1198.

供给侧视角下海宁皮革行业转型升级研究

冯 雨

（浙江财经大学东方学院创业学院，浙江 海宁 314408）

摘 要：皮革行业是海宁的支柱与民生行业，在供给侧结构性改革背景下，研究海宁皮革行业转型升级对于提高海宁经济发展水平具有重要意义。在分析海宁皮革行业现状的基础上，从供给侧视角，结合海宁当地经济发展实际，研究海宁皮革行业转型升级路径，构建整合型皮革行业，培育创新型发展模式，提高海宁皮革行业的竞争力，增强海宁经济实力。

关键词：供给侧；海宁皮革行业；转型升级

一、引 言

在新常态经济下，传统制造业发展面临着新的挑战，推动产业转型升级，优化资源配置，发展现代产业体系，这将为传统制造业的振兴发展提供新的机遇[1]。海宁皮革行业作为传统劳动密集型行业的代表，海宁皮革行业的模仿型、排浪式发展模型受到冲击。

在 2015 年召开的中央财经领导小组第十一次会议上，习近平总书记提出了“供给侧结构性改革”的概念，他指出在适当扩大总需求的时候，要加强对供给侧结构性的改革，提高工作效率和供给关系，增强经济持续增长动力，从供给和生产同时入手，推行经济结构中供给的改革，使供给与需求更加适应，两者平衡发展[2]。供给侧改革的实质是在内部要素和外部环境发生变化时，对生产要素进行重组与整合，对管理模式或制度进行创新改革[3]，在供给与需求双向刺激，更好地促进供需平衡发展[4]，优化资源配置，提高生产效率[5]。

鉴于此，充分认识海宁皮革行业的经营新常态，推进供给侧结构性改革，优化供给与需求结构，培育传统制造业发展新动力，推动皮革行业转型升级，对于实现海宁经济中高速增长和传统产业走向中高端，具有较强的现实意义。

二、文献回顾

目前，我国经济发展处于增长缓慢的“新常态”时期[6]，传统制造业的发展模式暴露出很多问题，如结构性矛盾突出、创新能力不足、传统理念破除乏力、资源开采与环境保护陷入两难境地等[7]。文建东等(2016)对供需关系进行了分析，指出我国经济发展当前处于供需失衡状态，解决这一困境的根本出路是供给侧改革[8]。邵宇(2015)从供给侧改革的角度出发，指出中国经济实现快速增长必须进行供给侧改革，提升生产要素的质量和总量[9]。陈晋辉等(2017)梳理了国内外供给侧理论，根据我国制造业现状，为制造业转型升级提出对策与建议[5]。张校溱等(2016)以供给侧改革为背景，分析了制造业创新发展路径，研究重庆制造业转型升级的路径[10]。高宇飞(2017)在供给侧改革背景下，选取苏州、无锡两地电路制造企业，揭示企业的发展轨迹和转型升级路径，提出要激发创新要素活力，形成差异化竞争[11]。皮革产业属于劳动密集型产业，要实现产业的转型升级，关键在于提供产业核心竞争力和技术创新优势，提高产品技术含量，增加产品附加值[12]。马安博(2016)从皮革企业的布局、原材料供给、环境保护和企业规模等方面分析了皮革行业的现状[13]。但卫华(2003)从皮革行业的科学研究和技术开发方面为皮革行业的发展提出见解[14]。易秋菊(2009)等指出目前皮革行业面临严峻的形势，但是也存在机遇，皮革行业应根据自身特点，在国内外市场中寻找发挥自身优势的空间[15]。唐勇刚等(2014)根据海宁皮革行业的具体情况，分析了海宁皮革行业的发展近况，提出海宁皮革行业应在生产模式、销售模式等方面进行转变与调整[16]。

从现有文献研究的梳理发现，在我国经济发展进入新常态之后，供给侧改革成为学者研究的重点，尤其是在制造行业转型升级方面，但是目前的研究主要是笼统的研究，没有具体区分行业，造成行业发展缺少指导性。本文从海宁皮革行业出发，结合当地经济发展实际情况，分析皮革行业存在的问题，并对应提出皮革行业转型升级的对策。本文的贡献在于：根据行业特点，从具体的行业着手，结合当地经济特点，以供给侧改革为理念，分析海宁皮革行业转型升级的路径，提升海宁当地经济发展水平。

三、海宁皮革行业面临的问题

海宁是“中国皮革皮草服装名城”，被誉为“中国皮革之都”，是我国皮革行业的风向标，是皮革市场的晴雨表[12]。近年来，海宁皮革行业整体运行良好，在出口值、市场占有率等方面均取得了一定的成绩，但是随着新经济的发展，海宁皮革行业传统发展模式的弊端越来越明显，竞争优势逐渐减弱，发展前景令人担忧，供给侧结构性改革亟须进行。

(一)生产模式低效

企业生产具有盲目性，生产工艺不精细，生产设备落后，环境污染严重。海宁皮革企业数量较多，但是规模较小，因运作机制和管理体制的影响，生产工艺都比较粗糙，以粗犷式发展为主，如海宁皮革企业用的反应釜大都是 1～2 吨，很少企业能达到 5 吨，而国外皮革企业的反应釜已经是10～20吨，海宁皮革企业生产工艺不精细，而且多为手工生产，生产设备落后，生产产品质量和效率不稳定。目前，海宁皮革行业仍以高能耗、高污染、高排放的生产模型运作，在环保意识增强的当今社会，海宁皮革企业的发展空间越来越小。海宁皮革行业通过供给侧结构性改革，清洁化生产，改良生产工艺，引进先进技术，降低生产能耗，减少皮化制品的环境污染，由粗放型生产模式向精细化生产模型转变，势在必行。

(二)管理模式落后

家族作坊式管理，管理手段落后，缺少集群效应，企业间协作差。海宁皮革企业以乡镇私营企业或家庭作坊的企业性质为主，分布较散，没有形成皮革皮化集聚区，没有形成集群效应。中小型私营企业和家庭作坊式企业在用人制度、晋升制度、企业管理制度和激励制度等方面都存在不足，仍然实行“一言堂”的方式，对于管理企业和激励员工是十分不利的。而且海宁皮革企业分布较散，各自独立运作，缺少企业间协作，行业发展预测弱，对于市场变革的抵抗力较弱，如面对国际市场的出口限制,只能以低价格应对,不能形成"抱团取暖"的集体抵抗力量,很容易受到外界环境的影响。在创新型企业运作模式的当下,运用供给侧改革的理念,海宁皮革企业探讨与采用现代化管理方式,建立有效、公平的用人制度和管理机制,建立高效的企业运转流程,采用"走出去,请进来"的管理模式,迫在眉睫。

(三)销售模式单一

创新意识淡薄,无自有品牌,营销方式落后,恶性竞争严重。目前,海宁皮革产品同质化高,无自有品牌,多为贴牌生产,市场竞争仍以价格竞争为主,皮革企业不断降低价格,利润空间越来越小。而消费者对消费要求越来越高,个性高、丰富化的消费需求得不到满足。海宁皮革企业普遍存在知识产权意识淡薄的现象,海宁皮革虽然有名,但是著名的品牌却没有,多为贴牌生产,技术剽窃严重,款式设计老套,且销售仍以门店销售为主,随着店铺价位和租金越来越高,销售利润和销售渠道越来越少。在供给侧改革背景下,海宁皮革行业无论是扩大国内销售,还是增加出口销售,形成自主品牌已成为必由之路。海宁皮革企业应抓住机遇,利用原有优势,加大品牌投入,优化款式设计,强调时尚先导,跟随市场前沿。在互联网时代,利用现代信息技术,利用电子商务增加销售渠道,寻求营销新手段,使皮革市场竞争回归理性竞争。

四、推进海宁皮革行业供给侧改革的路径

在供给侧改革理念下,推进海宁皮革产业的转型升级,基本路径就是海宁皮革产业消除无效供给,减少低端供给,扩大市场需求,着重创新型需求,优化供给与需要的平衡结构,进行体制和政策的创新,形成产业发展创新型理念。

(一)扩大有效供给,提高生产力

鼓励皮革企业打造高端产品,形成自主品牌,引导高供给企业延伸服务链条,加强供应链的上下游合作,实现从提供原料的供应商上游向提供设计、承担项目、实施工程、项目控制、系统维护和管理运营等中下游一体化服务转变,引导企业培养自主创新能力,精益生产,集约经营,营造公平合理发展环境,推进海宁皮革行业的供给侧改革步伐。保护知识产权,加强品牌建设,形成自有品牌,优化产品设计与研发,增加产品附加值,提升产品竞争地位,提高市场竞争力,提供优质高端产品,满足更高层次的消费需求。根据消费需求,提高个性化产品,满足不同消费需求。抓住"互联网+"的时代机遇,将互联网与皮革行业相融合,积极培育网络协同,产品个性化定制,服务方便化,激发皮革产业发展新动力。搭建工业云等多层次的网络服务平台,完善畅通信息渠道,利用电子商务开拓网络营销渠道,节省门店成本,迎合消费需求。

(二)淘汰落后产能,消除过剩产能

海宁皮革行业应消除高能耗、高污染的发展模式,优化生产工艺,实行精细化生产,积极引进先进技术和设备,运用高新技术改造传统发展模型,增加有效供给。对于现有海宁皮革"僵尸企业"进行重组或资本清除,对于新进入的能耗高,供给无效或低效的企业,利用行业准许门槛,将其拒之门外,建立行业供给发展体系,逐步淘汰无效供给企业或供应链。对于产品低端,环保设施落后,濒临亏损,无核心竞争力的企业,要进行资源重组,转型升级,优化产业结构,严格遵循国家对"两高一贷"行业的管理标准,行业机构或政府建立企业信息发布、评估平台,及时公布信息,制定惩罚与预警制度,减少低端生产,清理"僵尸"企业。

（三）产业整合，发挥产业集群优势

海宁分布着大量的皮革企业，在海宁具有企业集聚潜力的特定地区，形成一种具有长期竞争与协作的高新产业区，各个企业利用自己的优势，改善分工协作，解决单个企业单打独斗的一盘散沙局面，完成从提高单一产品向提供整套产品的服务型升级，发挥海宁集群效应，在全国皮革行业起到引导作用，实现盈利模式转型。海宁皮革企业为传统产业，在创新创业的浪潮下，要正确处理传统优势与创新发展的关系，构建符合海宁地区的创新体系，加快培育创新型皮革企业，适应新形势，根据自身特点，更新传统发展观念，突破转型困局。在供给侧改革理念下，坚持企业为主体，把增强自主创新能力为主线，激发海宁皮革产业创新内在动力，实现企业资源向集约型、科技创新型转变，促进海宁皮革企业整合与转型，积极主动地把粗放型的经营、生产转化为集约型的经营和生产，加快发展绿色皮革产业。海宁皮革产业要基于产业结构的整合化、知识化、服务化、生态化和外向化为目标，进行产业结构升级。

（四）政府宏观调控，深化供给侧改革

深化体制机制改革，坚持政策调整和制度改革并举，规范和引导海宁皮革产业的生产经营行为。以政策引导促进海宁皮革产业转型升级，以制度改革促进海宁皮革产业的发展模型转型，以政府扶持加快海宁皮革产业的内外部调整。皮革企业应根据供给侧改革理念，梳理企业运作流程，查找产业运作困境，以“去产能、去库存、去杠杆、降成本、补短板”为中心任务，进行产业结构性调整，提高生产要素效率，增强皮革市场的适应性和主动性。政府部门发挥其宏观调控能力，对税收制度、融资制度和社会管理方式等进行改革创新，在市场准入方面消除体制性路障，提高办事效率，减少烦琐程序，对前景性企业进行引导与扶持，为新兴市场和新产品提供渠道，打开门路，有重点、分批次、有计划地培育和发展前景企业，为中小型企业的转型升级提供资金支持，建立中小型民营企业融资渠道，健全信用和担保制度，和金融机构一起为海宁皮革产业转型升级提供坚强的后盾。营造创新氛围，吸引创新型人才，为海宁皮革产业转型升级提供优秀的人才储备。

（五）增强自主创新能力，实现产业转型升级

在创新创业背景下，新技术、新模式、新产品、新业态不断涌现，海宁皮革企业抓住当前新一轮的经济机遇，依据自身优势，加大科研投入，增强自主创新能力，选择前景好、效益高的新技术、新产品和新模式，推动海宁皮革产业的转型升级，提供高质量产品，构建差异化优势，提高生产效率，细化专业分工，提供更有效、更专业的生产性服务，提供海宁皮革行业的专业化和精密度，由劳动密集型向知识密集型产业转变，提高更专业、高端的供给，培育创新型产业，推动海宁皮革产业一体化进程，实现产业模式转型升级。

参考文献：

[1]沈坤荣，李震．供给侧结构性改革背景下制造业转型升级研究[J]．中国高校社会科学，2017(1).

[2]赵树梅．供给侧结构性改革背景下流通企业的应对之策[J]．中国流通经济，2016(3).

[3]黄剑．论创新驱动理念下的供给侧改革[J]．中国流通经济，2016(5).

[4]刘志彪．房地产去库存：供给侧结构改革的重中之重[J]．江苏行政学院学报，2016(4).

[5]陈晋辉，从奎．基于供给侧改革背景下的制造业转型升级研究[J]．中国机电工业，2017(5).

[6]曹国华，刘睿凡．供给侧改革背景下我国商业银行信贷风险的防控[J]．财经科学，2016(4).

[7]张志元．东北地区制造业发展模式转型研究[D]．长春：吉林大学，2011.

[8]文建东,宋斌.供给侧结构性改革:经济发展的必然选择[J].新疆师范大学学报,2016(3).

[9]邵宇.供给侧改革——新常态下的中国经济增长[J].新金融,2015(12).

[10]张校溱,黄庆华.供给侧结构性改革背景下重庆重庆市制造业创新发展路径研究[J].西部学刊,2016(8).

[11]高宇飞,徐敏,陈静,等.供给侧结构性改革背景下制造业企业转型升级路径研究——以无锡、苏州地区集成电路企业为例[J].价值工程,2017(13).

[12]泉州,黄灿艺.我国皮革服装业现状与展望[J].西部皮革,2008(13).

[13]马安博.我国皮革行业的现状及发展前景[J].西部皮革, 2016(11).

[14]但卫华.对中国皮革行业科学研究和技术开发若干问题的思考[J].中国皮革,2003(1).

[15]易秋菊,曾睿,余洋,等.中国皮革行业面临的严峻形势和机遇[J].西部皮革,2009(5).

[16]唐勇刚,龚慧红.海宁皮革行业经济形势分析[J].西部皮革,2014(10).

电商冲击下海宁中国皮革城存在的必要性及竞争力研究*

吴君钧

（浙江财经大学东方学院工商管理分院，浙江 海宁 314408）

摘　要：在信息技术的发展下，网络消费已成为不可逆的消费趋势，这对以提供销售渠道和信息服务为主的专业市场产生了较大影响。本文以海宁中国皮革城为例，基于供应链理论，将传统皮革城供应链和电商模式下的皮革城供应链进行对比分析，阐述皮革城在电子商务发展下存在的必要性，并运用指标体系分析其竞争力找出其短板。研究显示，电商冲击下皮革城供应链的上中下游各主体均对皮革城有显著依赖，而皮革城在行业内仍有较强竞争力，但也存在一定的短板，如经营能力减弱、智慧市场建设不足、物流及生活配套缺乏。

关键词：海宁中国皮革城；专业市场；必要性；竞争力

一、引　言

海宁皮革产业链主要以皮革、裘皮服装、皮革沙发、皮具产品制造为主体，是支撑海宁市工业发展的支柱产业之一，而海宁皮革产业的发展与海宁中国皮革城密不可分。浙江省海宁中国皮革城于1994年建成开业，经过20余年的发展，目前在全国市场已拥有总建筑面积约360万平方米，以海宁为总部，辐射区域包含东北、华北、华东、川渝、湖广、新疆等地，是目前中国规模最大、最具影响力的皮革专业市场，显著提升了海宁市皮革的知名度。作为全球唯一能提供皮革全产业链服务的皮革市场来说，海宁中国皮革城的发展策略影响着浙江省甚至全国的皮革产业发展。海宁中国皮革城这样的专业市场一直是我国流通领域的重要组成部分，其以提供销售渠道和信息服务为主要盈利点，而电子商务的发展对这些专业市场产生了不小的影响。

电子商务为买卖双方都带来了一定效益，以方便快捷、低成本的优势抢占了一部分流通市场，据《中国互联网络发展状况统计报告》显示，截至2017年12月，我国网络购物用户规模已达到5.33亿，其中，手机网络购物用户规模达到5.06亿，电子商务持续保持着较高的增长态势。电子商务已成为现今发展阶段下产品销售的一大途径，能绕开中间环节直接对接消费者，以比实体市场更低廉的价格吸引了众多客户，传统专业市场，尤其是B2C为主的销地专业市场面临着巨大的挑战。

专业市场诞生于西欧，在工业化后期，由于客户需求层次逐渐提高、生产规模不断扩大，专业市

* 基金项目：浙江省自然科学基金青年基金（LQ17G010001），杭州市哲学社会科学规划项目（Z18JC040）。

场慢慢地被大工业专业销售渠道或者其他自营渠道所代替,因此在国际理论界"专业市场消亡论"十分盛行,这对我国专业市场管理者们也产生了一定的消极影响。特别近些年来,在电子商务的快速发展下,消费者变得更懒、更挑、更苛刻,网络消费成为不可逆的消费趋势,充斥着大批量、高度同质化产品的专业市场已难适应现阶段小批量、个性化的消费市场,随着供应链的扁平化,流通环节过度加价的贸易方式已逐渐被消费者抛弃,专业市场的发展前景显得更加扑朔迷离。

通过对海宁中国皮革城的调研发现,专业市场作为流通环节中的一个节点仍有存在的必要性和较强的竞争力。本文基于供应链理论的视角,以海宁中国皮革城为例,对比分析皮革城市场在传统模式和基于电子商务模式下的供应链流程差异,阐述目前海宁中国皮革城在电子商务冲击下存在的必要性,并利用指标体系的建立分析海宁皮革城各项指标以衡量其竞争力。

二、基于供应链流程的海宁中国皮革城必要性分析

(一)供应链理论

供应链理论的产生有一定的必然性,在竞争激烈的现阶段,消费者个性化、多样化的需求使企业必须具备快速反应的能力,传统"纵向一体化"的管理模式逐渐暴露出其弊端,无论是企业还是专业市场都迫切地需要以供应链的视角重新制定竞争策略。供应链理论最早是由价值链衍生而来,并应用于制造业,其最初的定义为以最经济的方式整合、控制从原材料、零部件到产品制造、分销、零售商,最后到最终用户的一系列活动,强调了企业内部过程的优化。在我国,马士华对供应链的阐述较为系统和全面,也最为学者们所接受,他将供应链定义为以核心企业为中心,通过对物流、资金流和信息流的控制,链接供应商(采购原材料)、制造商(生产制成中间产品以及最终产品)、分销商和零售商(由销售网络把产品送到消费者手中)、最终消费者形成的整体的功能网络结构模式。

专业市场所代表的交易平台处于产品流通的中心环节,集中了商流、物流、信息流和资金流,以专业市场为核心的供应链,为供应链上游的供应商和下游的采购者提供综合性的商贸服务。以海宁中国皮革城为例,通过供应链理论分析在电子商务背景下的专业市场供应链流程较传统专业市场供应链流程存在的差异。

(二)传统海宁中国皮革城供应链流程

海宁中国皮革城依托其巨大的产业集群,形成了一个知名度高、规模大的产地型皮革市场,市场内聚集了大量皮革产品批发商,在流通领域中处于典型的中间商地位。传统海宁中国皮革城供应链流程如图 1 所示,上游为海宁皮革产业集群制造企业,包括生皮、原皮等原材料、辅料、机械类供应商,生产加工完成的皮革成品流向皮革城中的批发商。全国各地的销地专业市场中的批发商来此进货,皮革成品流向下游皮革零售商,皮革原材料及半成品经过生产再加工后流向零售商,最终由零售商卖给终端消费者。由图中可知,传统的海宁中国皮革城供应链流程较长,利润被层层瓜分,消费者购买价格较高。

(三)电商发展下海宁中国皮革城供应链流程

近年来针对消费者需求的变化及企业自身转型需要,做大做强实体市场的同时,皮革城也开发了网上交易平台。2013 年 9 月,由海宁中国皮革城与中国工商银行浙江省分行合作开发的海宁中国皮革城唯一官方网上商城海皮城(www. haipicheng. com)正式上线,作为网络经济时代的产物,实体市场的补充,海皮城吸引了多家国内一线皮革制品企业入驻。2016 年 7 月,以整合优质皮装批

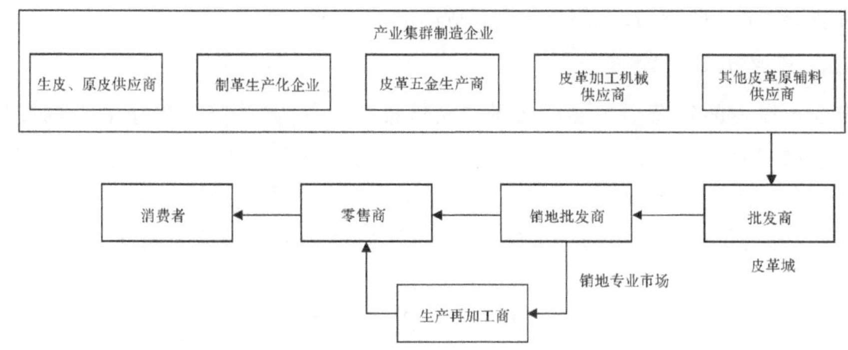

图 1 传统海宁中国皮革城供应链流程

发商为目的 B2B 电商平台皮商圈(http://www.pshangquan.com)上线，成为又一个引爆皮革城的产业电商平台项目，目前皮商圈入驻批发商已达 1600 多家，开发了手机端微信公众号及 PC 端网上销售两种形式。除自建的两大电商平台之外，第三方电商平台也是皮革城商户的主要网上战场，例如天猫、淘宝、京东等主流 B2C 电商平台。

如今的海宁中国皮革城不再只依靠实体市场，在电子商务的发展下进行了转型升级，其供应链流程也与之前产生了较大差异。如图 2 所示，皮革城的供应链高、中、低三个产品档次划分逐渐发生了变化，市场内高端产品由于价高，商品的实体展示具有一定的必要性，目前仍以实体市场为主依托于传统供应链模式进行销售，铺内供展示和销售，不会储存大量货物，降低了存货风险；中端产品及低端产品在传统供应链的基础上开拓了电商销售渠道，市场自建的“皮商圈”为市场内的批发商打造了一个 B2B 电商平台，自建的“海皮城”成为市场内商户 B2C 的销售渠道之一，而市场外的电商零售商从皮革城商户中进货，并通过天猫、淘宝等 B2C 平台直接销往消费者。电子商务扩大了海宁中国皮革城的产品销路，而实体市场销售功能弱化后，也仍需继续发挥其商品展示的功能。

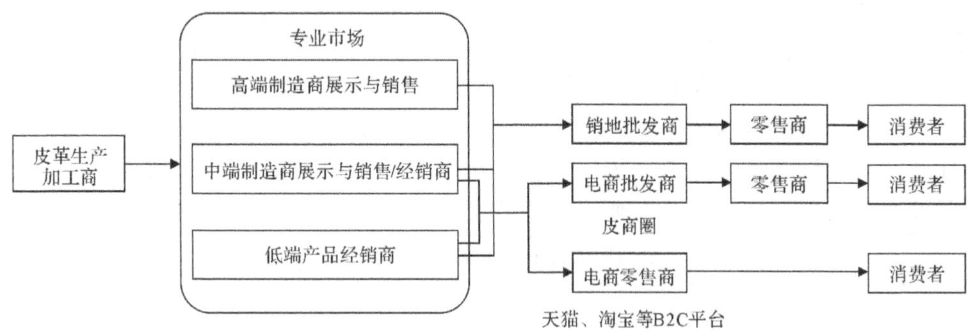

图 2 电商发展下的海宁中国皮革城供应链流程

(四)海宁中国皮革城必要性分析

1. 生产商无暇顾及分销

调研及分析中发现，海宁中国皮革城供应链上游变化并不大，虽然有小部分生产商开始跳开皮革城这个中间商，建立电子商务渠道直达零售商(F2B, Factory to Business)及消费者(F2C, Factory To Customer)，但大部分生产商无暇顾及分销，仍然无法脱离专业市场。绝大部分皮革城上游产业集群制造企业专注于产品的制造，对产品网络直销呈谨慎态度。而皮革城作为分销渠道正好替上游生产商完成了分销工作，生产商只需与少数批发商、经销商对接即可，无须面对成千上万的终端消费者,企业可将精力放在增强核心制造能力上。

2. 皮革城经营户仍需依附市场

传统海宁皮革城内的经营户主要以市场内实体批发交易为主,随着电子商务的发展,经营户可直接对接至终端消费者,其业务也开始发生变化,从传统的批发业务为主转变为批发为主零售兼顾的业务模式。批发业务具有数量大、价值高的特点,无法完全依赖线上销售,这意味着购买方仍有线下看货的必要,尤其是皮革城中的中高端产品,线下实体体验环节必不可少。

此外,经营户的构成有所改变,由原有的传统经营户为主扩展成为经营户和电商经营户并存的格局,这些经营户都需依附皮革城市场。海宁中国皮革城在全国皮革产业中具有强大的影响力,通过市场品牌背书,吸引了众多采购商前来批发采购,而电商经营户也可直接利用皮革城品牌获得更多点击率,皮革城品牌带来的众多客源是经营户销售的保障。

3. 销售渠道不断扩大

海宁中国皮革城供应链下游采购商中增加了电商零售商,这些零售商并未在市场内设实体店铺,也无法在皮革城自建网络销售平台上线,其利用第三方平台进行 B2C 销售。这些电商零售商由于规模小,没有直接与厂商对话的能力,其货源仍来源于皮革城市场。市场经营户通过商场自建平台及第三方电商平台可直接对接消费者,扩大了销售渠道,赚取零售商差价,增加了获利途径。

三、基于指标体系的海宁中国皮革城竞争力分析

前文中阐述了海宁中国皮革城供应链主要节点仍对其有一定的依赖性,且这些依赖性短时间内无法被其他节点所替代,而皮革城只有正确做好转型升级,确保建设方法和路径的有效性才能巩固其在供应链中的地位。专业市场竞争力是市场可持续经营、其他竞争者无法模仿的能力体现,通过分析皮革城的竞争力,找出其发展弱项,有利于针对性地提升市场竞争力。中国社会科学院自 2011 年起,根据市场竞争力每隔一年发布《中国商品市场百强》榜单,海宁中国皮革城在 4 次评选中分别排名:纺织服装类第 2,全榜第 19、17、17,其中 2017 年度的评选中首次加入了网上市场,前三名被电商巨头包揽,这也正体现了电商对实体市场的强烈冲击。

目前国内关于专业市场竞争力的评价主要采用建立指标体系进行定性或定量分析的方法来实现,如表 1 所示其指标随时间的变化也不尽相同。总结各专家意见,通过建立指标体系进行定性分析,指标体系标准层主要分为市场基础实力、管理及服务能力、市场影响力、创新发展能力(见表 1)。

表 1 有关专家对专业市场竞争力评价指标综述

专家学者	专业市场竞争力评价指标
朱荣明(1998)	商品适销状况和质量水平(市场销售率、市场占有率、商品合格率等),商品流通总量(销售率、销售收入等),市场资源利用水平(商品能耗、人力资源利用、设备利用等),商品经济效益(资本利润率、销售利税率等),市场应变能力(商品价格比较、广告投入占比),营销者素质和售后服务(消费者投诉率、产品索赔率),商品社会效益(商品合同履约率、资本增值率等)
中国社会科学院财贸所课题组(2005)	市场吸引力(市场准入状况及美誉度),市场管理力(市场管理费用、物流配送能力与信息化服务水平、与政府及相关中介协同能力、市场硬件及经营户创新能力),市场影响力(商户满意度、市场聚合力、市场引导力与辐射力等)

续表

专家学者	专业市场竞争力评价指标
冉光和(2008)	商品竞争优势(价格优势、品牌优势),商品市场交易费(市场准入费及管理费、摊位租金等),市场服务环境(内部管理制度及服务质量、物流配送服务、金融服务及信息化服务、市场辐射力与引导力、市场与政府的关系),不可控因素(能否抓住机遇)
张芳(2008)	基础实力(市场规模、市场经营硬环境及软环境),市场管理能力(物流服务水平、交易自动化程度、管理人员素质及水平、市场经营效益),发展潜力(市场形象、人力资本、研究机构、人员培训、科技投入、信息化水平等)
谢守红(2015)	区域环境(地区生产总值、工业总量、财政收入等),吸引能力(政府优惠扶持力度、声誉和口碑、市场占有率),服务水平(市场管理制度、管理人员服务意识及效率、相关物流服务、网络配套设施),经营绩效(市场成交额、净利润、净资产收益率等)

(一)市场经营水平

市场经营水平主要侧重于衡量专业市场在近年来的规模及发展趋势,是企业竞争力的重要外显形式。海宁中国皮革城建筑规模达 349 万平方米,为全球最大的皮革市场,远超国内其他皮革类专业市场,在全国十余个省份布局连锁网络,聚集了国内外 11200 多家皮革生产及经营企业,全国网络客流量达 1400 多万人次。如表 2 所示,近几年海宁皮革城在商户量显著增加的情况下,客流量和营业收入都在 2016 年呈现下降趋势,交易额增长幅度也不尽如人意。这主要由于 2014 年后,在国际经济发展缓慢、消费需求不振的影响下,皮革产业产能过剩,供大于求的状态使整个皮革城出现了阶段性的规模下滑。

表 2 海宁皮革城总部规模变化

年份	客流量(万人次)	交易额(亿元)	商户数(户)	营业收入(亿元)
2012	588	100	3500	22.62
2014	608.6	138	4388	24.39
2016	556.7	141.2	6000	21.73

(二)管理及服务能力

专业市场的管理及服务能力是市场赖以生存的关键因素,为应对新形势的变化,皮革城提供了五大块管理及服务:电子商务服务、智慧市场服务、市场管理、与政府的关系、软环境的配套服务。通过海宁皮革城网页端及手机 APP、皮商圈网站、微信及微博互动打造全渠道的网上网下营销;提供无线市场、智慧导购导视、移动支付、人流统计与分析、智慧售后、皮革指数等服务完善智慧市场的建设;运用办公管理、财务管理、消防及监控管理、远程培训、光伏发电利用等系统实现规范、智能的市场管理。此外,皮革城与当地政府关系密切,海宁市政府高度重视皮革城的建设发展,在交通建设、金融准入和基础设施配套上均给予了大力支持。皮革城在知识产权保护、行业协会、市场中介等软环境上也均有相应配套。

(三)市场影响力

海宁中国皮革城作为海宁皮革行业的代表企业,在全国皮革产业中占有绝对主导地位,其年皮革服装交易量占全国皮革市场的 40%以上,其皮革、裘皮产量占全国的 1/3。目前除海宁总部外,在江苏沭阳、辽宁佟二堡、河南新乡和郑州、四川成都、湖北武汉、黑龙江哈尔滨、山东济南、新疆乌鲁木齐均建有分市场,连锁范围广,直接辐射人口近 3 亿人。此外网上皮革市场的开通更是开启了与消费者直接沟通的渠道,从网络上提高了企业知名度。皮革城建成 23 周年以来累计获得荣誉奖杯(牌)191 个,2017 年更是荣膺行业最具影响力企业称号,是名副其实的皮革类龙头市场。

(四)创新发展能力

海宁中国皮革城的创新能力体现在两点:一是在政府引导下,改革现有经营模式及经营状态;二是以消费者需求为主导,对产业创新水平的强力支持。就第一点而言,皮革城积极参与浙江省"智慧市场"及"网上网下市场融合"试点建设,根据新时期市场的变化及时调整自身信息化程度,搭建网上销售平台。而针对第二点产业创新水平,近年来皮革城多次举办皮革裘皮时装设计大赛、面料时尚设计大赛、海宁中国皮革博览会等多项国际重大赛事和行业博览会,创立了品牌风尚中心、海宁中国皮革博览会、皮革时尚小镇等平台,聚集了设计师 5000 多位。目前海宁已成为亚太地区皮革行业最大的创意设计和时尚展示中心,皮革城已成为引领皮革产业发展的先行者。

(五)皮革城竞争力评价

在电子商务的冲击下,海宁中国皮革城及时调整战略计划,推出多项管理服务,进一步扩大市场影响力,重视创新发展能力,较传统的市场来说,虽经营收入有所减少,但在皮革行业仍保持着极大的优势,具有强劲的竞争力。根据指标体系显示,皮革城建设上也还存在着一定的不足:在实体市场持续扩大的同时,各项收入指标并未增加,应将发展侧重点转向经营;皮革城智慧市场建设仍浮于表面的信息化建设,未利用好云计算和大数据以实现真正的智慧分析;仓储、运输等物流配套还未完成,限制了降低成本的空间;生活、娱乐区域的配套尚显不足,员工工作之余的环境及消费者购物体验仍需进一步完善。

四、结 论

电子商务的优势显而易见,其打破了时间空间的限制,进一步减少了采购商和供应商的中间环节,极大地降低了交易成本,提高了交易效率,对专业市场产生一定冲击。通过对海宁中国皮革城的调研及理论分析发现,现阶段皮革城仍有存在的必要性,皮革城供应链上的生产商、经营户及销售方均对皮革城有一定的依赖性,短期内皮革城无法被其他平台取代。虽然皮革城在竞争力上明显强于行业内其他皮革市场,但在智慧市场建设、物流设施及生活和娱乐配套等方面仍有较大的改进空间。海宁中国皮革城应牢牢把握电子商务带来的机遇,有效发挥市场在供应链中的作用,加快转型补足短板,形成皮革城与供应商、商户、采购商相互依存、紧密融合发展的良好局势。

参考文献:

[1]郑勇军,袁亚春,等.解读"市场大省"——浙江专业市场现象研究[M].杭州:浙江大学出版社,2003.

[2]陈畴镛,胡保亮.浙江专业市场信息化发展探讨[J].浙江经济,2004(7).

[3]姜伟军.专业市场与产业集群互动的区域经济发展模式变革趋势探析[J].商业时代,2009(10).

[4]郑红岗,郑勇军.专业市场与电子商务融合发展模式及对策[J].中共浙江省委党校学报,2016(3).

[5]丁阳.供应链视角下我国专业市场转型升级模式研究[J].商业经济研究,2017(18).

[6]张芳.专业市场综合竞争力评价指标体系的构建[J].统计与决策,2008(14).

基于利益相关者理论的海宁皮革城网上网下市场融合发展的路径研究

邵建辉

（浙江财经大学东方学院经济与社会发展研究院，浙江 海宁 314408）

摘　要：电子商务发展大背景下，网上网下市场融合发展是传统专业市场实现转型升级的必然选择。海宁皮革城为应对电子商务的冲击，采取了多种不同的举措推进网上网下市场融合发展，在取得一定成效的同时也显露不少问题。由此，本文基于利益相关者理论，在详细剖析海宁皮革城所涉及的各方利益相关者及各利益体的利益诉求基础上，提出了对部分融合举措的改善和提升对策建议。

关键词：专业市场；网上网下融合；利益相关者理论；利益诉求；融合对策

一、引　言

电子商务兴起和发展对传统专业市场的发展既是挑战也是机遇，电子商务的发展削弱了传统市场的交易功能，但在降低交易成本、拓展交易范围、提高交易效率、创新交易功能等方面的优势是传统专业市场所无法比拟的，而实体专业市场对促进地方基础设施建设，推动对外合作交流，带动地方经济社会发展却是网上市场无法替代的，此外，网下市场还能为网上市场的产品质量提供追溯的源头，有效保障了产品的品质，不易标准化的产品，还能借助实体市场直观展示产品的相关性能，使消费者能够全方面了解产品的信息，因此网上网下市场联合发展、现货交易与期货交易相共生的多元化市场形态将是必然的发展趋势。

海宁中国皮革城于1994年建成开业，是目前中国规模最大、最具影响力的皮革专业市场。在电子商务快速发展的大背景下，部分买卖双方越过处于销售通路中端的实体市场直接在网上市场完成交易，市场的经营户构成也由原来的传统经营户为主转为经营户和电商经营户并存的格局；经营户的营销渠道也在发生改变，由原来的线下现货交易为主转为线上远程交易和线下对手交易并存的形态；消费者对产品体验与服务的需求逐步上升。为实现实体市场的转型升级，继续保持实体市场的影响力，海宁皮革城开通了“海皮城”、“皮商圈”等多个电子商务交易平台，实现网上和网下融合发展的双模式经营。

二、皮革城网上网下融合发展现状

为实现实体市场在电子商务发展大背景下的转型升级，海宁皮革城探索了多种不同的网上网下市场融合发展路径。

(一)着力建设智慧市场

智慧市场建设是网上网下市场有效融合的重要实现手段，海宁皮革城正逐步实现总部市场和连锁市场无线网络全覆盖，顾客、采购商只要手机在手，便可无缝接入市场无线服务网络，享受寻车导航、人流定位、商品导购、移动支付、定制开发等服务功能。海宁皮革城还推出“海宁皮城”APP移动客户端，消费者只需通过一部手机，就可实现优惠信息送达、线下实体导购、移动手机支付等功能，皮革城内的商家也在陆续入驻“海宁皮城” APP，真正打造一个与线下全面、真实对接的线上商城，最大限度地提升用户的购物体验。“海宁皮城”APP 移动客户端就功能本身而言是相对完善的，但实际运行效果显示没有给海宁皮革城带来太多的效益。

(二)开通 B2C 模式的海皮城网上展示交易平台

为开拓网上市场，2013 年海宁皮革城开通了我国最大、最专业的皮革商品网上展示交易平台(海皮城，www. haipicheng. com)，入驻了雪豹、诺之、思齐之家等国内一线皮革制品企业。平台入驻的商户均有实体店作为基础与支撑，保证了产品源头的可追溯性。海皮城的开通使部分市场经营户开始触电网上交易市场，此外也涌现了部分电商经营户，由此扩大了皮衣生产企业与市场经营户的皮衣销量。但皮衣不属于日常必需品，销售易受到季节的影响，皮衣复购率比较低，且 B2C 模式的海皮城只能满足消费者的单项需求且非日常需求，平台店铺也需经营户花费一定的成本去管理，这使海皮城很难获取与已有知名度的大众平台相当的知名度和客户拥有量，因此海宁皮革城暂时难以通过海皮城实现盈利。

(三)打造了 B2B 模式的“皮商圈”

2016 年 7 月，海宁皮革城推出了整合优质皮装批发商 B2B 模式的“皮商圈”,“皮商圈”的开通，增强了供货商与采购商之间的联系，实体店经营户和电商经营户通过“皮商圈”能快速找到款式多样的皮衣货源，皮衣生产企业通过“皮商圈”可以寻找到潜在的皮衣采购商，实践证明 B2B 模式的“皮商圈”能够较好地发挥产业聚集优势，将供货商与采购商紧紧联系在一起，推动商流、物流、信息流向皮革城聚集。但目前“皮商圈”的批发商主要还是以零售采购商为主，而与皮衣生产制造企业有合作渠道的批发商，因为多数采购的是期货商品，为防止仿款出现，更愿意通过订购会、对接会的形式来完成批发皮衣采购，这类批发商还未在线上完成交易。

(四)搭建“漂洋过海”跨境电商平台

2015 年 7 月 1 日，由皮革城与韩国理智约株式会社联合搭建的“漂洋过海”跨境电商平台正式上线，海宁的皮革、裘皮产品可以通过这一平台销往韩国，为韩国消费者带去中国海宁的时尚力。该跨境电商平台的开通，使皮革城扩大了皮革城市场的国际影响力，为皮衣的销售开拓了国际市场，皮衣生产企业和经营户通过这一跨境平台，可以提升皮衣的海外销量，增加营收，还能让地方政府提升地方皮革产业的国际影响力。

三、皮革城利益相关者分类及利益诉求

由上述现状分析可知，海宁皮革城在推进网上网下市场融合发展所采取的措施时取得了一定成效，但依然存在改善和提升的空间，在电子商务发展大背景下，专业市场中不同参与者有不同的利益诉求，因此本节将基于利益相关者理论，理清网上网下融合过程中各利益相关者的利益诉求，

为探究兼顾多方利益体利益的网上网下市场融合发展路径举措做相关理论指导。

电子商务背景下海宁皮革城涉及的利益相关者主要有:地方政府、海宁皮革城市场举办方、皮衣生产企业、皮衣批发采购商、市场经营户、电商经营户、消费者。各利益相关者的主要诉求为:地方政府为皮革城提供相关优惠的政策支持,依托海宁皮革城提升皮革产业的影响力,增加地方就业,增加地方税收,促进地方经济与社会的发展;海宁皮革城市场举办方为市场经营户创造良好的营商环境,为消费者提供便捷的购物环境,为皮衣生产企业创建皮衣销售平台,为皮衣批发商提供快捷的采购环境,为电商经营户提供货源组货平台,市场举办方自身则在为多方提供服务的同时,获取最大化利润;市场经营户则依托市场良好的营商环境,扩大皮衣销量,获取最大化利润;电商经营户则依托市场完成货源组货;皮革生产企业则依托市场扩大皮衣知名度和销量,实现与更多潜在批发商和消费者的对接;批发采购商则希望依托市场方便快捷地采购到款式多样,物美价廉的皮衣;消费者则希望通过市场方便购买到优质价美的皮衣。图1为海宁皮革城利益相关者分析图。通过分析可知海宁皮革城是联系多方利益体的桥梁纽带,皮革城的兴旺发展,有利于实现多方利益体的共赢。

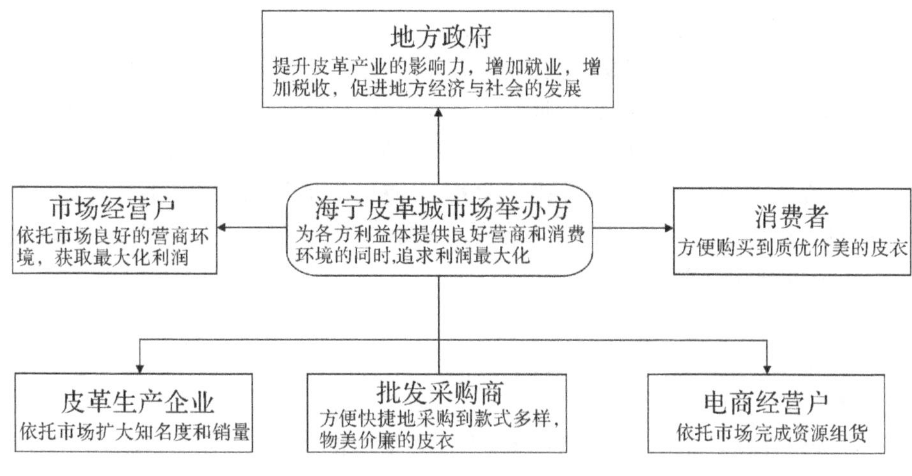

图1 海宁皮革城利益相关者分析图

四、皮革城网上网下市场融合发展路径

在上述皮革城各利益体利益诉求分析的基础上,为实现皮革城多方利益体的共赢,更好地推进网上网下市场融合发展,皮革城可以从以下几方面着手。

(一)智慧市场建设应以指导市场供应链各流通环节为方向

现阶段海宁皮革城智慧市场的建设主要集中在导航购物等功能上面,并没有触及智慧市场建设的核心内容,为有效实现皮革城多方参与者的利益诉求,海宁皮革城在智慧市场建设上应以指导皮衣的设计、生产、销售、采购等多个流通环节为落脚点,皮革城应通过多种技术手段收集各实体经营户以及各电商经营户的销售流水,通过对销售流水大数据的处理,分析统计出皮衣的主要销往地,消费者对不同款式皮衣的购买量,不同季节对皮衣的销售影响等诸多信息,以此来指导皮衣生产企业的款式设计和生产安排,市场经营户和电商经营户的精准营销,皮衣采购商的货品采购,市场举办方的店铺精细化管理,地方政府对皮革行业的政策扶持,以此实现各利益体的利益诉求和市场供应链有机结合,进一步推进网上市场和网下市场的有效融合。

(二)与大型电商平台协商开拓网上专业市场

鉴于海宁皮革城自建的B2C模式的“海皮城”电商平台用户活跃度低，运行维护成本高，难以实现盈利的现状，海宁皮革城可以依托第三方大众电商平台开拓网上市场。皮革城可以借助第三方电商平台，解决自建平台的高成本、低流量、难盈利等问题，迅速建立起“实体＋网络”的经营模式，还可以通过为经营户提供质量背书、网上虚拟商铺代理运营或店铺装修等服务，来增加市场营收，并增强经营户对市场的黏性。市场经营户或电商经营户，可以依托平台的影响力增加皮衣的销量，皮衣销量的增长也能带动提升上流皮衣生产企业的市场业绩，消费者则可以在大众电商平台上买到款式多样、质量有保障的皮衣，网上虚拟市场的繁荣也会带动皮衣行业的发展，进而促进地方经济与社会的发展。

(三)重点打造融合展示体验功能的B2B模式的“皮商圈”

实践证明B2B模式的“皮商圈”是皮革城网上网下市场融合的有效切入点，但目前“皮商圈”的批发商主要还是以零售采购商为主，为扩大“皮商圈”的线上流量，应该吸引与皮衣生产制造企业有合作关系的批发商也在线上完成交易，这类批发商不在线上完成批发的主要顾虑是害怕采购到的皮衣是仿款，影响销售业绩。为消除此类批发商的顾虑，皮革城可以和知名的皮衣生产制造企业联手合作设立皮衣展示体验店，每年度根据市场行情不定期发布展示不同款式的皮衣，逐渐引导他们在线下体验皮衣，在线上完成皮衣批发采购。此外，为使批发商在“皮商圈”上有更好的批发采购体验，吸引更多的批发商在“皮商圈”完成批发采购，“皮商圈”需要构建高效的物流体系，及时响应批发商的订单配送及退换货等方面的需求。

五、结束语

网上网下市场融合发展是专业实体市场转型和发展的必然选择，专业市场在制定网上网下融合发展路径时需兼顾各利益相关者的利益诉求，增强实体市场与各利益者之间的黏性，才能继续保持实体市场的影响力和竞争力。通过对海宁皮革城各利益体利益诉求的分析可知海宁皮革城是联系多方利益体的桥梁纽带，因此要实现有形市场和无形市场的深度结合，市场主体在网上网下市场融合路径的改善和提升上需要考虑各利益体的利益诉求，以此推动实体市场继续保持活力和凝聚力。

参考文献：

[1]盛亚，单航英，陶锐. 基于利益相关者的企业创新管理模式：案例研究[J]. 科学学研究. 2007,25(6).

[2]姚伟峰，鲁桐. 利益相关者博弈对企业商业模式创新的影响[J]. 中国流通经济. 2011(1)

[3]陆立军，张友丰. 专业市场转型的路径与机制研究[J]. 财经纵横，2014(6).

[4]于斌斌，陆立军. 专业市场与电子商务双渠道融合的微观机理与实证分析[J]. 研究与发展管理，2017(3).

[5]于斌斌. 运用电子商务改造、提升传统专业市场的机理与对策研究[D]. 金华：浙江师范大学，2007.

[6]陈轶伦，陈雅婷. O2O视角下海宁皮革城营销改善对策研究[J]. 现代商业，2015(30).

[7]赵永刚. 基于复杂适应系统的专业市场演化研究[D]. 金华：浙江师范大学，2012.

[8]王群智,骆强.新兴皮革专业市场基于O2O的电子商务模式探析[J].皮革工程与科学,2013(6).

[9]郑红岗,郑勇军.专业市场与电子商务融合发展模式及对策[J].中共浙江省委党校学报,2016(3).

[10]孔令婷.传统专业市场电子商务改造机理研究[J].商业经济研究,2017(4).

BOT模式在城际铁轨建设中的应用障碍与对策

——以杭州至海宁城际铁路工程为例

姚　莉　王文文

（浙江财经大学东方学院，浙江 海宁 314408）

摘　要：城际铁路是促进大都市圈发展、保障城市间居民快速高效沟通的重要媒介。由于城际铁路项目投资巨大、盈利能力低，政府投资不足的问题已逐渐凸显，无法满足其高速发展的需求。运用BOT模式引入社会资本，是拓宽项目融资渠道，有效缓解资金不足、减少政府财政压力的重要方式，但城际铁路在运用BOT模式的过程中会遇到项目前期识别和审批、项目实施过程的收益、政府监管运营以及项目后期移交等障碍。因此需要通过建立科学的项目评估体系、充分发挥政府职能、形成有效的监管机制、建立合理的风险分担机制、多方式避免移交风险等措施预防和规避BOT模式在城际铁轨建设中的问题。

关键词：城际铁路；BOT模式；社会资本；政府

习近平总书记在党的十九大报告中指出，我国社会主要矛盾已经转化为人民日益增长的美好生活需要和不平衡不充分的发展之间的矛盾。加强基础设施建设作为满足人民日益增长的美好生活需要的基础，对于实现我们全面建成小康社会有着重要作用。城际铁路是政府提供基础设施的重要组成部分，可以促进大都市圈发展、加快我国城市化的进程，保障城市的居民可以进行快速高效沟通。但城际铁路项目由于投资巨大、盈利能力低，使得政府投资不足的问题已逐渐凸显，无法满足其高速发展的需求。运用PPP(Public-Private-Partnership)模式引入社会资本，是拓宽项目融资渠道，有效缓解资金不足的重要方式。

2014年11月，国务院发布《关于创新重点领域投融资机制鼓励社会投资的指导意见》，明确提出要加强政策引导，强调在交通运输等公共服务领域要广泛采用PPP模式。2015年5月，国务院办公厅转发《财政部、发展改革委、人民银行等六部委关于在公共服务领域推广政府和社会资本合作模式指导意见的通知》，首次从国务院层面确立PPP模式的地位，强调在交通运输等公共服务领域要广泛采用PPP模式。同年，国家发改委首批公布的1043个项目中包含了31个铁路与城市轨道交通项目，其中，杭州至海宁的城际铁路工程作为浙江省重点项目列入财政部第一批PPP示范项目。杭州至海宁的城际铁路工程使用的是PPP模式中的BOT模式。

一、杭州至海宁城际铁路BOT模式的运作

杭州至海宁城际铁路工程是浙江省加快发展都市圈经济背景下的产物。2016年8月，海宁市

与浙江省交通投资集团举行杭州至海宁城际铁路项目战略合作框架协议签约仪式。2017 年 7 月，浙江省交通投资集团与海宁市达成合作意向，经过一个半月洽谈，双方正式签订合作框架协议。此次项目作为杭州都市圈规划建设的四条城际铁路线之一，总投资约 136.11 亿元。项目采取的是 PPP 模式中的 BOT 模式。

BOT 是“build-operate-transfer”的缩写，意为“建设—经营—转让”，是私营企业参与基础设施建设，向社会提供公共服务的一种方式。BOT 模式最大的特点是将基础设施经营权有期限抵押以获得项目融资，或者说是基础设施国有项目民营化。在这种模式下，首先由项目发起人通过投标从委托人手中获取对某个项目的特许权，随后组成项目公司并负责进行项目融资，组织项目建设，管理项目运营，在特许期内通过对项目的开发运营以及当地政府给予的其他优惠回收资金还贷，并取得合理利润。特许期结束后，应将项目无偿地移交给政府。

(一)BOT 模式运作的流程

杭州至海宁城际铁路项目的特许期为 29 年，其中 4 年为项目建设期，25 年为项目运营时期。政府与社会资本方拟就项目共同成立项目公司，项目所需工程投资资金 50%预定由金融机构借款融资，另外 50%为项目资本金。其中，社会资本方资本金出资比例为 65%；政府资本金出资比例为 35%。项目投资回报来源由使用者付费和可行性缺口补贴两个部分组成。在 BOT 模式下，项目运作流程主要分为项目建设、运营和移交。

1. 项目建设

在建设期内的流程见图 1。首先由海宁交通运输局发起，通过相关规定程序，公开招标，确定社会资本作为优选的 BOT 投资人。其次由市交投集团和社会投资人签订投资协议，共同设立项目公司。根据投资协议，由市交投集团和社会资本及相关方共同注册设立项目公司。再次，海宁交通运输局根据招标文件，将项目特许经营权授予项目公司，项目公司和金融机构签订贷款(融资)合同，项目公司在法律允许的范围内自行确定相应招标范围(勘察、设计、施工、机电安装、供货、监理等)和招标内容。最后，鉴于本项目建设和开通运营对海宁市未来交通、经济和社会发展的重要性，为加强本项目审计监督，由双方共同委托的第三方审计机构对项目进行专项审计。

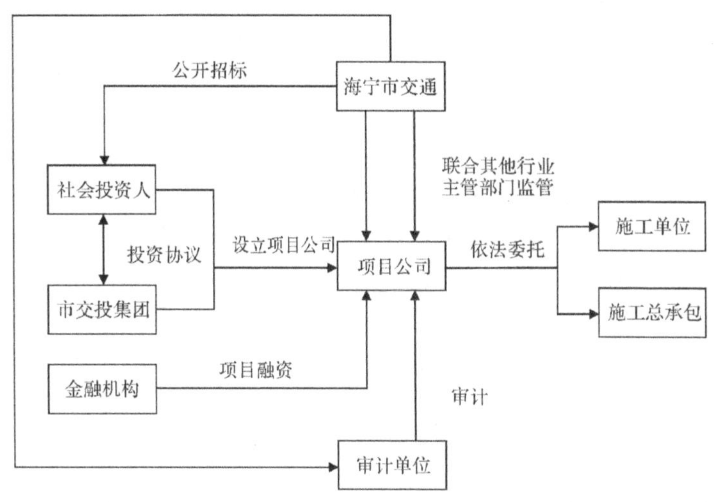

图 1 建设期项目流程

值得关注的是，在项目的建设期内，项目公司应负责本项目的征地拆迁及管线迁移工作，搬迁由海宁市政府相关部门负责协调,根据新市区用地规划和产业布局规划,择址另建。住宅的动迁采用货币补贴方式或根据新市区规划和居民的意愿进行异地安置。

2. 项目运营

在项目的运营过程中(见图 2),是由项目公司将城际铁路运营管理和资产维护工作通过公开招标的方式,授予给专业机构;或者根据投资协议(股东协议)由项目公司直接委托给运营投资人,由专业机构或者是运营投资人进行运营和资产维护管理,城际铁路项目一般是委托给实施项目地的铁路公司进行运营管理。项目的运营收入主要来自于向社会公众收取票款、之后道路的广告费用以及海宁市财政部门关于土地资源补贴和其他财政补贴。项目公司在正式运营后需要向金融机构分期偿还建设期的贷款以及向海宁市税务部门缴纳税金。

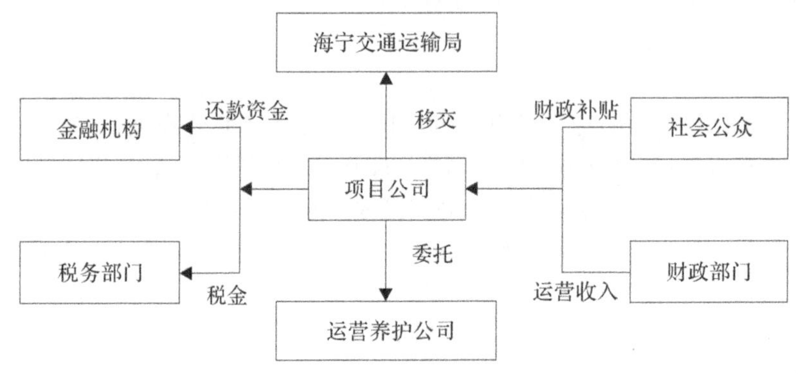

图 2　项目运营期流程

3. 项目移交流程

项目移交的流程见图 2,在整个运营期结束后,项目公司将城际铁路相关的资产无偿移交给海宁交通运输局。一般运用 BOT 模式的 PPP 项目在合同规定的移交期前需要进行资产的清算以及通过政府对于项目的验收,确保项目的后续运营。

(二)BOT 模式运作的特点

从我国目前城际铁路 PPP 模式应用的实践看,除了使用 BOT 模式外,还多采用 FOT(投资—运营—移交)模式。济青高铁潍坊段沿线征收和拆迁 PPP 项目预计总投资 43 亿元,项目采用 FOT 模式,由政府采购甄选的社会资本与政府指定机构合资成立项目公司(SPV)合作期为 15 年。社会资本负责征地拆迁补偿资金的筹集,政府方负责沿线的征地、拆迁工作和资金使用监管工作。项目公司按照项目工程量对价获得济青高铁项目对应股权,按照所持股权获取济青高铁的运营收益。社会资本投资收益来自于项目公司的运营收益,低于年 6.69%(中标利率)部分由政府安排运营补贴弥补。最后,在合作之日起至少 5 年后进入回购期,社会资本股权优先由政府指定机构按成本价回购。杭州至海宁城际铁路工程的 BOT 模式与济青高铁潍坊段的 FOT 模式比较,主要具有以下三个特点。

1. 在建设阶段,社会资本方为融资主体,项目建造由项目公司全权承担

杭州至海宁城际铁路工程 BOT 模式在项目的建设前期,融资以社会资本为主,政府不占有项目公司股份。此次项目,社会资本方资本金出资比例为 65%;政府资本金出资比例为 35%。此处的政府资本金出资是指政府委派指定机构出资。海宁市政府在项目公司中不占股份。济青高铁潍坊段 FOT 模式的融资是山东省政府以土地开发收益金为依托出资 30%,沿线各地政府以土地和

拆迁费入股出资 30%,拟引入社会资本出资 40%。无论是山东省政府还是沿线占地的各地政府在项目公司中都占有股份,并且政府在其中占有多数股份。杭州至海宁城际铁路工程 BOT 模式相较于济青高铁潍坊段 FOT 模式的一个显著特征是:项目建造由项目公司全权承担。在杭州至海宁城际铁路工程在海宁市交通局授予项目公司特许经营权之后,整个项目的勘察、设计、施工、机电安装、供货、监理等等都需要项目对外进行招标,由项目公司进行工程的建造。后期建造工程的审批程序也是由项目公司发起,政府相关部门进行审批。政府不负责工程的建造。

2. 在运营阶段,政府是辅助者,项目公司是项目运营的风险承担主体

杭州至海宁城际铁路工程 BOT 模式明确规定,由项目公司负责项目建设和运营。海宁市政府或其指定机构通过法定程序选择有经验、有实力的社会投资人成立项目公司。再由海宁市交通局授予项目公司特许经营权,项目的融资、投资、建设、运营、更新维护和管理工作都是由项目公司负责。政府向项目公司支付资源补贴额,提高项目总体运营水平及效率。政府是项目的辅助者,而不是主导者。济青高铁潍坊段的 FOT 模式实质上只是一个融资模式,在实际操作过程中,项目建设和运营仍然是由政府主导提供公共服务。

杭州至海宁城际铁路工程 BOT 模式中政府和项目公司承担的风险不尽相同。在项目前期,政府和项目公司的风险承担比例有明确划分。例如,因政府政策或法律之改变,造成整体项目终止之风险,应由政府承担。属于政府法定职责范围内的审批事项,由政府方负责;属于项目公司基于自身业务要求和经营需要而依法需进行的审批,由项目公司自行申请,并承担项目审批风险及法律责任,政府方可以给予必要的协助等等。项目运营风险由项目公司承担,海宁市政府不再承担责任。而且,整个项目的风险承担主体是项目公司。济青高铁潍坊段的 FOT 模式中,政府承诺项目运营收益低于年 6.69%(中标利率)的部分由政府安排运营补贴弥补,风险的承担主体是政府。

二、BOT 模式在城际铁轨建设应用中的主要障碍

杭州至海宁城际铁路工程 BOT 模式,虽然在规范性上较之济青高铁潍坊段的 PPP 项目已经有了很大提升,并且该项目对海宁融入杭州和经济一体化发展具有重要意义,是区域经济、城镇和交通一体化综合发展的迫切需要,分担了政府在公共服务提供上的财政压力。但是就 BOT 模式本身在应用上还存在很多问题。

(一)在项目建设阶段,项目识别标准不统一,审批程序适用性模糊

首先,项目识别标准不统一。项目识别主要包括七大工作环节:项目发起、项目需求初步分析、项目初步筛选、项目资料准备、物有所值评价、财政承受能力论证、项目识别结果处理。包括 BOT 模式在内,当前的 PPP 项目主要针对的是公共物品,并且这些项目的共同特点就是耗时长并且投资额大。特别是对于像杭州至海宁城际铁路工程这样的项目,其决策就是一个耗资耗时的过程。在 2012 年 6 月,海宁市发改局以专报形式向市四套班子主要领导提出建设杭州至海宁城际轨道(铁路)的建议。到了 2016 年 8 月,海宁市第十四届人民代表大会第六次会议召开,才通过《关于同意建设杭州至海宁城际铁路的决定》。2016 年 12 月,才发布项目 PPP 中标公告,与省交投集团及其联合体签订采购协议。在这整个过程中,对于项目的认定和识别是很困难的,历经四年的时间才将项目正式签约。财政部于 2017 年 11 月 10 日印发了《关于规范政府和社会资本合作(PPP)综合信息平台项目库管理的通知》(财办金〔2017〕92 号),该文件印发的目的是为了规范政府和社会资本合作(PPP)项目的运作,防止 PPP 异化为新的融资平台,防止隐性地方债务增加及系统性金融风险增加。但在 92 号文之前,在国家大力推进政府和社会资本合作模式的政策背景下,相当一部分

PPP 项目均是政府付费类项目，还有一部分 PPP 项目社会资本联合体中的建筑施工企业不承担投资义务仅承揽施工任务，还有的 PPP 项目不属于公共服务的商业项目等，这些项目基本已经进入财政部的 PPP 项目库，有的已纳入管理库。由此可见，当前各省对于 PPP 项目的识别是存在误区的。并且现行的 PPP 项目是经过省财政部的审核就可以进行运行，国家财政部虽然下发了红头文件，规范 PPP 项目的识别立项，但对各省的项目库的入库标准进行一个明确的界定，使得各省拥有属于自己的入库标准，中央和地方政府缺乏相关项目的一站式立项、评估和审批等机构，造成各地各部门各自为政，重复或交叉审批，效率不高，或管理与监管缺位，经验教训不能很好地总结和推广。

其次，项目审批程序适用性模糊。国内现在没有对 PPP 项目进行审批的直接规定，但是财政部《第三批示范项目评审标准》要求新建项目必须完成城市规划、立项、可研的审批程序。PPP 项目的审批还是以投资体制的基本原则进行审批。当前对于投资项目的管理制度分成三种：审批制、核准制、备案制。由于 PPP 项目本身所带有的多重性，对于项目的审批到底是采取审批制、核准制还是备案制没有一个明确的规定，并且在适用性上都存在着疑义。而在对于 PPP 项目中至关重要的可行性报告审批程序中，目前的可行性研究报告是针对固定资产投资审批而设计的，报告内容只有建设期而没有运营期，并且当前许多工程的咨询单位没有能力处理运营期的相关问题。

(二)在项目运营阶段，成本回收困难，社会资本方承担较大风险且政府监管缺位

首先，社会资本方因项目周期长，风险承担压力大。BOT 项目的运行周期长、成本高、风险大。首先，项目准备时间过长，增加企业的时间成本。项目的准备前期，公共部门和私人企业往往都需要经过一个长期的调查了解、谈判和磋商过程，以至项目前期过长，使投标费用过高。企业与政府都要有长时间的接触来了解模式的运行方式，洽谈合作细节，并且是否适合本企业的运营模式，以致项目前期过长，投标资金与精力花费过多。其次，项目在具体运行中还存在诸多风险。由于 PPP 项目都较为重大，所以风险系数也相对高，风险系数的大小直接影响投资人的投资信心和决策，投资方和贷款人往往考虑高风险，因而不轻易投资，这使得融资举步维艰，影响项目进程。又由于项目生产经营周期都较长，所以未知风险多，如法律变更、审批延误、不可抗力、融资、市场收益不足、配套设备服务提供、市场需求变化、收费变更等风险会在项目生产经营过程中起阻碍作用。

其次，项目公司较难达到收支平衡。城际铁路的 PPP 项目，因为其投资额大，其成本的回收过程也会很缓慢。因此，很多的社会资本会因此打退堂鼓，政府为了吸引社会资本进入 PPP 项目。往往通过社会资本方，将提供政策支持和运营补贴。如本文的杭州至海宁城际铁路工程 PPP 项目，在建设及运营期间，为了保证项目公司持续经营，同时考虑社会投资人所要求的回报，在票务及非票务收入的基础上扣除所有营业成本及费用以及偿还金融机构的贷款本息与社会资本股东回报后，项目公司存在的现金缺口由政府提供的运营补贴支出来解决。政府方会将本项目规划不足数之运营补贴支出以一般公共预算支出分年支出给予项目公司。由此可见，当前 PPP 项目在项目运营前期是无法通过自主的运营达到收支平衡的，政府对于项目公司的运营补贴，一部分上会导致其自身对于未来发展的松懈，不利于之后项目市场化的发展。

再次，政府在项目运行中的监管困难。根据《财政管理办法》第 35 条第 3 款的规定："政府于社会资本合资设立项目公司的，应按照《公司法》等法律规定以及 PPP 项目合同约定规范运作运作，不得在股东协议中约定由政府股东或政府指定的其他机构对社会资本方股东的股权进行回购安排。"由此可知，社会资本项目在运营的过程中承担着主要运营责任，政府在其中对整个项目的运营不处于主导地位，因此项目很有可能在运营过程中失去政府方的把控。杭州至海宁城际铁路工程 PPP 项目使用 BOT 模式，其项目规模大，程序、关系复杂，参与方多，涉及一系列的利益、权责关系

的协调，具体表现为政府监管的宏观层面，即监管的法律法规、政策等。虽然，我国也颁布了相关法律规范，但却没有比较明确的条文，去规定 PPP 项目在运营过程中的运营监管。而且因 BOT 模式在我国还相对新颖，未有对应的监管体制来约束和规范操作实施。一般采取封闭性监管，社会大众对项目基本一概不知。违背了基础设施公共性特点；再如定价方面，我国政府还停留在以往的直接规划者、生产者、建设经营者阶段，采取直接定价模式。而 BOT 是市场化方式，政府充当特许权授予者、合作者及监督管理的角色，两者相矛盾。

(三)在项目移交阶段，政府与项目公司信息不对称，存在移交风险

杭州至海宁城际铁路工程 PPP 项目，最后一个阶段是项目的移交阶段，作为 BOT 项目在这个阶段是即将完成的，但是项目本身是还需要继续运营下去。BOT 的成功必须是项目完好移交。

政府和项目公司在 BOT 项目上的目标是不一致的。政府的目标是社会福利最大化，即通过 BOT 方式建设公共基础设施，满足社会需求，提高社会效益；而项目公司的目标是追求自身利益最大化，在项目全程中，始终考虑的仅仅是项目公司自身的利益，考虑如何增加项目公司的盈利和回报，增大收入和降低成本费用。移交之后因为项目在移交之前一直是由项目公司在进行运营，关于项目的情况，项目公司会比政府更加清楚和了解，导致在项目移交阶段政府和项目公司之间存在固有的信息不对称。项目公司属于信息优势方，掌握着比政府更多关于项目的信息。因为项目公司的目标与政府不一致，以及项目公司处于信息优势方，从理性经济人的角度考虑，在项目移交阶段项目公司容易采取道德风险行为，采取一些有利于项目公司而不利于政府的行为。

三、主要改进对策

针对上述障碍，本文将从四个方面提出改进对策。

(一)制定明确的审批程序和法律制度

杭州至海宁城际铁路工程 PPP 项目，历经 4 年的时间才完成整个项目的签约，正式运行，当前虽然国家对于项目的立项标准的规定在不断完善，但是各省在进行 PPP 项目的识别过程中，各自为政，说明当前我国还没一套完整的、标准的审批程序。制定明确的审批程序可以减少项目成本，促进 PPP 项目的实施，吸引更多的社会资本投资。同时审批过程中，政府可以借助金融机构本身具有的优势，对项目的发起方和合作方进行资格的核查，节省政府人员的投入，并且对项目的审查可以更专注。

在进行项目的审批过程中，PPP 项目合同的审核是至关重要的。但由于当前 PPP 项目本身的特殊性，并且目前与 PPP 模式相关的法规政策层次较低，多为国务院/地方性行政法规或国务院部门规章/地方政府规章，尚未有国家层面的立法，权威性不够，部分文件之间甚至相互矛盾，使得政府在进行项目的审批阶段所花时间增长。制定明确的法律制度，可以从根本上去定义 PPP 项目，规范整个审批过程。

(二)政府应充分发挥监管职能

由于城际铁路项目较为特殊，只是采用社会资本进行大规模的铁路网的建设很难实现收支平衡，在实际的建设中政府需要能够承担基础性建设的责任，不能将建设责任全部推卸给项目公司，需要在城际铁路建设中给项目公司有效的支持以及协助。在杭州至海宁城际铁路工程建设当中，海宁市政府所体现的作用从原来在项目发起的主导作用转换为和民营部门之间有序协作的模式，

在这当中,政府应当充当监督以及合作的角色,对涉及公共利益以及对总体组织方面进行协调工作,对于各个责任方之间的权利义务需要进行有效的梳理。整个城际铁路的建设期中,要及时进行监督查看,不可松懈责任,避免出现工期拖延、烂尾现象产生。并且因为铁路公司对铁路的运行网以及定价全权负责,此时就需要政府部门和投资者采用透明的制度来实施运行,以此保证项目公司的盈利需求。此外,由于政府在实际的项目运营方面以及市场当中不再居于主体地位,在建设项目当中只是承担主要的产品以及服务和相关的监管职能。政府一方面可以通过对于运营维护手册和有关运营情况的报告,了解项目的运行状况,以及使用设备的相关数据。政府还可以通过进场检查和测试监督项目的运营状况。对于项目公司对外招标的运营维护方,政府运用监督权进行资质审核,从侧面监督项目运营。同时,还可以引入专家,对整个项目的运营状况进行评估,全面进行项目监管。

(三)建立合理的风险分担机制

杭州至海宁城际铁路工程 PPP 项目总投资高达 138 亿元,并且整个项目期长达 29 年。投资大,周期长是 PPP 项目的共同特点,所以项目当中所存在的风险不能只是由某一个单位独自承担,需要对风险进行有效的分配。2014 年 12 月发改委出台的《关于开展政府和社会资本合作的指导意见》政府文件,对于中国基础设施建设项目融资风险分担有原则性的规定:特许经营项目融资风险要在政府和社会私营企业之间进行合理的分配。所以在项目的建造期前应进行详细的风险评估,可以引入专门的风险评估机构对项目风险进行评估,明确各方所应该承担的具体风险,在项目合同中直接写明风险项以及承担方。当之后社会环境变化较大时,还可以经过双方的同意,进行风险再评估,重新划分风险承担主体。

(四)探索多种移交方式,避免移交风险

在项目移交阶段产生的风险主要是因为信息不对称所导致的,要减少项目公司的道德风险,加强监管,降低信息不对称程度。可以采取多方式去避免在移交期产生的风险。在项目评估期,引入有实力的中介机构对项目进行综合评价。在项目移交前引入有实力的中介机构对项目进行综合评价,使政府全面了解待移交项目的真实情况,减少因信息不对称而给政府带来的损失。或是引入风险保证金。可以在移交过后设定一段过渡期,设置一定的风险保证金。项目移交之后安稳度过过渡期之后,将归还保证金,一旦出现短期道德风险行为,将没收风险保证金。在项目移交过程中,建立项目公司的信用档案,项目公司一旦有失信行为就放入黑名单,使它失去以后的合作机会,使得项目公司必须考虑企业长远利益,不敢弄虚作假,因而防范其短期的道德风险行为。使项目公司不能只考虑短期利益,还必须得考虑长远利益,从而在项目的建设、运营、移交全程中保持高效。

四、结 语

杭州至海宁城际铁路工程 PPP 项目,因其使用了 BOT 模式引入社会资本,可以有效缓解政府财政压力,将社会的先进管理技术引入公共服务领域。对于将来使用 BOT 模式实施其他 PPP 项目具有一定的借鉴价值。但由于当前项目还是处于开始实施阶段,以及当前中国在 PPP 领域处于新兴阶段。在项目前期会碰到项目识别和项目审批的问题,在项目实施阶段,容易碰到因项目周期长、风险大导致的政府在其中难以监管的问题,以及在项目后期移交所碰到的等一系列问题。在这整个过程中,需要多方的努力不断完善 PPP 项目,促进政府提高公共服务的水平和质量。

参考文献：

[1]邵建华. 对当前 PPP 模式困境的几点思考[J]. 国工程咨询，2015(10).

[2]余文恭. PPP 模式与结构化融资[M]. 北京：经济日报出版社，2017.

[3]秦玉秀. PPP 全流程运作实务[M]. 北京：中国法制出版社，2017.

[4]王鹏. 采用 PPP+融资模式建设城际铁路的思考[J]. 铁道经济研究，2017(3).

[5]周奕，侯蓉华. 基于 PPP 模式的城际铁路项目引入社会资本研究[J]. 金融经济：理论版，2016(3).

[6]赵斌，帅斌. 基于 PPP 模式城际铁路项目风险分担模型[J]. 华东交通大学学报，2017(5).

[7]马勇. 基于 PPP 模式的城市轨道交通项目风险分担模型与机制研究[J]. 石家庄铁道大学学报，2014(15).

[8]杭卓珺. 基于 PPP 的我国铁路投融资模式研究[D]. 武汉：华中科技大学，2014.

[9]韩春素. 城市轨道交通项目的经济和社会效益量化分析[J]. 城市轨道交通研究，2005(6).

[10]莫雅群. 基于 PPP 模式工程项目融资风险管理研究[J]. 商品与质量，2017(19).

近代海宁中外交流概况研究

高　扬

（浙江财经大学东方学院文化传播与设计分院，浙江 海宁 310048）

摘　要：近代海宁地区对外交往频繁，主要表现在科技界与外国的学术交流、学习西方先进科学技术、与外国教育界互动并模仿西方教育体制开展国内教学、引进国外工商业技术工具进行实业生产等方面。这些对外交流从各个角度极大地促进了海宁区域经济社会的发展，也对中国实现现代化做出了实质性的贡献。进入新时期，海宁中外交往在先前基础上，进一步开创出一个全新的局面，令世人瞩目。

关键词：海宁；中外交流；科技；教育；商业

海宁地处东南沿海地区交通要道，承接地利之势，自古以来便与外国的接触不少。1840 年近代以来的百余年间，随着整个中国国门的打开，外国的思想、技术等纷纷传入，受到各界的青睐，海宁也成为这股潮流的弄潮儿。近代以来海宁的中外交往，主要表现在科技、教育、商业等领域。本文拟从这三个方面做简要的概述和分析，并列举其中一部分交往事实作为例证，以求勾勒出近代海宁对外交往的轮廓。

一、科技领域对外交往

一国之强盛，在于其科技，一地之繁荣，科技亦为之基。所谓“随潮而翔，迎浪蔽日”，时代的弄潮儿永远立于科技发展的顶峰，引领着人民迈出历史的步伐。自近代以来，海宁科技领域的先辈们摆脱了四书五经的桎梏，放眼望世界，成为走向世界的先驱，也成为海宁地方经济社会发展的引擎，涌现了一批闻名于世的科学家。

（一）李善兰

李善兰（1811—1882）字竞芳，号秋纫，别号壬叔，浙江海宁市硖石镇人，李善兰自幼喜爱并精习数学，据载，其九岁时便自通《九章算术》，并解全书应用题，十四岁可读懂欧几里得的《几何全本》，后又钻研《测圆海镜》等数学著作，过而立之年，学有所成，开始著书立说。

咸丰二年（1852），李善兰在上海墨海书馆遇到英国汉学家，伦敦传道会传教士伟烈亚力（A. Wylie）等人，进行学术交流讨论后，其学术著作得到了高度的肯定与赞扬，在此基础上，李善兰开始与外国人合作翻译西方经典数学名著，先后与伟烈亚力翻译出版了《几何原本》后 9 卷，《谈天》18 卷、《代数学》13 卷、《代微积拾级》18 卷；与艾约瑟（J. Edkins）合译出版了《重学》20 卷，与韦廉臣（A. William-son）合译出版了《植物学》8 卷。此外他还与伟烈亚力、傅兰雅（J. Fryer）合译过《奈端数理》(即牛顿《自然哲学的数学原理》),但是因没有翻译完结故未能刊行。

李善兰在世界数学史上留下了中国人的名字和贡献,成为中国近代以来数学科学界的骄傲,海宁市也特将街心公园命名为李善兰公园以示纪念。

(二)徐骝良

徐骝良(1878—1942),谱名徐积鑫,又名徐策、徐张策,号励身。在世纪之交的留学大潮中,远赴法国塔贝尔工程大学和巴黎铁道大学进行深造,系统学习了铁路修建营造的技术,在欧洲期间,徐骝良还陆续掌握了几门外语,并追逐当时时尚,精通了世界语,为其广泛研究各国铁路先进经验打下了坚实的语言基础。学成回国后,徐骝良首开先河创办了铁路讲习所,大力培养相关人才建设国家孱弱的铁路系统。清宣统二年(1910)左右,徐骝良被任命为中国总代表出席在俄国彼得堡召开的万国铁道会议,会议后继续周游考察欧洲十余国,不仅调研这些国家的铁路建设工程,也广泛涉猎学习了这些发达国家的社会民生等经验。据其子徐善宪撰文所述,"他(徐骝良)回国时,曾聘请几位法籍女保育员,以求改进我国的儿童教育与保育事业。结果因行不通,不得不由我父亲出了赔偿费及路费送回法国。"[1]

徐骝良一生贡献给了我国铁路设计发展事业。在其回国后,他先后担任了沪杭铁路、陇海铁路、浙赣铁路、津浦铁路等多条铁路的总工程师,亲自设计勘察每一条铁路,关注施工进展。而对于其家乡海宁来说,徐骝良也是一个有着重要意义的乡贤,20 世纪初,在设计规划沪杭铁路时,本应该从上海经过桐乡再到杭州,而由于当时科普水平较差,人们对于铁路这一新鲜事物抱有一定的警惕,如同其他许多地方一样,桐乡当地士绅百姓以铁路破坏风水为虑,群起反对。迫于压力,总设计师徐骝良将铁路路线改道,在考虑其家乡海宁硖石因素以及海宁士绅的热烈欢迎等因素后,最终将沪杭铁路设计走了一个折线,在海宁硖石及长安镇设站路过再南下杭州。

从此海宁告别了无铁路的时代,正式走入了新时期的交通网络之中,南接杭州,北达上海,成功带动了各行各业的发展,也把海宁的风景名胜更顺畅地传播了出去,沪杭铁路通车后,包括孙中山在内的多位伟人名人前后通过这条铁路来到海宁游玩观潮,大大提升了海宁的知名度。

(三)钱崇澍

钱崇澍(1882—1965),海宁路仲镇人,号雨农,英文署名为 S. S. Chien(即威妥玛式拼音 Sung Shu Chien),家中排行第三。其家为海宁又一书香门第,祖父钱保塘,咸丰九年(1859)举人,分往四川为教习职,光绪五年(1879)又任四川清溪县知县,父亲亦为当地知名文人,任教职。钱崇澍少年时仍就读于私塾,习经勘典,光绪三十年(1904)考得秀才出身。次年,清政府废除科举制度,钱崇澍及家人感于应该顺应时代发展,不能再沉溺于雕词琢句,而是要改读经世致用之书,于是考入了中国最早的几所大学之一,位于上海的南洋公学,毕业后继续报送至西南交大的前身唐山路矿学堂学习。在美国决定选派留学生之际,考入清华留美预备学堂。

第一次留美考学未果后,宣统二年(1910),与被选中的其他 70 人成为第二批留学生共赴美国,就读美国伊利诺伊大学,本应就读农科,钱崇澍却更青睐生物科学等自然科学,于是进入理学院,并在 4 年后获得理学学士学位。此时的钱崇澍已经对于植物学有着极大的兴趣,故选择了当时植物学研究较为先进的芝加哥大学继续深造,1915 年,钱崇澍有幸获得了前往哈佛大学进修的机会,有机会接触到世界上较为先进的格瑞标本室(Gray Herbarium),并且随同哈佛植物分类学教授阿萨·格雷(Asa Gray)及弗纳尔德(Fernald)进行科研,1916 年,钱崇澍取得芝加哥大学硕士学位。在美国的六年中,他系统学习了现代植物学,由一个传统的清朝秀才转变成现代的植物学家。同年,钱崇澍回到祖国,受聘于江苏甲种农业学校,因教学科研成绩显著,后陆续被金陵大学、东南大学、北京农业大学、厦门大学、复旦大学、四川大学聘为教授职，期间，1920年清华留美学校成立生物系，钱崇澍成为第一任系主任，为后来的清华大学建立系统的生物学科打下了基础。

钱崇澍毕生致力于中国植物学的开拓与发展，1916年，首次用拉丁文发表了我国历史上第一篇植物分类学、植物形态学论文《宾州毛茛属两个亚洲近缘种》；1917年，又在美国《植物学公报》上发表《钡、锶、铈对于水绵属的影响》，是我国学人第一次在国际重要期刊上发表植物学学术论文，具有开创性意义。后来学者认为，此论文的实验由于在哈佛期间完成，因而"想必是在该校植物生理学教授 W. J. V. Osterhout 的建议与协助下完成的"[2]。

此后，钱崇澍陆续又发表了许多极具价值的植物学论文，根据西南交大校史记载："钱崇澍早期的论著和译文，大多数发表在《科学》《中国科学社生物研究所论文集》《中央研究院植物学文集》等刊物上。除上述文章外，他所发表的《森林之种类与分布》《植物疏密之试验》《植物之天演》《浙江之兰科三新种》《中国植物之新种》等也都是当时的代表作。"[3]

二、教育领域对外交往

近代伊始，海宁人走向世界，带回了西方新式的教育理念和教育模式，促进了海宁乃至全国其他地方教育现代化历程。光绪十九年(1893)，海宁医生马汤楹率先创办了四城小学堂，开新式教育先河，星火燎原，短短十余年间，海宁域内学习西方创办的学堂四处扎根，根据《海宁教育志》记载："截至宣统三年(1911)，全州已有公立中学堂1所、官立两等小学堂1所，各类公立小学堂39所，私立初等小学堂2所，中小学生合计1668人。《海宁州志稿》载，'清光、宣间，宁邑士大夫激以公义，竞就乡间创立小学，其开办时间，犹在杭州仁、钱两县之先，诚不愧开风气之先矣！'"[4]

民国年间，日本和欧美等国教育界人士和学生纷纷前来浙江考察交流，浙江也陆续派出许多教师和学生出访他国获取经验。根据《海宁教育志》所述，1918年1—2月间，海宁有两名小学教员(省教育会会员)，参加了浙江省教育会的日本教育视察团，利用寒假进行了海外进修学习，提高了教学技能及素质。而位于长安镇觉皇寺旁的海宁第一所中学海宁中学堂，除了聘请了钱玄同、来鸿瑨等名家任教外，还设立了英文、日文等学科，外聘了日本外教大串忠次为日文教师。海宁教育由此进入了新的阶段，涌现出一批有着海外背景的教育学家，如从实业救国转向教育救国的王敬五。

王敬五(1880—1968)，名宽基，号髯先，海宁盐官镇人。王敬五深受家学熏陶，自幼钻研国学，后求学于北京，适逢戊戌变法，康梁等人改革国家的决心和行为让王敬五很受触动。光绪三十四年(1908年)，王敬五出任北京农工部主事。

宣统元年(1909)，王敬五进入银行系统履职，先在上海中国银行，后交通银行在海外设置支行和代办点，王敬五又被派往国外，在交通银行新加坡分行和西贡代办处任职。如同同时期的很多海外华侨一样，在周游了新加坡越南等多地，目睹了世界的变化后的王敬五对于清廷的腐败与无能深恶痛绝，回国后也走上了实业救国之路。

1913年，王敬五和地产商叶山涛两人各出资5万元，在上海车袋角麦根路(今康定东路一部分)沿河创办了华丰面粉厂。而由于各种原因，在苦苦支撑五年后，华丰面粉厂无力继续经营，宣告破产。王敬五商道失意，遂起教育兴国的想法，于是回到家乡海宁盐官，创办了盐官义塾，1928年，王敬五在城中县后街自己的私宅内创办私立有怀中学。但因为中学未能成功备案注册，故成立了有怀小学，配有研究班，授初中课程，整个学校含小学在内有学生百余人。有怀小学办学方法充分体现了西方教育理念与中国传统教育的融合。据《海宁教育志》记述，王敬五聘用了很多大学生担任教师，并主张"多诵课文、多读报刊、多做文章、多出壁报"，严格训练学生的阅读、写作能力，在传统重视国文的基础上，让学生具备了更大的视野，抗战前夕，王敬五还发动学生组织游行、成立剧团，投入抗日救亡的洪流中。

另外值得一提的是,有怀小学的办学费用都是王敬五自己出资或者募捐所得,是近代海宁私人办学的典范,尽管经费紧张,对于那些贫寒学子,王敬五仍然坚持让他们免费入学,体现了一个教育家的胸怀。

三、商业领域对外交往

海宁历来商业发达,与国内外的交流非常密切,1840 年以来,海宁商人努力学习西方商业管理技术,引进先进生产工具,大力发展家乡产业,走上实业救国道路,积极促进了海宁商业的繁荣,虽然后日伪时期造成了不小的破坏,但是这种商业开放的思想却固化在海宁商人的心中。其中以海宁丝业和袜业较为典型。

(一)海宁丝业

根据《海宁市志》记载,1936 年时,海宁境内已有丝厂 5 家,其中硖石 2 家,长安 2 家,斜桥 1 家。[5]

1913 年,浙江省政府拨款,在长安镇觉王寺旁建立了模范丝厂,由省蚕学馆毕业生任厂长及监工,购置了杭州制造的日本式铁木结构脚踏坐缫车 40 台,是海宁地区有记载的第一个用外国机械缫丝改良传统缫丝工艺的企业。引进了先进的日式机器,开始采用了现代的缫丝工艺。从此,海宁传统的用木车手工缫丝的土丝作坊加工模式开始了现代化转型。

1926 年,双山丝厂在硖石成立并开始缫丝,丝厂董事长为海宁著名实业家,徐志摩之父徐申如,经理李伯禄,招聘工人 300 余人,购置了意大利式直缫车 132 台,设置了剥茧、抄茧、坐缫、扯吐、汰头五个工场,采用了系统化的经营和生产模式,虽然在开办时仍然困难重重,但是其产品仍然获得了市场的认可。尤其值得一提的是,其缫制 D、E 级 9/11、13/15 条份生丝,主要外销往法国,这是海宁历史上首次将采用外国机器、技术生产的生丝对境外销售,开创了海宁丝业外贸的先河,具有划时代意义。因国内外市场收益俱佳,双山丝厂在此后陆续扩建、增添设备,一跃成为彼时海宁最大缫丝工厂。1936 年,位于上海澳门路的三益丝厂老板买办邬省三租赁双山丝厂,更名“瑞新”丝厂,商标注册为“瑞纶牌”,所产生丝主要通过上海销往法国美国等地。

1927 年,长安义记土丝行老板陈镶庭出资,陈时勖筹建的长安丝厂规模急剧扩大,实行股份制经营,厂长许行彬,添置日本增泽式缫丝车 288 台,有职工 700 余人。1929 年,长安丝厂正式成立并投产,租给美商上海兰绿碧洋行经营,洋行买办陈则忠任董事,杨羹伯任经理,王成章任厂长,其生产的 13/15、20/22 条份生丝被命名为“标准牌”,由蓝绿碧洋行直接出口美国。1931 年,蓝绿碧洋行破产,长安丝厂也陷入危机,改由上海祥生丝厂老板承租。《海宁丝绸工业志》引用《浙江工商》载:1935 年,长安丝厂出口总值 600000 元。[6]

1935 年,由顾达一发起,朱文高、杨赓伯、朱仲卿筹建,在斜桥镇西市铁桥北成立的斜桥民生益记丝厂建成投产,置有意大利缫丝车 102 台,“生产方式采用:手工剥茧,一人索绪,一人管两部缫丝车的方式,协同作业”[6],发起人顾达一还利用其开办的海宁县(现为海宁市)农民银行发放贷款,扶助当地蚕桑业,优化蚕种,改进制丝技术,并成立蚕业生产合作社,使民生丝厂的年生产生丝量达到 280 担,其生丝产品主要销往上海天利洋行(位于上海梅鹤大楼),再由其出口到意大利美国等国,是年出口总值高达 170000 元。

1936 年,长安顺记公司老板陈镶庭再次出资,在长安丝厂之外,委托朱仲卿筹建了长安第二丝厂,购置日本丰田缫机 192 台,陈庆曾任董事,朱仲卿任厂长,于次年投产。

20 世纪二三十年代,是国民政府难得的发展时间,所谓黄金十年即是指此。彼时海宁各大丝厂在积极吸收采纳欧美日本制丝技术,采用新式缫丝机器的同时,也充分发挥着地域优势,通过上海洋行等多个渠道扩展了对外丝业贸易,把用西方生产方式生产的丝外销回欧美各地,赢得了极佳的口碑。而随后的日寇入侵,给海宁丝业造成了巨大的破坏,虽然还保留着销往日本的途径,但实质上已经脱离了贸易的本质,成为日寇侵略与剥削的工具。

(二)海宁袜业

《海宁市场志》载,海宁现代袜业生产从创制到现在已有百余年历史,“始于宣统元年(1909)。首创者郭幼川,在硖石开办振兴袜厂,用手摇圆袜机生产线袜,这在全省还属首家。”[7]郭幼川,生于光绪五年(1879),少年为孤,迫于生计进入作坊当学徒。

海宁袜业进入工业化生产之初,如同其他近代新兴产业,就与国外技术和机器有着密切的关联。郭幼川创制的第一台织袜机,就是以从海外求得的英国造“蝴蝶牌”织袜机为仿造模板的。据当地乡贤传载,路仲镇钱家少爷钱崇润东渡日本求学,伴读侍女在照顾其起居时,钱崇润购置了一部织袜机给她,侍女在日本期间逐渐掌握了制造洋袜的技术。主仆回国后,郭幼川听闻钱家获得一部织袜机,便上门求索,希望可以仿造学习,振兴国货。钱家欣然应允,将机器赠与郭幼川。这部洋袜制造机就是上文所述的英国造“蝴蝶牌”。

获得机器后,郭幼川组织人手,历经多次试验,模仿制造了第一台国产织袜机。光绪三十四年(1908),郭幼川在硖石镇沙泗浜迴龙桥西堍(今工人路东)创办了海宁乃至整个华东地区第一家现代意义的洋袜织造工厂,取名“振兴机器织袜制造厂”,生产的洋袜注册为“双山牌”,象征海宁著名的东山、西山。

宣统二年(1910 年)8 月,清政府指派时任两江总督端方举办了中国历史上首次以官方名义主办的国际性博览会——南洋劝业会,这次博览会模仿欧美的万国博览会等成熟展会,吸引了 14 个国家地区,22 个行省参加并设置展览馆,展品多达百万件,被誉为“我中国五千年未有之盛举”。其中浙江馆虽小,展品却精致实用,海宁的诸多商品如“周顺兴”三把刀、“双山牌”洋袜都纷纷入选,会后,“双山牌”洋袜获得了优等奖。此后,郭幼川四处筹资,扩大生产,改革研发模式。辛亥革命后,振兴袜厂已经把自己的各类产品推向了国内各省,因品质优良,价格又只有洋货的 1/4,因而立刻受到了各省百姓的欢迎。1915 年,时任浙江巡按使屈映光视察了位于海宁硖石的振兴织袜厂,给予了极高的评价。同年,在美国巴拿马万国博览会上,振兴厂出品的洋袜荣获“金牌奖”。

振兴织袜厂的巨大成功,大大鼓励了海宁当地其他纺织从业者的创业热情。第一次世界大战后,因为洋货锐减,海宁地界又陆续成立了王茂昌、老协昌、同茂、华通等袜厂,据《海宁市场志》统计,到 1924 年,海宁共有袜厂 60 余家,袜机 7000 多台,从业人数高达 30000 人,产品远销欧美等世界各地,海宁亦成为华东地区袜业生产集散地。直到抗战全面爆发该产业才逐渐萎缩。

四、近代海宁中外交流特点

海宁融杭接沪,在近代东西交流浪潮中占据了得天独厚的地理优势,纵观各领域对外交流情况,呈现了以下特点。

(一)交流多以引进西方技术理念为主

由于历史因素,我国在近代一直处于科技文化相对弱势地位。清朝闭关锁国被打破伊始的中外交流中,学习和模仿西方成为交流中的主要部分。海宁中外交流过程中,虽然也有不少互动和文化输出，但是总体而言还是以引进西方技术和理念为主。比如教育领域就尤为突出，从海宁派出教师外出进行调研到各个兴办学校全面学习西方学制进行改革，无不是西学东渐的体现；工商业则更侧重引进西方的先进机器和管理方式，从而振兴实业，后来享誉市场的丝厂和袜厂，都遵从此道。

(二)科技领域交流占据主流

在近代全国范围，中外交流于各个领域都非常活跃，有经济利益驱动的工商业更是活跃异常，而从海宁一地的情况来看，则是科技领域交流占据主流。究其原因，既有近代海宁经济基础薄弱因素，也有交流载体多为留学生因素。1840年后数十年内海宁还是一个以农业手工业为主的传统的小城，经济基本上可以实现自给自足，因此即使国门打开，在工商业等领域也只是为传统蚕丝业引进新机器开设现代工厂，没有也不需要更为深入的中外交流；另一方面，当时的有识之士外出留学，大都怀着实业救国之心，学习的专业基本为自然科学，因此在科技领域的交流自然较之其他领域频繁许多。

(三)个人中外交流频繁，行业层面有所欠缺

如上所述，近代海宁中外交流集中于科技等领域，留学生是中外交流的主力军，这有助于更多的人才在交流中锻炼自我，报效国家，促进了海宁地方经济文化的发展。从另一个角度来看，个人交流虽然频繁，但是由于整个行业层面的中外交流较少，因此没有能够系统提升海宁的中外交流水平，成为一个历史的遗憾。

五、结 语

近代以来海宁在对外交往上有着出色的表现，新中国成立后，虽然历经了一些弯路，但是随着改革开放大潮兴起，在海宁市委市政府的大力倡导和帮助下，在海宁各界人士的共同努力下，海宁对外交往又迈上了一个新的台阶。值得区别的是，如今海宁的对外交往较之近代行动更加独立，内涵更加丰富，且不再一味地学习西方，也积极地输出自己的产品、技术乃至价值观，让这种交往变得更加公平和互惠，成为海宁经济社会文化发展的有效助力。

参考文献：

[1]徐善宪.纪念我的父亲徐骝良[EB/OL].中国人民政治协商会议海宁市委员会网，http://www.hnszx.gov.cn/Article/200807/2008-07-24/20080724095448_329.html,2008.

[2]汪振儒.我国植物生理学的启业人——钱崇澍先生[J].植物生理学通讯，1984(2).

[3]刘昌芝.中国近代植物学的奠基人——钱崇澍[EB/OL].西南交通大学校史馆网，http://xsg.swjtu.edu.cn/ShowNews-57283-1.shtml,2013.

[4]《海宁市教育志》编纂委员会.海宁市教育志[M].杭州：浙江教育出版社，1995.

[5]《海宁市志》编纂委员会.海宁市志[M].上海：汉语大词典出版社，1995.

[6]楼定藩.海宁丝绸工业志[M].海宁：海宁市丝绸工业志办公室，1991.

[7]朱掌兴.海宁市场志[M].北京：方志出版社，2008.

三女堆与朱公主之关系考

刘俊伟

（浙江财经大学东方学院文化传播与设计分院，浙江 海宁 314408）

摘　要：三女堆是海宁长安镇一处著名古迹。关于其得名最主要的观点来源于是孙权的三女儿、被称为“朱公主”的孙鲁育。朱公主生于216年前后，因为政治联姻先后嫁给了朱据与刘纂，却在朝廷争斗中被全公主害死。从考古发掘来看，三女堆是朱公主墓的可能性是存在的，张晓茹在其论文中所持的否定性的观点有许多值得商榷之处。

关键词：三女堆；汉画像石墓；朱公主；考古发掘

一、三女堆

三女堆是海宁市长安镇的一处著名古迹，位于镇西海宁中学校内。关于三女堆最早的记载见于潜说友编纂于南宋咸淳四年（1268）的《［咸淳］临安志》，但书中只是提到“（觉王）寺后有三女堆”①而已。到了明清时期，方志中的记载才逐渐详细起来。陈让等修、夏时正等纂于明成化十一年（1475）的《［成化］杭州府志》提到“古三女堆，在海宁县北二十五里长安觉王寺后，或云三女乃孙权第三女葬也”②；蔡完修于明嘉靖三十六年（1557）的《海宁县志》所记略同，“吴三女堆，在县西北二十五里长安镇觉王寺后，或云孙权第三女葬处”③；陈善等修于明万历七年（1579）的《［万历］杭州府志》则完全承袭了明成化十一年《杭州府志》的说法④；谈迁撰于明崇祯年间（1628—1643）的《海昌外志》在继承了前志记载的基础上，补充了对三女堆当时状况的描绘，“墓高三丈，周二亩，尝有怪，今佛殿雄踞其半。万历己丑（十七年，1589）岁饥，盗发之，不甚得”⑤；许三礼修于清康熙十四年（1675）的《［康熙］海宁县志》基本承袭了谈迁的记载，只是略去了“尝有怪”、“不甚得”六字⑥；金鳌修于清乾隆三十年（1765）的《［乾隆］海宁县志》和战鲁村修于清乾隆四十年（1775）的《［乾隆］海宁

---

① （南宋）潜说友纂：《［咸淳］临安志》卷八十五“寺观十一・寺院・盐官县”，《宋元方志丛刊》第四册，据清道光十年（1830）钱塘汪氏振绮堂刊本影印，中华书局1990年版，第4152页。

② （明）陈让等修，夏时正等纂：《［成化］杭州府志》卷四十六“坟墓・吴三国”，宁波天一阁藏成化十一年（1475）刊本。

③ （明）蔡完修：《［嘉靖］海宁县志》卷九“丘墓”，清光绪二十四年（1898）石印本。

④ （明）陈善等修：《［万历］杭州府志》卷四十九“坟墓・三国吴”，《中国方志丛书》华中地方第524号，据明万历七年（1579）刊本影印，台湾成文出版社有限公司1983年版，第3140页。

⑤ （清）谈迁撰：《海昌外志》“丛谈志・丘墓”，《中国方志丛书》华中地方第507号，据清康熙年间抄本影印，台湾成文出版社有限公司1983年版，第710页。

⑥ （清）许三礼修：《［康熙］海宁县志》卷十二“杂志卷之上・丘墓”，《中国方志丛书》华中地方第561号，据清康熙十四年（1675）刊本影印，台湾成文出版社有限公司1983年版，第1270页。

州志》基本上是对前志的汇总;长安镇本地人邹存淦纂于同治年间(1862—1874)的《修川小志》除了重复前志的记载外,又提到"国朝嘉庆七年壬戌(1802)署知州黄秉哲大书'古三女堆'四字,立石于墓门"①;锺兆彬纂于清光绪十四年(1888)的《修川志馀》对三女堆言之甚详,"古三女堆在觉皇寺观音殿后,本名'三女墩',《咸淳志》避讳,凡'墩'皆改为'堆'"②;民国许傅霈等原纂,朱锡恩等续纂,民国十一年(1922)排版印刷的《海宁州志稿》也只是重复前人的记载,并无新意③。

1968 年,海宁中学为了平整操场,开始移除三女堆的封土。1973 年的春天,在封土的下层发现一座石砌画像石墓。墓内四壁有石刻画像 55 幅,并出土了部分随葬器物。文物部门命名其为"海宁画像石墓"。

三女堆名称中的"三女"究竟所指何人?自从《[成化]杭州府志》提出"三女"是孙权第三个女儿的说法后,后世绝大多数的海宁地方志都加以采纳。但是孙权的第三个女儿究竟是谁,她又为什么会葬在这里,后来的学者却给出了不同的答案。

谈迁在《海昌外志》中认为三女堆应当是孙权的大女儿孙鲁班的坟墓。他提到"步夫人生二女,长曰鲁班,字大虎,前配周瑜子循,后配全琮",又根据"前嘉靖志载全琮赤兔岭事,则三女堆即琮妻无疑",只是鲁班乃孙权长女,不知为何称为"三女堆",他猜测"所云第三,或琮之第三娶也"④。由于解释过于牵强,甚至连《海昌外志》的传抄之人都忍不住加了按语,予以批驳。谈迁这里提到的"前嘉靖志"即蔡完所修的《[嘉靖]海宁县志》,卷八载有全琮的事迹,言其"后封钱塘侯,弃官归隐。居灵泉乡,蓄赤兔十余自随,后仙去"⑤。因灵泉乡与长安镇同属海宁县,且相去不远,故谈迁有此推测。邹存淦的《修川小志》沿袭了谈迁的说法,遭到了锺兆彬的《修川志馀》的批驳:"按此堆各家记载不一,有谓全琮妻大虎者,而邹志据之,误也。……至大虎之居长,《顾谭传》称长公主婿、卫将军全琮,尤可证断非权第三女也。且琮卒在赤乌十年(247)⑥,而大虎与孙峻奸通,至孙休太平年(256—258)尚存,则琮先妻而死,合葬与否正未可知矣"⑦。

周春著、管庭芬批订的《海昌盛览》则针对谈迁《海昌外志》中认定三女堆是孙权长女孙鲁班之墓的说法提出了另一个观点,该书认为叫"三女"的地名很多,可能是史书、方志沿袭所致,既可能是孙权的女儿,也可能是春秋战国时期的吴王阖庐或吴王夫差的女儿。"按李雁湖《王荆公诗注》云:'三女坟在吴县。'《郡国志》以为阖庐(之女),《山川记》以为夫差(之女)。又华亭有'三女冈',吴王葬三女于此。此皆志乘沿误,不必深求也。《外志》所云,恐亦出于附会。"⑧这里提到的李雁湖即李壁,一作李璧,字季章,号雁湖居士,南宋大臣、文人,他曾经为北宋文人王安石的诗做笺注。关于三女堆是吴王阖庐或吴王夫差女儿的说法随着三女堆封土下的墓葬被确认为属于东汉晚期到三国时期便不成立了。

锺兆彬的《修川志馀》对三女堆做了较为详细的考证,给出了更加合理的观点:三女堆确实是孙权的第三个女儿孙鲁育的墓葬。"考《吴(书)·妃嫔传》及注,大虎为权长女,其中女配车骑刘纂,早

---

① (清)邹存淦纂:《修川小志》卷下"冢墓",《中国地方志集成》乡镇志专辑 20,上海书店 1992 年版,第 751 页。

② (清)锺兆彬纂:《修川志馀》卷下"冢墓",《中国地方志集成》乡镇志专辑 20,上海书店 1992 年版,第 782 页。按,查陈垣著《史讳举例·第七十八·宋讳例》,"墩"改"堆"乃避南宋光宗赵惇讳。

③ (民国)许傅霈等原纂,朱锡恩等续纂:《海宁州志稿》卷八"建置志十四·茔墓"《中国方志丛书》华中地方第 562 号,据民国十一年(1922)排印本影印,台湾成文出版社有限公司 1983 年版,第 1017 页。

④ 《海昌外志》"丛谈志·丘墓",第 710 页。

⑤ 《[靖]海宁县志》卷八"人物志·仙释"。

⑥ 按:据《三国志·吴书·全琮传》所记,全琮当卒于赤乌十二年(249),锺兆彬所记有误。

⑦ 《修川志馀》卷下"冢墓",第 782 页。

⑧ (清)周春著,管庭芬批订:《海昌盛览》卷六"冢墓",《中国方志丛书》华中地方第 508 号,据清咸丰二年(1852)手抄本影印,台湾成文出版社有限公司 1983 年版,第 237 页。

卒,乃以步夫人所生少女鲁育、小名小虎者为继室,则所称第三女当是鲁育矣。但刘纂《吴志》无传,不知何地人。鲁育为孙峻所杀,先埋于石子岗。归命(侯孙皓)即位,乃敕改葬,《搜神记》载其事,虽未详葬处,而堆名三女,与纂其为近。"①民国排印的《海宁州志稿》根据陈寿《三国志》和裴松之注的记载,也认为"然则权实有三女,而第三女则后配刘纂者也"②。

二、朱公主

三女堆画像石墓的墓主人最合理的解释就是三国时期吴大帝孙权的三女儿孙鲁育,因其先嫁与左将军朱据,故史书中常称其为"朱公主",而其姐嫁与卫将军全琮的孙鲁班则被称为"全公主"。

朱公主在《三国志》中的记载稀少且零散,最集中的一段见于《三国志·吴书·妃嫔传·吴主权步夫人传》:

> 吴主权步夫人,临淮淮阴人也。……汉末,其母携将徙庐江,庐江为孙策所破,皆东渡江,以美丽得幸於权,宠冠后庭。生二女,长曰鲁班,字大虎,前配周瑜子循,后配全琮;少曰鲁育,字小虎,前配朱据,后配刘纂。
>
> 《吴历》曰:纂先尚权中女,早卒,故又以小虎为继室。③

根据裴松之注引用《吴历》中的记载,我们才能判定朱公主就是孙权的第三女。

虽然《三国志》中对于朱公主孙鲁育的记载较为零散,但通过抽丝剥茧地分析,我们还是能够对于她的生平做进一步的考证。

首先是关于朱公主的生年问题,通过史料可以推断出她大致出生于公元 216 年前后。《三国志》中并未提到朱公主的生年,但是提到她嫁给左将军朱据是在黄龙元年(229)(据《三国志·吴书·朱据传》)。而"两汉时期,男子初婚年龄在 14～20 岁,女子初婚年龄在 13～16 岁之间"④,三国时期大致沿袭。此外,裴松之在注释《三国志·吴书·妃嫔传·孙休朱夫人传》时引用《搜神记》中的一条材料提到朱公主死时"年可三十余"⑤。通过上述材料我们可以推断,朱夫人大致生于公元 216 年前后,嫁给朱据时刚刚 13 岁,而她公元 255 年遇害时 39 岁,也符合《搜神记》中的说法。而且如果朱公主生于 216 年,她就小于生于 209 年的孙权长子孙登和生于 213 年的孙权次子孙虑,而大于生于 224 年的孙权三子孙和,这与《三国志》中对于几个人关系的记载也是吻合的。

其次是关于朱公主的婚姻问题,从现存史料来看,虽然她出身王侯之家,贵为公主,但在婚姻问题上却任由父王支配,完全没有自己的主见。三国时期流行政治联姻,曹操、刘备乃至孙权无不如此。在这种大背景下,孙权的几位女儿就成了政治联姻的牺牲品。孙权的大女儿孙鲁班先嫁给偏将军周瑜的长子周循、后嫁给卫将军全琮;孙权的小女儿孙鲁育则先嫁给左将军朱据、后嫁给曾任车骑将军的刘纂。而周瑜、全琮、朱据、刘纂都是孙权需要竭力拉拢的维护孙吴政权的得力干将。值得注意的是,朱公主的丈夫朱据死于吴赤乌十三年(250),时年 57 岁,由此可推知,公元 229 年,朱据娶朱公主时时年 36 岁,明显是二婚。这也可以解释吴帝孙亮追究朱公主被杀一事,迁怒于朱据之子虎林督朱熊、外部督朱损而杀之。朱熊、朱损明显是朱据前妻所生,因为孙亮不可能为了替姐姐报仇而杀死姐姐的两个亲儿子。朱公主改嫁刘纂当在朱据之死(250)到孙权驾崩(252)之间,

---

① 《修川志馀》卷下"冢墓",第 782 页。

② 《海宁州志稿》卷八"建置志十四·茔墓",第 1017 页。

③ (晋)陈寿撰,(南朝宋)裴松之注:《三国志·吴书·妃嫔传·吴主权步夫人传》,中华书局 1971 年版,第 1198 页。

④ 彭卫、杨振红著:《中国风俗通史秦汉卷》,上海文艺出版社 2002 年版,第 307 页。

⑤ 《三国志·吴书·妃嫔传·孙休朱夫人传》,第 1201 页。

当时她已35岁左右。朱据刚死，朱公主就改嫁，也难怪朱熊、朱损在孙峻杀害朱公主时袖手旁观。朱公主被诬陷参与了将军孙仪除掉权臣孙峻的阴谋被杀后，刘纂的仕途似乎一点也没有受到影响，后来还官至车骑将军。

再次是关于朱公主之死，她在一场宫廷权力争斗中被自己的亲姐姐害死。全公主因为给孙权生了儿子孙和的王夫人得宠，威胁到了自己母亲步夫人的地位而经常在孙权面前说王夫人和孙和的坏话；等到步夫人去世，孙和被立为太子，全公主又转而支持孙和同母的弟弟、对哥哥多有不满的鲁王孙霸。而朱公主受到丈夫朱据的影响，坚决支持太子孙和。因为卷入太子与鲁王的嗣位之争，两姐妹最终彻底反目。朱据于赤乌十三年(250)被中书令孙弘矫诏赐死。不久之后，孙峻擅权。五凤二年(255)，将军孙仪等人试图利用蜀使来聘的机会除掉孙峻，结果事泄被杀，而支持孙峻的全公主趁机诬陷朱公主也参与了阴谋，导致其被错杀。直到永安元年(258)，朱公主的弟弟、吴景帝孙休在除去权臣孙綝后，又挖出孙峻之棺，斫木而葬，以为朱公主报仇。到了后主孙皓(孙和之子)即位后的元兴元年(264)冬十月，才"以礼葬鲁育公主"①。

裴松之在注释《三国志》时还引用了《搜神记》中的一条材料反映了孙皓改葬朱公主的情况，这条材料也见于流传于今的《搜神记》卷二"石子冈"：

> 吴孙峻杀朱主，埋于石子冈。归命即位，将欲改葬之，冢墓相亚，不可识别。而宫人颇识主亡时所着衣服。乃使两巫各住一处，以伺其灵，使察鉴之，不得相近。久时，二人俱白："见一女人，年可三十余，上着青锦束头，紫白袷裳，丹绨丝履，从石子冈上。半冈而以手抑膝，长叹息。小住须臾，更进一冢上便止，徘徊良久，奄然不见。"二人之言，不谋而合。于是开冢，衣服如之。②

虽然《搜神记》所记多为神怪灵异之事，但作为史官的干宝却是抱着"发明神道之不诬"的目的来撰写的。再加上干宝生活的东晋和三国时期的吴国在时间与空间上都很接近，所以这条资料还是有很大参考价值的。另外值得一提的是，干宝虽然祖籍河南新蔡，但他很早就因做官移居盐官的灵泉乡(今海宁黄湾与海盐澉浦交界处)，"三女堆"的传说或许就来自于他，也未可知。

三、三女堆是朱公主墓的可能性

考虑到三女堆汉画像石墓中已经没有了尸骨，也缺少能够明确证明墓主人身份的文物，因此对于三女堆是否是朱公主之墓，我们仅能根据现存的资料做一个可能性的推断。

首先，从考古发掘来看，三女堆汉画像石墓是朱公主墓的可能性还是存在的。1973年三女堆汉画像石墓挖掘后，当时的嘉兴地区文管会和海宁县博物馆在《浙江海宁东汉画像石墓发掘简报》中就已经得出结论："海宁画像石墓的时代，应是在东汉晚期至三国时期"③。理由主要包括：该墓的砖室券顶结构在浙江地区大概出现在汉代中叶之后，而墓后室之券门后墙则是汉墓制向三国开始的晋制的演化形态；汉画像石墓都属东汉中、晚期，从此墓的动态表现技法和衣纹线条运用的纯熟来看，时代应更晚；此墓中出土的杯、盘、案是汉代中期延续到汉代晚期出现的随葬品，其中部分文物与河南洛阳烧沟、安徽亳县董园村东汉晚期汉墓中出土的文物高度相似。此外，清嘉庆年间(1796—1820)曾官青田训导的桐乡人汪嘉穀曾提到嘉庆戊午(1798)四月，他路过三女堆时，于残垣

① (唐)许嵩撰，张忱石点校：《建康实录・卷四吴下・后主・附鲁育公主传》，中华书局1986年版，第90页。

② (晋)干宝撰，曹光甫校点：《搜神记》卷二"石子冈"，《汉魏六朝笔记小说大观》本，上海古籍出版社1999年月版，第1200—1201页。

③ 嘉兴地区文管会、海宁县博物馆：《浙江海宁东汉画像石墓发掘简报》，《文物》1983年第5期。

中拾得一枚刻有“五凤”字样古砖的事①，孙吴政权的孙亮在位期间有一个年号正是五凤(254—256)，而朱公主被害就在五凤二年(255)。但此说也存在疑点，因为前面已经谈到，朱公主被害后初葬于石子冈，直到九年之后孙皓继位才被以礼安葬，而当时已是元兴元年(264)。

其次，那些否定三女堆是朱公主墓的观点缺乏强有力的证据。否定三女堆是朱公主墓的观点主要来自张晓茹的《海宁汉画像石墓墓主身份辨析》一文。她在文中的主要理由是朱公主死后葬在石子冈，而石子冈在建业(今江苏南京)附近，“与海宁长安镇远隔千里”，“在三国鼎立、战火纷争的年代，即使改葬也绝不可能千里迢迢将其尸体运到海宁，因为海宁并不是皇家墓冢的所在地，远离都城建业，为偏远落后之地，所以海宁汉墓的主人不可能是鲁育”。②

对于她的观点，笔者不敢苟同，原因主要有以下几点：第一，从现存的各种文献资料的记载来看，吴后主孙皓对于朱公主的改葬一事应是确定无疑的。孙皓乃废太子孙和之子，而朱公主在孙和与孙霸之争中是坚决拥护孙和的，因此孙皓对曾经有恩于自己父亲的亲姑姑进行隆重安葬也是合情合理的。第二，海宁在当时也并非是偏远落后之地。海宁当时称为盐官，一度改称海昌，是吴国大将军陆逊曾经任职的地方。盐官与吴大帝孙权的故乡富春同属吴郡，相距也不远。在海宁长安镇周围存在着许多与吴国王族相关的地名，比如在长安镇洛塘河上孙家桥堍的翟墩(又名翟妃墓)据说就是孙权的妃子翟氏之墓，而长安镇盐仓村联丰组的鲁王坟据说就是被赐死的孙权第四子孙霸之墓。这些地名与传说的出现应当不是偶然的。第三，朱公主属于死于非命，死后随意葬在了建业附近的石子冈。孙皓要改葬朱公主，肯定要按照当时礼节，隆重地安葬。汉代流行归葬故土，朱公主的父亲孙权是吴郡富春人，丈夫朱据是吴郡吴人，所以她葬在同样属于吴郡的盐官也是非常可能的。汉代对于葬地的选择非常重视，孙皓就曾“遣使者发民掘荆州界大臣名家冢与山冈连者”③以镇压荆州的王气。而三女堆恰恰处在整个长安镇地势最高的风水宝地，发洪水时也丝毫不会受到影响。而从考古发掘的情况来看，墓内的壁画和出土的随葬物品也比较符合一位皇族公主的身份。最后，改葬朱公主在孙皓即位的第一年元兴元年(264)，当时魏国正忙于伐蜀，为了免除后顾之忧，与吴国关系十分友好，“战火纷争”根本是子虚乌有。更何况孙皓原本就是一位荒淫无度、恣睢任性的皇帝。

综上所述，笔者认为三女堆是孙权三女儿朱公主之墓的可能性还是非常大的。

参考文献：

[1](晋)陈寿撰，裴松之注.三国志[M].北京：中华书局，1971：1198.

[2]嘉兴地区文管会、海宁县博物馆.浙江海宁东汉画像石墓发掘简报[J].文物，1983(5).

[3]张晓茹.海宁汉画像石墓墓主身份辨析[C]//郑先兴.中国汉画学会第十届年会论文集.武汉：湖北人民出版社，2006.

① (清)焦循辑，刘建臻整理：《里堂道听录》卷六“三女堆古砖”，广陵书社2016年版，第178—179页。

② 张晓茹：“海宁汉画像石墓墓主身份辨析”，《中国汉画学会第十届年会论文集》，湖北人民出版社2006年版，第432页。

③ 《三国志·吴书·三嗣主传·孙皓传》引《汉晋春秋》，第1166页。

长安方志《修川小志》及《修川志余》探略

蔡敏敏

(浙江财经大学东方学院文化传播与设计分院，浙江 海宁 314408)

摘　要:《修川小志》及《修川志余》是清代同治、光绪年间编撰的长安地方志，其编撰缘起具有较鲜明的个人色彩，体例上亦具有乡镇小志的独特之处。两部志书中的相关记载展现了当时长安的经济发展状况，尤其是在明清江南社会经济繁荣的大背景下长安镇所起的重要作用，如盛极一时、规模宏大的长安米市。此外，两部地方志还记录了一些饶有趣味的地方传统风俗，留下了不少长安珍稀古迹及相关诗文记录，为我们了解这些古迹所承载的文化遗产提供了渠道。

关键词:长安;修川小志;编撰

一、《修川小志》及《修川志余》的编撰

长安旧名修川，为海宁西北部重镇。自宋室南渡之后，长安镇一度成为南宋都城临安城北部重要门户，“为黔、闽、吴、楚四方冲衢”，“上彻临平，下接崇德，漕运往来，客船络绎。”[①]但直到清代同治光绪年间，才先后出现了两部志书《修川小志》和《修川志余》。《修川小志》纂者邹存淦自叙其修志缘起:“……尝记辛酉秋，红羊劫至，一镇之人，不克保其乡土，携老挈幼，奔走苍皇，幸而获全，已无所归矣。嗟乎！昔之画栋连云，今则荒烟蔓草，抚今追昔，能不依依？因表其所见所闻，以类分隶之，修川之典故，略云备矣。”[②]书后又有自跋云:“《修川小志》一卷，辑于山阴陡亹镇，当避乱之时，怀古思乡，情有不能自已者。”[③]由此可见，《修川小志》的纂修带有一定的自发性，是邹存淦出于对故土遭受战火的愤懑，为留存乡土文献典故而作，因而具有较独特的个人色彩。从中我们可以读出邹存淦对乡土的拳拳深情以及对太平天国战乱之祸的痛心疾首，使得以记录典故事实为要务的志书，亦不免具有了一些感情色彩的成分。

而《修川志余》则是在《修川小志》基础上的补遗正讹，志前亦有小序云:长安“虽无名山大川之胜，而其人物名迹固有可志者，而竟淹没莫闻，惜哉！……老友邹君俪笙于粤逆窜镇，避地越郡，在颠沛流离而垂念桑梓，辑成《修川小志》二卷。虽匆遽之际，不无遗漏谬讹，然其敬爱桑梓，良堪佩也。今粤逆平定，共乐万年，乃补其遗漏，正其错误，名之曰《修川志余》，仍援邹志例，厘为二卷，惟

① (明)谈迁:《海昌外志》点校本，《海宁珍稀史料文献丛书》编委会整理，方志出版社2009年版，第3页。

② (清)邹存淦:《修川小志》，《海宁小志集成(点校本)》，《海宁珍稀史料文献丛书》编委会，方志出版社2015年版，第8页(以下引自同书则出版信息从略，不赘)。

③ (清)邹存淦:《修川小志》，《海宁小志集成(点校本)》，第58页。

不欲梓而问世，故文之工拙所不计也。"[①]纂者钟兆彬虽非长安人，然客居于此近二十年，亦感佩于邹存淦的桑梓之情，遂慨然作志。

从体例上看，《修川小志》属于乡镇小志，与仿正史的府县志相比，有其自身的独特之处。由于地域较小，社会、自然状况亦有所不同，因此《修川小志》的体例较为精炼，篇目内容也很简洁，分河道、桥梁、堰闸、官署、乡校、坊表、庙祀、冢墓、岁时、人物等共十四门(原书分十五门，其中艺文二卷稿本不存)，没有设立府县志中占据重要地位的建置、疆域、城池、选举等类别，而是因地制宜，详细记载了堰闸、园亭、庙祀、冢墓、岁时等类别。而《修川志余》小序云"援邹志例"，体例上虽大体沿用《修川小志》，但在分类上亦有所取舍。具体而言，《修川志余》略去了《修川小志》中记载较为完备的乡校、园亭、物产、寓贤等门类，仅分山川、桥梁、堰闸、官署、坊表、名迹、寺庙、冢墓、岁时、人物十门。其中，山川、名迹二门为邹志所无，钟兆彬在这两部分中收录了"茗山"及"修川十景"的相关内容，可以说是对《修川小志》内容的增补。值得注意的是，《修川志余》目录中无河道篇，但与河道相关的记载窜入山川篇，在桥梁篇之前，因此实际分类应为十一门。

二、《修川小志》及《修川志余》中的地方经济文化史料举隅

从对两部志书具体内容的研读中我们可以发现，虽然整体记叙较为简略，但仍可从中挖掘不少值得注意的地方性经济文化史料。

首先，两部小志中的相关记载可以令我们了解当时长安的经济发展状况，尤其是在明清江南社会经济繁荣的大背景下长安镇所起的重要作用。《修川小志》河道篇记载："盖上河之水，直达艮山水门，而下河则江南川楚，无使不通……今为商旅聚集，舟车要冲也。"[②]由于地理位置优越以及河道通达，使得长安镇成为当时与苏州的枫桥市、平望镇并驾齐驱的著名粮食集散地，形成了颇具规模的米市。乾隆时浙江巡抚有奏折称：海宁县长安镇"街市绵长，人烟稠密，上接杭州省城，下接嘉兴湖州，以达苏州。商船络绎，实为来往米布货物聚集之区"[③]。《修川小志》物产篇中的米市一条曰："在石塘湾，江南川楚之米，无不毕集。""有坝以限上下两河，商贾舟航辐凑，昼夜喧沓，市无所不有。"[④]《修川志余》中记载了长安八景之一的"闸塘夜市"："闸塘湾为米市辐辏之地，粮船米艘停泊两岸，遥接石界。夜望灯火万点，星芒错落，辉映上下，水波风动，又作万道烛龙，蜿蜒无际"。[⑤] 可见米市交易繁忙之时，往来喧哗，昼夜不息。

长安米市繁华的另一个例证是，《修川小志》及《修川志余》中留存了一些描写当时盛况的诗文。朱文治《海昌杂诗》有云："年来米价判高低，黄白尖团样不齐。近自江南及川楚，长安利甲浙东西。"计楠《夜过长安镇诗》云："灯火长安镇，河流上下争，市分粟米价，坝转轴轳声。"可惜的是，由于太平天国战乱之祸，长安镇毁损严重，元气大伤，长安米市亦因此一蹶不振，转为硖石米市所代替。

除米市之外，另一个能反映当时长安经济发展状况的是蚕业生产，甚至围绕蚕桑业形成了一系列独特的生活习俗和文化风尚，如《修川小志》岁时篇云："育蚕之家，清明日不举灯，谓可免鼠耗。""四月为蚕月，育蚕之家，各闭户，亲邻不轻入，官府暂为停讼，谓之放蚕忙。""十二月十二日，育蚕之家，各以盐卤茄灰熏揉蚕子，藏之谷壳中，至二十四日，出浴于河，以待春至。"[⑥]《修川志余》岁时篇

① (清)钟兆彬：《修川志余》，《海宁小志集成(点校本)》，第 63 页。

② (清)邹存淦：《修川小志》，《海宁小志集成(点校本)》，第 11 页。

③ 《宫中档乾隆朝奏折》第 35 辑，第 38 页。转引自方行等主编：《中国经济通史·清(中)》，经济日报出版社 2007 年版，第 731 页。

④ (清)邹存淦：《修川小志》，《海宁小志集成(点校本)》，第 45 页。

⑤ (清)钟兆彬：《修川志余》，《海宁小志集成(点校本)》，第 74 页。

⑥ (清)邹存淦：《修川小志》，《海宁小志集成(点校本)》，第 43—44 页。

亦载："清明日，育蚕之家，各裹蚕子于绵衣中，谓蚕得人气而生也。帮蚕忙者，必于是夕至家晚餐，否则为之'生'，忌进蚕房。"①农历四月被称为"蚕月"，是长安养蚕人家最为繁忙的时间，所有社会活动都必须以养蚕为中心，因此才形成了"不举灯""各闭户"等禁忌，甚至连官府都因此而停讼放假，可见对于蚕事的重视。

与此相映成趣的，是《西水志略》中关于清明风俗的记载："养蚕之家清明夜置饭于地，俗号谓之送野饭。夜膳必早吃，俗谓'清明夜饭吃得早，田里无得草'。清明前，往天竺进香，连夜鼓棹，止三日而返。清明后，村妇往硖石烧香，孙祖望芝眉有诗云：'要卜今年蚕事好，还须默祷马头娘。'"②清明送野饭与烧香的风俗，体现了对于蚕事的重视，也是当时长安、硖石等镇蚕桑丝织业发达的一个侧面例证。

除了和蚕事相关的风俗，长安还有一些别具一格、饶有趣味的地方传统风俗。如《修川小志》岁时篇载："清明食河螺，以其壳撒瓦上。……祀祖先扫茔墓，制青粉团供祀之，后长幼分食之，亦古寒食遗意。集少长游村，曰踏青。"③清明吃螺蛳、青团，扫墓、踏青，这些传统习俗在长安镇一直延续至今。而《修川志余》中关于吃立夏饭的记载亦颇具地方特色："夏日，有以露天支锅煮饭，杂以蚕豆、野笋等熟而分食之，号为'吃野饭，不惎夏也'。"④在海宁及嘉兴地区，至今仍保留有立夏吃野米饭的习俗，人们认为立夏时吃野饭可以趋祥避灾，孩童吃了还可以避免夏日生病中暑。

此外，端午节亦是传统节日中风俗较为独特的日子。《修川志余》岁时篇载："五月五日，为端阳，各以雄黄酒喷洒四壁，以仓术、白芷、烟梗诸物焚诸室中，所以祛毒也……龙舟竞渡，昔颇称盛，自洪杨乱后惟略点缀，以存故事耳。"⑤值得注意的是，此段描述后来为《海宁州志稿》所采，文字除稍作简略，几无差异："是日，以雄黄酒喷洒四壁，以苍术、白芷、烟梗诸物焚诸室中，所以祛毒及辟霉湿也。龙舟竞渡，昔盛于长安，今尚略有点缀，以存故事。"因此，海宁地方小志的修纂，对后来编纂史志者具有十分重要的意义，不仅内容体例上有所承袭，文字上亦颇可采。

最后，《修川小志》还为我们记载了长安的珍稀古迹及相关诗文记录，为我们了解这些古迹所承载的文化遗产提供了渠道。如《修川小志》园亭篇有《仰山书院记》，详述仰山书院之创始由来以及兴废过程："时嘉庆七年（公元 1802 年），仪征相国阮公镇抚吾浙，颁额曰'仰山'，寓高山仰止之意，亦以登书院之楼，可以望见皋亭一角，故云。厥后资用不给，课艺几废，且甬道门阑为工甚巨，事将中辍。赖王、李二州牧、吴太史敬义主持风教，或捐产，或劝助，兼得陈君惟德、陆君颐、许君梿、邹君履墀、汪君澄之筹之甚力，而书院之讲舍以全。……自书院之建也，迄今将四十年，主讲席者皆通经宏硕之儒，镇之士缀巍科、登膴仕者接踵而起……后之人守不易之规，绵绵延延，以及于无穷，则不特科名勿替，于以端士习、正人心、厚风俗，其所益为何如哉！"⑥仰山书院初建之时，浙江巡抚阮元颁匾额以贺，但由于建造费用问题几乎中道而辍，后有赖于仁人志士各渠道捐助得以完成。仰山书院在培养人才方面取得了巨大的成就，而在"端士习、正人心、厚风俗"这样的社会效益上亦发挥了极大的作用，可以说是长安镇优秀文化传统的承载者与标志之一。

仰山书院如今遗迹尚在，而《修川志余》名迹篇中记录的"仰山八景"却已荡然无存，我们仅仅能从寥寥数语中遥想当年，八景名为：淑塘春柳、杏林春宴、竹林诗社、湖秋夜月、仰山积雪、古寺钟声、三闸怒涛、闸塘夜市。其中，对湖秋夜月的描绘颇令人神往："每逢秋夜，游人斗酒只鸡，沿流放舟缓

---

① （清）钟兆彬：《修川志余》，《海宁小志集成（点校本）》，第 79 页。

② （清）孙元烺：《西水志略》，《海宁小志集成（点校本）》，第 277 页。

③ （清）邹存淦：《修川小志》，《海宁小志集成（点校本）》，第 43 页。

④ （清）钟兆彬：《修川志余》，《海宁小志集成（点校本）》，第 79 页。

⑤ （清）钟兆彬：《修川志余》，《海宁小志集成（点校本）》，第 79 页。

⑥ （清）邹存淦：《修川小志》，《海宁小志集成（点校本）》，第 30 页。

楫，容与坐待明月。有顷，月出皎然，水天一碧，水鸟鸣交交，游鱼数百头，皆唼喁水面，若霞驳一时，吟咏歌唱声参错互答。"此情此景，似不输西湖十景之平湖秋月。还有因地利之便形成的三闸怒涛："上闸至下闸相去百余丈，每值上河水涨，波涛怒涌，由上破空而下，势若飞瀑落崖。傍有高楼士女，瀹茗置饮，凭窗俯瞰，取九天银河置几上、席间作玩。"①观瀑饮茗，实乃人间乐事。令人惋惜的是，长安八景如今已湮没无闻，但如果能以《修川志余》中的记录为基础，对相关景点进行重建与开发，相信能够对目前长安文化旅游业的发展起到一定的促进作用。

此外，虽然《修川小志》中的艺文二卷今已不存，《修川志余》亦无艺文篇，但其他门类中也收录了不少先贤的诗文，细细读之，颇有可采者。如宋吴龙翰的《晚泊长河诗》："诗客行装少，孤舟一叶轻。寒鸦随日落，秋雁破霜鸣。山色攒心事，江声咽世情。故乡无百里，酤酒话归程。"②此首五律清新有致，颔联颈联对仗工整，破字、攒字、咽字极为新巧，颇见功力。又朱嘉征有《西庄书屋》诗云："凭阑坐高阁，秋月挂遥岑。流影随圆缺，清辉无古今。苍边长斫药，竹下可携琴。人迹蓬门少，当阶绿草深。"③文字有雕饰而浑然不觉，颇有山水田园一派遗风。朱嘉征另有吟咏相传为孙权第三女冢墓的《三女堆诗》："吴地千年三女堆，白云萧寺暮钟哀。玉衣都逐荒陵散，惟有松风林下来。西岭歌笑已无言，蜀帝春归江上魂。玉座也应移霸国，独留红粉照空原。"④千古兴亡、沧海桑田之感，犹在目前。

综上所述，《修川小志》及《修川志余》为我们留下了很多长安的地方性经济文化、民情风俗以及文化艺术史料，只要善加挖掘与利用，必然会对当今长安各项文化产业的发展起到积极的作用。

三、结 语

海宁历来重视地方志修撰，除了《海昌备志》、《海宁州志稿》这样门类众多、搜罗极富者，还有像《修川小志》和《修川志余》这样内容较为精简的地方小志，如《硖川志》、《花溪志》、《横山纪略》、《西水志略》等。这些地方小志修撰的时间主要集中于明清时代，涉及的地域空间主要包括基层乡镇，从内容上看并不一定巨细靡遗，但对于我们了解当时海宁地方乡镇的经济、文化、历史等方面情况无疑具有重要价值，特别是有助于丰富与深化当前海宁的地方历史文化研究。

综观目前学界对类似《修川小志》这样的乡镇小志的研究，成果尚较为稀少。首先是因为这些乡镇小志区域性太强，很难引起本地区以外学者的关注；其次，这些乡镇小志容量不大，从体量上看亦容易为人所忽略。因此，在当前强调传统文化继承与发扬的大背景下，我们有必要发掘乡镇小志在社会经济文化发展中的作用，使得一直较少受到学界关注的乡镇小志成为新的学术生长点，从而为进一步促进地方乡镇经济、文化、旅游等各项事业的发展提供丰富的史料来源和历史底蕴。

参考文献：

[1]《海宁珍稀史料文献丛书》编委会.海宁小志集成(点校本)[M].北京：方志出版社，2015.

[2]方行，经君健，魏金玉主编.中国经济通史·清代经济卷(中)[M].北京：经济日报出版社，2007.

[3]《海宁珍稀史料文献丛书》编委会.《海昌外志》点校本[M].北京：方志出版社，2009.

[4]魏桥，等.浙江方志源流[M].杭州：浙江人民出版社，1988.

---

① (清)钟兆彬：《修川志余》，《海宁小志集成(点校本)》，第74页。
② (清)钟兆彬：《修川志余》，《海宁小志集成(点校本)》，第69页。
③ (清)邹存淦：《修川小志》，《海宁小志集成(点校本)》，第29页。
④ (清)邹存淦：《修川小志》，《海宁小志集成(点校本)》，第41页。

公共管理与政策

"一带一路"建设中"走出去"浙江企业涉税风险问题研究[*]

刘　颖

（浙江财经大学东方学院财税分院，浙江 海宁 314408）

摘　要：近几年浙江省"走出去"企业已经遍及"一带一路"主要区域，本文立足于浙江省"走出去"企业现状，首先对"走出去"企业投资和发展现状做说明，其次从国外税收制度与政策、企业税务内控与税收遵从、国际税源竞争与税收争议处理三方面对企业"走出去"面临的涉税风险问题进行具体分析，最后从企业健全强化税收风险内控机制、各级税务部门完善政策支持与征管机制两方面提出了相应的建议。

关键词："一带一路"建设；浙江"走出去"企业；涉税风险；管控机制

一、对相关问题研究的简要述评

税收经济学理论证明，"税收楔子"对企业对外投资行为产生重要影响，围绕税收政策与企业直接对外投资的关联性研究，国外学者的成果较丰富，多集中于税收优惠、消除国际重复征税以及国际税收协定与直接对外投资的关系等方面，如 Benassy & Fontagne(2001)，Mihir A. Desai & Tames R. Hines(2004)，Sudsawasd、Azemar & Delios(2007)。随着我国提出"一带一路"倡议，越来越多的企业进入国际市场参与国际竞争。作为重要的经济变量和政策工具，税收是影响企业对外投资行为的因素之一，国内对"走出去"企业涉税风险及管控的研究集中于以下几方面：一是"一带一路"建设中"走出去"企业面临的涉税风险与防控问题。陈丽娟(2015)、陈文裕(2016)、庞淑芬等(2017)具体分析"走出去"企业面临投资战略不清、涉税风险控制能力不足、协定执行缺位、境外涉税环境不乐观等风险。相应的防控措施，如熊晓青(2015)提出实现税务风险管理常态化，胡敦发(2015)、李旭红(2013)提出做好风险评估、监督、审批、协调为一体的控制战略规划和税收筹划，建立发现性和预防性风险控制机制。二是税务部门面临对"走出去"企业的管理风险与对策。赵力扬(2016)、福建省地税局课题组(2016)、林江等(2016)从企业涉税信息欠缺、税收服务体系相对落后、国际税收机制矛盾重重、缺乏有效的跨境税收管理体制等角度分析税务部门面临的挑战。管控措施方面，霍志远等(2016)、赵力扬(2016)侧重从政策制定和税务管理层面提出对策，孔丹阳等(2017)提出构建风险评价综合模型、采取受控外国企业专项分类分级风险管理，张剀(2017)提出增强法律支撑、强化国际协调、建立专门机构等国际税收争议解决机制的完善措施。三是浙江"走出

* 本文为2017年度嘉兴市税务学会课题研究成果，课题名称："一带一路"建设中"走出去"浙江企业涉税风险问题研究。

去"企业的基本情况及涉税问题。徐子清(2015)指出"一带一路"沿线是浙商力量较强的区域,浙江民营企业在全省境外投资中占比达90%左右;薛哲(2011)研究了浙江民营企业对外投资情况与问题;高宏丽(2010)在对浙江境外投资企业进行税收调查基础上,提出税收保护意识觉醒和税收政策完善很重要;徐志炎(2016)探讨"一带一路"建设中浙江省民营企业国际化问题,从金融、税务体制等方面研究影响因素;浙江工商联(2015)调研认为民营企业以"一带一路"为重点的走出去步伐不断加快,但是企业对投资东道国的税收环境了解不足,面临的税务问题成为影响企业能否持续发展的重要因素。

综上所述,已有研究取得了较大进展,对进一步研究具有很大启发。在2017年5月"一带一路"国际合作高峰论坛在北京顺利召开的背景下,本文依据浙江省"十三五"规划关于提高开放型经济水平的目标,基于对"走出去"企业涉税风险与管控机制做调查分析,提出相关对策,以期促进浙江"走出去"企业更好融入"一带一路"建设。

二、浙江省沿"一带一路"贸易投资与"走出去"企业特点分析

近年来,借助"一带一路"建设的深入实施,浙江企业"走出去"的积极性较高,尤其在经贸合作领域,浙江省与"一带一路"国家的贸易和投资走在全国前列。

(一)浙江沿"一带一路"贸易与投资基本情况

数据显示,2015年浙江对外投资首次突破100亿美元,其中对"一带一路"沿线国家投资44亿美元,增长3.8倍;2016年浙江企业在"一带一路"沿线国家的投资增长迅猛,对"一带一路"沿线国家出口867.15亿美元,占全省出口的比重约1/3,对沿线国家出口规模位列全国第2位,占全国15.6%。在"一带一路"沿线国家投资项目144个,对外直接投资备案额为74.70亿美元,同比增长约70%;2017年6月浙江省商务厅等三部门共同印发了《浙江省参与"一带一路"建设和推动国际产能合作三年行动计划(2017—2019年)》,根据该行动计划,2019年浙江省与"一带一路"沿线国家贸易进出口额将达到1240亿美元,对沿线国家的境外投资达到60亿美元,每年新增各类境外营销机构500家。以嘉兴市为例,截至2016年年底,嘉兴市共有53个境外企业(机构)在15个"一带一路"沿线国家直接投资额达4.5亿美元,主要投资行业为制造业、采矿业和批发零售业。2017年一季度,嘉兴市对"一带一路"沿线国家出口104亿元,同比增长20.4%,占全市出口的26.9%①。

(二)浙江沿"一带一路""走出去"企业特点

1. 以民营企业占绝大多数

据杭州海关统计,2016年浙江民营企业对"一带一路"沿线国家进出口5401.3亿元,同比增长6.5%,贡献了全省对"一带一路"沿线国家近八成贸易额。2017年一季度,浙江民营企业对"一带一路"沿线国家累计进出口1311.6亿元,同比增长达23%。民营企业对"一带一路"沿线国家的进出口比重和增速均领先于其他类型企业②。嘉兴市84%的境外投资额均为民营企业,在境外投资的企业主要集中在嘉善、海宁、平湖和桐乡等地,投资分布在印尼、柬埔寨、越南、埃及等国家。

---

① http://www.jiaxing.gov.cn/wzbjb/zyxx_36070/201705/t20170516_686143.html

② http://finance.sina.com.cn/roll/2017-05-18/doc-ifyfkqwe0092374.shtml

2."走出去"企业多数处于境外发展的初期阶段

《2016—2017 年度中国企业"走出去"调研报告》[①]指出,超过一半的企业最近三年才开始投资"一带一路"沿线项目。从目前嘉兴市"走出去"企业的实际情况来看,多数还处于在境外发展的初期,盈利能力偏弱,对境内收入的贡献较小,在境外的涉税争议也不突出。但是从未来发展趋势看,"走出去"企业投资的数量和所涉行业必然会进一步扩大,所面临的各方面税务风险需要更加关注。

三、浙江沿"一带一路""走出去"企业涉税风险分析

浙江省企业"走出去" 投资形式多元化,呈现以设立分公司如构建营销网络、研发机构等为主,设立全资子公司及兼并(收购)外国资产或公司股权等方式为辅的多样化投资方式,同时跨国并购、工程承包、增资大项目、构建境外营销网络的步伐不断加快。对"走出去"企业而言,国内外的涉外税收政策和制度、国际税收协调以及国内和投资地税务部门的管理和服务等方面都会使其面临一定的税收风险。本文概括为以下四大类涉税风险。

(一)国外税收制度与政策风险

"一带一路"沿线国家中很多属于不发达国家和发展中国家,有些不发达国家税法不够完善,法律与行政法规规章之间不够统一和协调,不同层级和区域的税务机关执法标准不一致,导致投资者对东道国的税收政策难以准确把握。根据国家税务总局近年来多次调研中国企业在"一带一路"投资中的涉税问题,最主要就是企业对投资国的税制了解不充分,也就是"税收信息不对等"。信息不对等会引起由国际税收制度与政策差异导致的重复征税、税收歧视以及税收争议与纠纷风险。例如有的国家对某些特殊行业和领域实行特别税制安排,投资者对于东道国当地的税制如果不甚了解,在搭建财务模型进行盈利预测时就不能充分考虑全部重要涉税成本,进而产生涉税风险。再如有的"走出去"企业对外投资东道国属于欠发达地区,很可能当地税法不健全,一些"走出去"大型项目在开工之初,无境外相关税法,但等到项目完工时相关税法出台,境外税务机关又要追缴以前年度税款,对企业利润影响很大。还有调查显示"走出去"企业有过半数在境外遭遇过税收歧视,由于境外税收歧视导致"走出去"企业应该按照协定税率缴税的收入无法享受优惠税率,而且按照当地规定企业在完税后申请退税的程序非常复杂,甚至在有的国家需要 5 年到 10 年的时间,造成最终花费的费用很有可能超过申请的退税额。

(二)企业税务内控与税收遵从风险

1.企业内控机制不健全,管理环节滞后,税控专门机构缺失

根据浙江省工商联对民营"走出去"企业的调查问卷结果显示,多数企业在"走出去"之前所关注的重点限于投资国的税收优惠政策,对其他税收风险防控问题关注不够,除了在财务部门配备人员负责税收事项以外,没有专门的机构进行税收筹划和管控。虽然一些企业在制定经营决策之前进行税务咨询,但税收往往是企业最后考虑的问题,总体而言税收风险管控意识不强。

2.企业面临境内外税收遵从风险

浙江省工商联对 133 家民营"走出去"企业的调查问卷结果显示,高达 61.55% 的企业认为国内的法律、会计、投资、信息咨询、人才培训等各类专业服务体系尚不健全,无法为企业"走出去"发展提供高质量的服务。在面对境外税务机关严格的信息申报和披露制度情况下,企业的税收遵从

① 2017 年 4 月,中国公司法务研究院与律商联讯共同发布,http://china.cnr.cn/gdgg/20170409/t20170409_523698701.shtml

风险较大;同时部分企业对境内的合规性要求不够重视,如对于居民企业报告境外投资和所得信息有关问题,部分“走出去”企业缺乏关联申报意识,企业在境外的经营情况没有真实地在关联申报中体现。税务部门对境外投资企业管理与信息服务仍有盲点,对“走出去”企业信息掌握不全面,税收征管系统有效支撑不足,针对“走出去”企业的风险管理导向工作流程还不够完善。对“走出去”企业的税收政策宣传力度与企业的实际需求还有差距。

(三)国际税源竞争与税收争议处理风险

1. 税基侵蚀与利润转移(BEPS)行动计划的实施使得各国收紧税源管理,国际税收监管环境日益严格

在实施 BEPS 行动计划趋势下,国际税收规则的侧重点从“避免跨国重复征税”转变为“防止跨国逃避税”,部分国家(尤其是发达国家)税务机关致力于提高企业当地子公司的留利水平,企业往往会面临东道国更加严格的反避税规则监管,因此“走出去”企业需重视重复征税、转让定价调整等境外税收风险防范。

2. 国际税收争议协商处理耗时长、执行阻力大

《2016—2017 年度中国企业“走出去”调研报告》指出,34%的受访者表示企业在境外投资项目中遭遇税务争议,其中以南亚、东南亚、撒哈拉以南的非洲、北美风险较高。国际税收争议协商是由国家税务总局与缔约对方主管税务当局协商解决,通过政府间的正式接洽来解决税务争端和纠纷。对于“走出去”企业面临的问题与困惑,基层税务机关收集的相关问题只能通过层层向上请示,在此过程中,基层向上反馈诉求的程序繁杂、环节较多、时间跨度长,企业涉税问题难以得到及时解决,导致涉税服务成效缓慢。一般来说,企业申请启动两国税务机关之间的相互磋商后,要经过多轮谈判才能达成一致,有时实际实施所面临的执行阻力也较大。

四、构建“走出去”企业涉税风险管控机制的建议

“走出去”的企业面临越来越多也越来越复杂的税收问题,这些税收问题不仅关系到企业的切身利益,也关系到国家的税收利益。为此,研究构建多层面“走出去”企业的涉税风险管控机制十分必要。

(一)企业层面:健全税务风险内控机制

沿“一带一路”“走出去”企业必须加强税务风险管理意识,建立健全税务风险管控机制,可从以下几方面考虑:

1. 企业应“自上而下”地培育合规文化、建立合规制度及风险控制机制

将税务风险管理前置到决策部门和业务部门,税务人员参与公司决策,在投资前充分了解东道国税收环境以及税收协定情况,加大项目的前期投入,做好投资计划及风险评估。企业在海外投资会涉及不同领域和行业,因此在“走出去”之前,企业根据投资的不同领域详细了解东道国税制以及某些行业相关的特殊税制是十分必要的,企业应据此在投资前搭建税务优化的投资架构,及时进行税务管控方式、转让定价政策的调整,降低投资股息红利等投资回报汇回以及投资退出阶段可能的资产、股权转让或重组的税务成本。投资经营期间从重复征税、反避税调查、税收争议协商多方面确定税务风险关键控制点,完善企业内部税务风险识别评估体系。

2. 全程贯穿对境外投资税务筹划，并将培养企业税务精英团队与合理利用专业税务中介机构相结合

企业一方面可以通过与“走出去”会计师事务所、税务师事务所等中介机构加强合作，获得企业投资东道国税收法律咨询等方面服务，稳定、及时、方便的专业服务对企业“走出去”的税收筹划非常重要。另一方面，“走出去”企业在集团层面应该设立单独的税务部门和税务团队，吸收引进和培养集团税收精英人才，负责研究和制定集团税收政策，特别是加强对相关国际税收问题的规划。

3. 加强与境内外税务机关的信息沟通，就涉税事项增进交流、寻求帮助，合理控制纳税遵从风险

“一带一路”建设中开展全球运营的企业，对国际税收服务与援助的需求迅速增加，企业海外投资中遇到的涉税争议问题，应及时向税务部门提起相互协商程序，通过两国税务部门之间的协调与合作予以解决。“一带一路”建设中税企双方重在沟通互动，企业应转变观念、增强对税务部门的信任度，不仅仅把税务部门作为管理部门，还要作为对“走出去”企业的服务与维权后盾。

(二)政府层面:完善政策支持与征管机制

政府层面对“走出去”企业的涉税风险管控机制具体分为三个层次：

1. 国家层面的政策制定与支持

首先，在“一带一路”沿线国家中，我国目前已经签订 54 个国际税收协定，今后还应进一步加大协定签订范围和修订完善已有的税收协定，力争早日形成比较完善的税收协定网络，服务“走出去”对外开放战略，维护国家税收主权；其次，启动国际税收协调合作机制，健全境外税收维权服务机制。应建立税收协调的专门机构，开通纠纷处理专门通道，缩短争议协商处理事件，有效解决跨境纳税人的税收争议问题。同时应逐步建立税收争议案例库，让更多“走出去”企业从案例中得到税收风险指引，了解税收争议解决途径和程序。再次，很多国家在境外投资集中的地区派驻税务官，搜集这些国家涉及税收的相关信息，分析对本国投资企业的影响，并协助企业解决各类相关问题，我国也应尽快参考这一做法设置境外税收联络官员制度。

2. 省级层面的管理与执行

一是推进第三方涉税信息共享机制建设，加强与政府其他职能部门的合作，在国地税征管机制合作基础上，主动加强与商务、外汇、工商、海关、银行等部门的联系沟通，整合各部门优势资源，定期开展信息交换，加强对第三方信息的利用率，加快省级税务部门构建境外投资综合服务体系，形成“走出去”服务资讯共享机制。二是建立跨境投资税收风险预警机制，健全省级税务风险评估与防控体系。根据企业需要推行“订单式”政策辅导，组建分业务类别的大区域层级专业化管理团队。探索设置风险监控指标，逐步建立分国家、分地区风险预警机制，加强中国居民境外投资的风险分析监控。

3. 基层税务部门的服务与人才

一是基层税务部门应对“走出去”企业定期走访、通过微信等平台宣传涉外税收政策、帮助企业合理利用税收协定、收集企业涉税诉求、解答企业涉税疑问。二是可以由税务部门牵头，有效整合中介咨询机构等社会力量，组织中介机构、科研院校等的专业人士与税务部门一起形成“一带一路”国际税收专家团队，协助企业解决跨境税务疑难、复杂问题。三是由于国际税收工作难度大、专业性强的原因，要加强对基层国际税收管理岗位复合型人才的培养，加强针对“走出去”的专题业务培训，提高外语、财会、法律等方面专业技能，培养结构合理、相对稳定的基层国际税收管理与服务人才队伍。

参考文献：

[1] Sasatra Sudsawasd. Tax Policy and Foreign Direct Investment of a Home Country, Presented at Singapore Economic Review Conference, 2007.

[2]Celine Azemar and Andrew Delios. The Tax Sparing Provision Influence: A Credit versus Exempt Investors Analysis, Discussion Paper, Department of Economics, University of Glasgow, 2017(31).

[3]王学东.税收风险管理路径选择与实践探索[J].中国税务,2015(2).

[4]陈文裕."走出去"企业涉税风险的现状与应对[J].税收经济研究,2016(3).

[5]赵力扬."一带一路"战略下企业"走出去"税收问题研究[J].财政科学,2016(11).

[6]霍志远,杨雷东.我国"走出去"企业税收风险管控的思考[J].税务研究,2016(11).

[7]庞淑芬,王文静,黄静涵."一带一路"下我国企业"走出去"的税收风险解析[J].国际税收,2017(1).

[8]中国注册税务师同心服务团."一带一路"发展战略涉税问题概览[M].北京:中国税务出版社,2015.

[9]陈展,徐海荣,兰永红,等.税收服务"一带一路"战略的有关问题探析[J].税务研究,2016(3).

个人所得税对城镇居民收入再分配效应研究

徐淑怡[1]　郁　晓[2]

（1. 浙江财经大学，浙江 杭州 310018；2. 浙江财经大学东方学院，浙江 海宁 314408）

摘　要：本文通过建立指标、累进性 K 指数、脱钩指数，实证分析了 1995—2011 年我国个人所得税的再分配效应。实证研究表明：我国个人所得税收入再分配效应逐年增强，但总体还是较弱；我国个人所得税不仅总体上具有较好的累进性，并且不同收入阶层均具有较好的累进性；平均税率与税收累进性均对个人所得税再分配效应起到积极作用，但两者呈相反的变化趋势，且平均税率对个人所得税的再分配效应影响更大。为了增强我国个人所得税再分配效应，建议对个人所得税实行分类与综合课征模式，并完善税率结构和费用扣除标准。

关键字：个人所得税；收入差距；收入再分配；基尼系数

自 1978 年改革开放以来，我国经济发展进入快车道，居民的收入水平也有了迅猛的提高。国家统计局的资料显示，GDP 从 1978 年的 3645.2 亿元增长到 2016 年的 744127 亿元。自 1979 年至 2014 年，GDP 年增长率均达到 7%以上。但在收入增长的同时，我国收入分配差距也呈逐渐扩大的趋势，并成为社会不安定的因素。近几年我国基尼系数均高于 0.4 的国际警戒线，持续扩大的收入差距，成为影响我国经济发展和社会稳定的重大隐患，而个人所得税作为调节收入分配的重要手段，应发挥其应有的作用。为了对个人所得税的收入再分配效应进行探讨，本文通过建立衡量个人所得税再分配指标进行实证分析，并给出相应的建议。

一、个人所得税再分配效应指标建立

（一）指标建立

关于度量个人所得税的收入分配效应的指标有许多。本文主要借鉴由 Musgrave 和 Thin（1949）提出的测量个人所得税收入再分配效应的 MT 指数，该指数的表达公式为：

$$MT=G_x-G_y \tag{1}$$

其中，G_x，G_y 分别代表税前收入基尼系数和税后收入基尼系数。当 $G_x>G_y$，$MT>0$ 时，表明征收个人所得税有利于缩小收入差距。当 $G_x<G_y$，$MT<0$ 时，表明征收个人所得税非但不能缩小收入差距，反而会扩大收入差距。当 $G_x=G_y$，$MT=0$ 时，表明个人所得税的征收与否对收入分配无影响。

测算 MT,首先要计算税前和税后基尼系数。本文采用直接计算法计算基尼系数,计算公式如下:

$$G = 1 - \sum_{i=1}^{n} P_i \times (2\sum_{k=1}^{i} W_k - W_i) \text{①} \tag{2}$$

其中 W_i 是指第 i 个收入阶层的收入比重,P_i 是指第 i 收入阶层的人口比重。$\sum_{k=1}^{i} W_k$ 表示 1 到 i 的收入阶层的收入累计比重。$W_i = \frac{P_i X_i}{X}$,$X = \sum_{k=1}^{i}(P_i * X_i)$,$X_i$ 为第 i 收入阶层的税前收入。X 为税前人均总收入。

(二)税收累进性的测量模型

1. K 指数

个人所得税的收入再分配效应主要来自平均税率与税收累进性,所以有必要对个人所得税的累进性进行度量。本文借鉴 Kakwani(1977) 提出的个人所得税累进性衡量指标 K 指数:

$$K = C_T - C_X \tag{3}$$

其中,C_T 为按税前收入排序的纳税额集中系数,即税收收入基尼系数。C_T 计算原理与 C_X 计算原理一致,将个人所得税税收收入按税前收入排序计算所得的基尼系数即为纳税额集中系数②。所以本文将计算收入基尼系数公式直接用于计算纳税额集中系数,即:

$$C_T = 1 - \sum_{i=1}^{n} P_i \times (2\sum_{k=1}^{i} t_k - t_i) \tag{4}$$

其中 t_i 为第 i 个收入阶层的税收收入比重,P_i 是指第 i 收入阶层的人口比重。$\sum_{k=1}^{i} t_k$ 表示 1 到 i 的收入阶层的税收收入累计比重。$t_i = \frac{P_i \times T_i}{T}$,$T = \sum_{i=1}^{n}(P_i * T_i)$,$T_i$ 表示第 i 收入阶层的税收收入,T 为人均缴纳的个人所得税。

当 $C_T > C_X$ 时,说明高收入人群缴纳的个人所得税占税收总额的比重高于其收入在收入总额中所占的比重,税收负担的分布更加集中于高收入人群,体现了个人所得税的累进性。当 $C_T < C_X$ 时,表明高收入人群缴纳的个人所得税占总税收收入的比重低于其收入在收入总额中所占的比重,体现了个人所得税的累退性。

2. 脱钩指数

建立了衡量总体税收累进性的 K 指数后,本文将建立衡量不同收入阶层累进性的脱钩指数。

"脱钩"一词起源于物理领域,后来被广泛运用于经济领域,脱钩指数用于刻画脱钩的程度和方向。本文借鉴 Tapio(2005)构造的"Tapio 脱钩指数"来衡量不同收入阶层的累进性,该指数的测量方法与古典累进性测量方法中的应纳税额累进性相似,均是测算税收收入变化百分比与收入变化百分比之间的比率,类似于价格弹性。但相比之下,"Tapio 脱钩指数"衡量标准更加细化,一方面其包含脱钩、负脱钩与耦合三种基本状态,另一方面还考虑了弹性值在 1 左右的细微变化,将脱钩弹性为 0.8~1.2 视作连接。如此便形成了八种脱钩状态及其对应的计算标准。

---

① 公式借鉴:彭海艳.个人所得税的再分配效应及机制重塑研究[M].北京:中国财政经济出版社,2012.

② 蔡秀云,周晓君.我国个人所得税调节收入分配效应研析[J].税务研究,2014(07).

本文借鉴 Tapio 脱钩指数①，构建了不同收入阶层个人所得税收入与收入之间的弹性 EIITC，GI 具体测度公式如下：

$$\text{EIITC,GI}=\frac{\Delta \text{IITC}}{\text{IITC}}\Big/\frac{\Delta \text{GI}}{\text{GI}} \tag{5}$$

EIITC，GI 代表个人所得税收入与总收入之间的弹性；IITC，ΔIITC 代表个人所得税及其增量；GI，ΔGI 代表税前总收入及其增量。

表 1　脱钩状态的计算标准及划分②

脱钩状态		弹性值 e	ΔIITC	ΔGI
耦合	扩张性耦合	$0.8<e<1.2$	>0	>0
	衰退性耦合	$0.8<e<1.2$	<0	<0
脱钩	弱脱钩	$0<e<0.8$	>0	>0
	强脱钩	$e<0$	<0	>0
	衰退性脱钩	$e>1.2$	<0	<0
负脱钩	扩张性负脱钩	$e>1.2$	>0	>0
	强负脱钩	$e<0$	>0	<0
	弱负脱钩	$0<e<0.8$	<0	<0

根据表 1 的计算标准可以看出，当脱钩指数处于扩张性负脱钩或衰退性脱钩状态时，即税收收入的增长（减少）速度快于收入的增长（减少）速度时，说明不同收入阶层具有累进性。当处于其他状态时，不同收入阶层不具有累进性。

（三）MT 指标分解

税收公平可以进一步分解为横向公平和纵向公平。本文借鉴 Kakwani（1984）的分解方法来对我国个人所得税的收入分配效应进行分解。分解如下：

$$MT=(C_y-C_Y)+\frac{tK}{1-t} \tag{6}$$

其中，C_y 为按照税前收入排序的税后收入集中系数，G_Y 为税后收入基尼系数。t 为平均税率，K 为累进性指数。C_y-G_Y 和$\frac{tK}{1-t}$分别衡量个人所得税的横向公平效应和纵向公平效应。

1. 横向公平

$H=C_y-G_Y$ 反映了个人所得税的横向公平效应。C_y 与 G_Y 的计算原理是一样的。C_Y 是按税前收入排序计算所得的税后收入基尼系数，即为税后收入集中系数。所以本文将计算收入基尼系数公式直接用于计算税后收入集中系数。

若征收个人所得税没有改变纳税人税前和税后收入排序，即 $C_y-G_Y=0$ 时，表明个人所得税具有横向公平效应。由 Kakwani（1980），Atkinson（1980）和 Plotnick（1981）的证明可知，与税前收入

① 文杰，钟滔，程树磊. 我国城镇居民个人所得税征管问题——基于城镇居民不同来源收入对个人所得税贡献的视角[J]. 税务研究，2015（12）.

② 表格借鉴：文杰，钟滔，程树磊. 我国城镇居民个人所得税征管问题——基于城镇居民不同来源收入对个人所得税贡献的视角[J]. 税务研究，2015（12）.

排序相比,税后收入排序如果发生变化的话,税后收入集中系数一定小于税后收入基尼系数,也就是 $C_y < G_Y$。作为横向不公平的指标,最大值为0。所以当 $C_y < G_Y$ 时,说明个人所得税有悖于横向公平,弱化了其促进收入分配公平的作用。

2. 纵向公平

作为纵向公平指标:$Z = \frac{tK}{1-t}$,由平均税率和累进性指标两项组成。累进性 K 指数已在前面有阐述,这里不再赘述。平均税率的公式为:

$$t = \frac{T}{X} \tag{7}$$

其中,T 为人均缴纳的个人所得税,$T = \sum(P_i \times T_i)$,T_i 表示第 i 收入阶层的税收收入。X 为税前人均总收入,$X = \sum(P_i \times X_i)$,X_i 为第 i 收入阶层的税前收入。

纵向公平指标至少包括两个重要含义:第一,税收累进性 K 指标决定着个人所得税是否具有纵向公平。税率的值一定大于或等于零,而累进性指标既可以是正数也可以是负数。当 K 为正数时,税收具有纵向公平性,对缩小收入分配差距具有积极作用。若 K 为负数,意味着税收有悖于纵向公平,扩大了收入差距。第二,税率和累进性共同决定了个人所得税纵向公平效应的大小。在 t 给定的情况下,当 $K>0$ 时,K 越大,个人所得税的累进性越强,纵向公平效应越大,收入再分配效应也越大。相反,当 $K<0$ 时,K 的绝对值越大,则个人所得税的累退性越强,扩大了个人收入差距。在 K 给定的情况下,若 $K>0$,则 t 越大,纵向公平效应越大。若 $K<0$,则 t 越大,税收对收入分配的逆向调节作用也越大。

二、个人所得税再分配效应测算

(一)数据来源及说明

我国个人所得税的征税实施的是二元税制结构,仅对城镇居民征收个人所得税,因此本文的研究对象为城镇居民。由于数据来源有限,相关数据主要来源于《中国价格及城镇居民家庭收支调查统计年鉴》《中国城市(镇)生活与价格年鉴》(1995—2011年),且由于城乡一体化及统计口径的变化,无法获得2011年以后的分等级城镇居民家庭税前的分类收入,所以相关数据只能取到2011年,缺少一定的时效性,这是本文的不足之处。

(二)*MT* 指标测算

根据公式2,计算出税前和税后收入基尼系数之差 MT 指数。

由表2分析可知,我国的收入差距呈逐年扩大的趋势,从1995到2011年,我国城镇居民税前收入基尼系数从0.204569上升到0.315158。

我国个人所得税具有调节收入差距的作用,并逐年增强。1995—2011年,MT 指数均大于零,说明税后收入基尼系数小于税前收入基尼系数,表明个人所得税具有调节收入差距的作用。MT 指数均较小,但 MT 指数均逐年增大,表明个人所得税调节收入分配的效应虽较弱,但呈现逐年增强的趋势。

表 2 1995—2011 年我国城镇居民税前税后收入基尼系数及差额

年份	G_X	G_Y	MT
1995	0.204569	0.204485	0.000084
1996	0.204582	0.204427	0.000155
1997	0.218831	0.218626	0.000205
1998	0.226034	0.225778	0.000257
1999	0.233769	0.233442	0.000327
2000	0.244785	0.244333	0.000452
2001	0.255831	0.255228	0.000603
2002	0.30764	0.30656	0.00108
2003	0.317695	0.316059	0.001636
2004	0.325375	0.323294	0.00208
2005	0.330691	0.328524	0.002168
2006	0.32703	0.324961	0.002069
2007	0.322122	0.319824	0.002298
2008	0.329645	0.327248	0.002397
2009	0.321518	0.31907	0.002448
2010	0.315168	0.3124	0.002767
2011	0.315158	0.312538	0.00262

数据来源：根据《中国价格及城镇居民家庭收支调查统计年鉴》、《中国城市（镇）生活与价格年鉴》(1995—2011年)的数据整理计算所得。

（三）*MT* 指标分解测算

1. 横向公平

根据公式 2 及公式 6，计算出税后收入集中系数和税后收入基尼系数，进而测算出个人所得税的横向公平效应。

表 3 1995—2011 年我国个人所得税横向公平效应指标

年份	C_Y	G_Y	H	MT	H/MT
1995	0.204478	0.204485	−0.000007	0.204491	−0.0032%
1996	0.204414	0.204427	−0.000013	0.204439	−0.0062%
1997	0.218611	0.218626	−0.000016	0.218642	−0.0073%
1998	0.225756	0.225778	−0.000021	0.225799	−0.0094%
1999	0.233418	0.233442	−0.000024	0.233466	−0.0104%
2000	0.244298	0.244333	−0.000035	0.244368	−0.0143%
2001	0.255185	0.255228	−0.000043	0.255272	−0.0170%
2002	0.306461	0.306560	−0.000099	0.306659	−0.0324%

续表

年份	C_Y	G_Y	H	MT	H/MT
2003	0.315901	0.316059	−0.000158	0.316218	−0.0501%
2004	0.323087	0.323294	−0.000207	0.323502	−0.0640%
2005	0.328323	0.328524	−0.000201	0.328725	−0.0612%
2006	0.324747	0.324961	−0.000214	0.325175	−0.0659%
2007	0.319592	0.319824	−0.000233	0.320057	−0.0727%
2008	0.327008	0.327248	−0.000240	0.327489	−0.0734%
2009	0.318834	0.319070	−0.000236	0.319306	−0.0739%
2010	0.312152	0.312400	−0.000248	0.312649	−0.0795%
2011	0.312292	0.312538	−0.000246	0.312784	−0.0786%

数据来源:根据《中国价格及城镇居民家庭收支调查统计年鉴》、《中国城市(镇)生活与价格年鉴》(1995—2011年)的数据整理计算所得。

从表 3 可以看出,我国个人所得税横向不公平。从 1995 年到 2011 年的数据可以看出,横向公平效应指标历年均是负数,说明征收个人所得税使得城镇居民税前和税后收入的排序发生了变化,个人所得税的分类课征制度在一定程度上破坏了横向公平。

横向公平对税收再分配效应的贡献很小,虽然从 1995 到 2011 年,横向公平效应的绝对值逐年增大,但从横向公平占 MT 指数的比率可以看出,横向公平对税收再分配效应的贡献很小,最高年份也仅有 0.0795%。基于此,下面将着重分析个人所得税的纵向公平效应。

2. 纵向公平

个人所得税纵向公平的大小主要是由累进性和平均税率决定的,首先计算累进性 K 指数与平均税率,然后测算个人所得税的纵向公平。根据公式 4 与税前基尼系数计算出累进性 K 指数,根据公式 7 测算出平均税率,进而根据公式 6 测算出个人所得税的纵向公平数值。

表 4　1995—2011 年我国个人所得税的纵向公平效应

年份	C_T	G_X	K	t	Z
1995	0.631416	0.204569	0.426847	0.02%	0.000091
1996	0.610127	0.204582	0.405545	0.04%	0.000168
1997	0.625872	0.218831	0.407041	0.05%	0.000221
1998	0.608538	0.226034	0.382503	0.07%	0.000278
1999	0.596373	0.233769	0.362604	0.10%	0.000351
2000	0.587942	0.244785	0.343157	0.14%	0.000487
2001	0.601377	0.255831	0.345546	0.19%	0.000646
2002	0.645799	0.30764	0.338159	0.35%	0.001179
2003	0.67908	0.317695	0.361385	0.49%	0.001794
2004	0.687834	0.325375	0.362459	0.63%	0.002288
2005	0.66433	0.330691	0.333638	0.70%	0.002369

续表

年份	C_T	G_X	K	t	Z
2006	0.717226	0.32703	0.390197	0.58%	0.002283
2007	0.714505	0.322122	0.392383	0.64%	0.00253
2008	0.723191	0.329645	0.393547	0.67%	0.002637
2009	0.70008	0.321518	0.378562	0.70%	0.002684
2010	0.677783	0.315168	0.362615	0.82%	0.003016
2011	0.686179	0.315158	0.371021	0.77%	0.002866

数据来源：根据《中国价格及城镇居民家庭收支调查统计年鉴》、《中国城市(镇)生活与价格年鉴》(1995—2011年)的数据整理计算所得。

从表4可以看出：我国个人所得税具有累进性但呈逐年减弱的趋势。从1995年到2011年，累进性指数即K指数从0.426847降到0.371021。其深层次的原因是，随着经济的发展，居民收入水平的提高，收入来源的多样化，未进行优化的税收制度使税基与多样化的收入不相称，再加上我国个人所得税实行分类课征制度，使得高收入人群的税收负担未随着收入水平的提高而增加，进而导致K指数下降。

个人所得税平均税率总体呈上升趋势。居民收入水平的提高及个人所得税征管水平的进一步加强，使税收收入增加，进而使个人所得税平均税率从1995年的0.02%上升到2011年的0.77%。

个人所得税纵向公平效应的大小是由累进性和平均税率决定的，且是平均税率和累进性指数的增函数。从1995至2011年数据可以看出累进性指标和平均税率一直呈相反的变化趋势，纵向公平呈现什么趋势，取决于哪个因素对它的影响更大。从表中数据可以看出纵向公平的变化趋势和平均税率的变化趋势是一致的，从1995年至2005年，累进性指标逐年下降，平均税率逐步提高，相应的纵向公平效应也逐步增强。所以可以得出相比于累进性指数，平均税率对纵向公平的贡献更大的结论。

(四)脱钩指数的测算

在测算了个人所得税总体的累进性后，有必要对不同收入阶层的个人所得税的累进性进行测算。表5所示为近年我国城镇居民不同收入阶层的脱钩状态。

表5 1996—2011年我国城镇居民不同收入阶层的脱钩状态

年份	最低收入	状态	低收入	状态	中等偏下收入	状态	中等收入	状态	中等偏上	状态	高收入	状态	最高收入	状态
1996	26.31	扩张性负脱钩	−2.22	强脱钩	13.06	扩张性负脱钩	20.12	扩张性负脱钩	11.78	扩张性负脱钩	5.50	扩张性负脱钩	9.44	扩张性负脱钩
1997	75.80	扩张性负脱钩	3.40	扩张性负脱钩	12.81	扩张性负脱钩	−0.22	强脱钩	6.47	扩张性负脱钩	6.05	扩张性负脱钩	3.42	扩张性负脱钩
1998	14.35	扩张性负脱钩	−5.59	强脱钩	23.41	扩张性负脱钩	8.73	扩张性负脱钩	11.64	扩张性负脱钩	2.43	扩张性负脱钩	5.89	扩张性负脱钩
1999	15.72	扩张性负脱钩	37.14	扩张性负脱钩	1.34	扩张性负脱钩	7.24	扩张性负脱钩	6.72	扩张性负脱钩	6.51	扩张性负脱钩	3.22	扩张性负脱钩
2000	32.01	扩张性负脱钩	25.55	扩张性负脱钩	18.18	扩张性负脱钩	9.20	扩张性负脱钩	4.02	扩张性负脱钩	7.48	扩张性负脱钩	5.71	扩张性负脱钩

续表

年份	最低收入	状态	低收入	状态	中等偏下收入	状态	中等收入	状态	中等偏上	状态	高收入	状态	最高收入	状态
2001	－1.09	强脱钩	3.24	扩张性负脱钩	1.10	扩张性耦合	6.79	扩张性负脱钩	5.04	扩张性负脱钩	5.45	扩张性负脱钩	3.06	扩张性负脱钩
2002	－21.19	强负脱钩	－32.16	强负脱钩	18.63	扩张性负脱钩	6.63	扩张性负脱钩	6.47	扩张性负脱钩	3.68	扩张性负脱钩	4.75	扩张性负脱钩
2003	－2.45	强脱钩	3.24	扩张性负脱钩	3.76	扩张性负脱钩	3.33	扩张性负脱钩	4.14	扩张性负脱钩	4.41	扩张性负脱钩	4.45	扩张性负脱钩
2004	－1.38	强脱钩	3.33	扩张性负脱钩	2.52	扩张性负脱钩	3.88	扩张性负脱钩	2.84	扩张性负脱钩	2.71	扩张性负脱钩	2.85	扩张性负脱钩
2005	8.96	扩张性负脱钩	3.34	扩张性负脱钩	3.47	扩张性负脱钩	3.19	扩张性负脱钩	2.88	扩张性负脱钩	2.62	扩张性负脱钩	1.32	扩张性负脱钩
2006	－1.81	强脱钩	－0.64	强脱钩	－2.83	强脱钩	－3.61	强脱钩	－1.70	强脱钩	－1.78	强脱钩	0.54	弱脱钩
2007	0.37	弱脱钩	－1.03	强脱钩	1.09	扩张性负脱钩	3.00	扩张性负脱钩	1.70	扩张性负脱钩	1.97	扩张性负脱钩	1.78	扩张性负脱钩
2008	0.95	扩张性耦合	0.56	弱脱钩	1.08	扩张性负脱钩	0.49	扩张性负脱钩	0.83	扩张性耦合	1.75	扩张性负脱钩	1.18	扩张性负脱钩
2009	0.41	弱脱钩	3.58	扩张性负脱钩	1.88	扩张性负脱钩	3.55	扩张性负脱钩	3.51	扩张性负脱钩	1.42	扩张性负脱钩	1.32	扩张性负脱钩
2010	6.30	扩张性负脱钩	1.04	扩张性负脱钩	6.18	扩张性负脱钩	3.55	扩张性负脱钩	3.53	扩张性负脱钩	4.18	扩张性负脱钩	2.22	扩张性负脱钩
2011	1.21	扩张性负脱钩	4.84	扩张性负脱钩	－0.51	强脱钩	0.01	弱脱钩	0.16	弱脱钩	0.04	弱脱钩	0.70	弱脱钩

数据来源：根据《中国价格及城镇居民家庭收支调查统计年鉴》、《中国城市(镇)生活与价格年鉴》(1995—2011年)的数据整理计算所得。

根据表 5 的计算结果，总体上看，各收入阶层都处于扩张性负脱钩状态，即各收入阶层的税收收入增长速度快于收入的增长速度，表明各阶层个人所得税基本上是累进的。值得注意的是在 2006 年，除最高收入阶层处于弱脱钩状态，其他收入阶层处于强脱钩状态，即税收收入随收入的增加而减少，表明工资薪金免征额的提高对各收入阶层的累进性有一定的影响。在 2011 年，除最低收入和低收入户处于扩张性负脱钩状态，其余阶层处于弱脱钩状态(除中等偏下户处于强脱钩状态)，即税收收入随收入的增长而增长但增速低于收入的增长速度，表明提高工资薪金免征额降低了各收入阶层的累进性。

三、增强个人所得税再分配效应的建议

通过实证分析可以得出我国的个人所得税具有收入再分配效应但有待加强的结论。并且税收累进性与平均税率是影响个人所得税的主要因素，为了增强个人所得税的再分配效应，应完善个人所得税制度。

(一)实行分类与综合课征模式

根据税务机关的征管能力，经济社会的发展水平，目前我国可行的选择是实行分类与综合的课征模式。

如图所示，根据收入来源，可以将工资薪金、劳务报酬等具有较强连续性或经常性的收入列入综合所得的征收项目，并将一部分连续性的财产所得收入也纳入综合申报，如财产租赁所得，制定统一适用的累进税率。对利息股息红利等不具有连续性的消极所得仍按比例税率实行分项征收。要求所有的纳税人在年终对综合部分进行汇算清缴。以期进一步提高个人所得税的公平性和再分配效应。

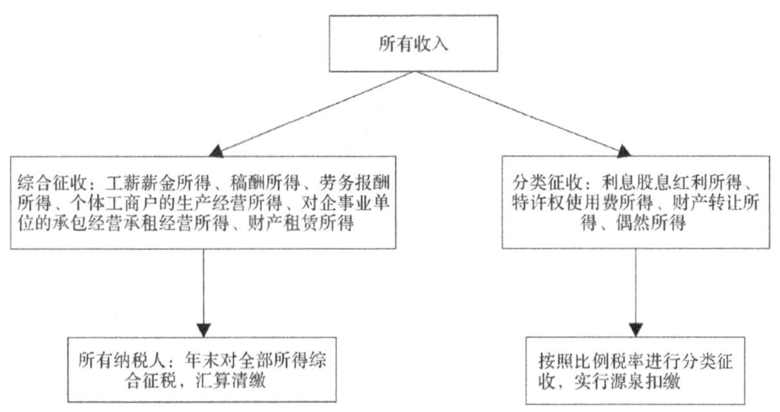

图 1　综合与分类税制模式设计

(二)进一步完善税率结构

通过前文分析可知：平均税率偏低是我国个人所得税收入再分配效应偏弱的主要原因。相比之下，我国工资薪金所得边际税率远高于其他国家。过高的边际税率可能会使高收入人群改变劳动供给，进而影响经济发展，并会促使部分纳税人通过隐瞒收入来逃避纳税，不仅会造成国家税款流失，而且会加大收入分配的不公平，降低平均税率。为有利于调整我国社会阶层的收入水平，又兼顾公平与效率的要求，可以适当简并税率级次，降低最高边际税率。大部分学者建议可以将七级税率降低为五级税率并降低最高的边际税率。本文借鉴李文(2017)提出的税率结构，认为可以将综合课征部分统一适用工资薪金所得税率，并将工资薪金所得税率级次从七级降低为 5 级。并适当降低最高边际税率，将目前工资薪金所得 45%的最高边际税率降低到 35%左右①，进而提高高收入者的纳税遵从度，提高平均税率。对于分类征收部分仍按原来的税率计征。

(三)完善费用扣除标准

从本文的分析可以发现，提高免征额虽然提高了个人所得税的累进性，但降低了平均税率，结果使个人所得税的收入再分配效应减弱。根据岳希民等(2012)的观点，免征额与税收累进性呈倒 U 形关系，3500 元免征额已经处于倒 U 形的顶端。② 所以不能将调整免征额作为提高我国个人所得税收入分配效应的主要手段，应建立更加合理的费用扣除标准。费用扣除一般包括三个部分：生计扣除、成本扣除、特许扣除。国际上费用扣除标准会根据基本生活支出等因素进行调整。而我国的费用扣除标准为一个固定值，未能考虑城镇居民基本生活支出等因素。大部分学者认为我国的费用扣除标准可考虑根据经济发展状况、通货膨胀和物价变化相应调整费用扣除标准，将其指数化。本文借鉴高凤勤(2015)提出的费用扣除标准，认为可以将目前的 3500 元费用扣除标准与物价

① 李文. 我国个人所得税的再分配效应与税率设置取向[J]. 税务研究，2017(02).

② 岳希明，徐静，刘谦，丁胜，董莉娟. 2011 年个人所得税改革的收入再分配效应[J]. 经济研究，2012(09).

指数挂钩,实行费用扣除标准指数化,作为综合征收部分的费用扣除标准,从而增强中低收入者的消费能力和劳动供给能力,①增强税收的公平性。对于分类征收部分仍旧按照原来的费用扣除标准。

参考文献:

[1]蔡秀云,周晓君. 我国个人所得税调节收入分配效应研析[J]. 税务研究,2014(7).

[2]崔志坤. 综合与分类混合型个人所得税模式设计的不同取向[J]. 税务研究,2010(9).

[3]彭海艳. 我国个人所得税累进性的实证分析:1995—2006[J]. 财经论丛,2008(3).

[4]彭海艳. 个人所得税的再分配效应及机制重塑研究[M]. 北京:中国财政经济出版社,2012.

[5]文杰,钟滔,程树磊. 我国城镇居民个人所得税征管问题——基于城镇居民不同来源收入对个人所得税贡献的视角[J]. 税务研究,2015(12).

[6]李文. 我国个人所得税的再分配效应与税率设置取向[J]. 税务研究,2017(2).

[7]岳希明,徐静,刘谦,丁胜,董莉娟. 2011 年个人所得税改革的收入再分配效应[J]. 经济研究,2012(9).

[8]高凤勤,许可. 效率还是公平:新一轮个人所得税制改革思考[J]. 税务研究,2015(3).

① 高凤勤,许可. 效率还是公平:新一轮个人所得税制改革思考[J]. 税务研究,2015,(03):44-51.

完善网络募捐平台监管的对策研究

——以“轻松筹”平台为例

顾小丽[1]　　姚　莉[2]

(1.浙江财经大学公共管理学院，浙江 杭州 310018；
2.浙江财经大学东方学院，浙江 海宁 314408)

摘　要：伴随网络与国家慈善事业的飞速发展，网络募捐平台作为传统慈善与互联网有机结合的新载体开始兴起，但网络募捐平台的监管问题同样严峻。目前主要存在平台自我监管、政府法律监管及社会监管三种方式，不同监管方式存在诸多瓶颈，具体表现为平台自我监管欠缺专业性、政府法律监管不完善以及社会监管尚未成熟。因此，完善平台运营方式，提升其自我监管能力，加强法律修订与完善，强化法律监管效力；重视社会监管能力，强化社会监管范围以及引导公众培养理性思维，是解决网络募捐平台监管问题的主要路径。

关键词：网络募捐平台；监管；路径

中国互联网络信息中心(CNNIC)发布的《第37次中国互联网络发展状况统计报告》的数据显示，截至2015年12月，我国网民规模达到6.88亿，全年共计新增网民3951万人。互联网普及率为50.3%，较2014年底提升了2.4个百分点。[1]在这样一个“互联网＋”的时代，互联网在生产要素配置中的优化和集成作用得到充分发挥，互联网和任何一种传统产业相结合都能够碰撞出令人惊喜的火花。“互联网＋商场”有了淘宝、京东、唯品会等各种购物平台，“互联网＋银行”有了支付宝、财付通、陆金所等各种理财投资平台，那如果“互联网＋传统公益”呢？这必然将带来公益行业的一次颠覆。网络募捐作为这滚滚洪流中的强劲一脉，得到迅速发展，并凭借其受众的开放性、平台的多样性、传播的广泛性、操作的便捷性，受到越来越多的人的关注，加快推动了我国公益事业的发展，进一步弥补了传统慈善方式单一、渠道有限、信任度下降的缺陷。但同时，网络募捐平台的监管不到位也制约着网络募捐的健康发展，网络骗捐、诈捐现象屡见不鲜。

一、网络募捐平台的界定、类型与募捐流程

有关网络募捐的概念，目前学者还没有确定一个统一观点。根据《现代汉语词典》的解释，募捐即以慈善为目的，募集物品或捐款给予有需要的人。加以“网络”概念，即是在信息传输、接收、共享的虚拟平台上，以慈善为目的，募集物品或捐款给予有需要的人。张北坪(2006)提出网络募捐是通过网络平台寻求物资或资金帮助的事实；张书明(2007)提出网络募捐是指借助网络实施的救助行为，并且凭借网络较强交互性、广泛社会性、快速信息传递的优势，相较传统的慈善救助方式，具有

明显优势;杨粤(2013)从法律制度的层面上提出网络募捐是法律主体基于慈善目的或者是其他的某种特定目的,在网络平台上向社会公众公开募集资金或者寻求物资援助的行为或活动。曹金容、刘玥(2015)提出网络募捐是通过网络募集捐款或物品,凭借网络的快速发展,网络募捐也得到了迅猛发展,但是缺乏法律监管与制度规制。综上,网络募捐可以界定为依赖网络虚拟平台,以慈善为目的的救助行为,它包括有需要的人向社会不特定公众公开发布求助信息,以谋求资金或物资援助的行为以及有能力的人参与对他人物资援助的过程。

目前网络募捐平台数量繁多,大致可以分为两类。第一类是专业的网络众筹平台,这又可根据是否有慈善组织参与进一步划分为有慈善组织参与的专业网络众筹平台和没有慈善组织参与的专业网络众筹平台,前者如"中国慈善信息平台",专门针对医疗困难进行筹款,后者如本文引为案例的"轻松筹",这属于是商业公司运营的普通众筹平台,也可以进行慈善募捐。第二类是非专业的信息平台,平台本身不具备筹款功能,也不参与募捐过程,是由个人或组织独立发起募捐行为,其结果也由个人负责,比如 QQ、微博、贴吧等。

本文引为案例的轻松筹平台,是由北京轻松筹网络科技有限公司基于社交圈、面向广大网民日常生活的平台产品,平台上的众筹项目与生活密切相关,备受用户的喜爱。根据网站的统计,截至 2017 年 11 月 16 日,轻松筹注册人数 1.78 亿,筹款项目超过 225 万个,支持次数超过 4.3 亿。2016 年 8 月底,民政部按照"统筹规划、循序渐进,公开透明、自愿申请,分批考察、择优指定"的原则,组织开展了首批慈善组织互联网募捐信息平台遴选工作。经专家委员会评审,并经社会公示,指定腾讯公益网络募捐平台、淘宝公益、新浪微公益等 13 家平台为首批慈善组织互联网募捐信息平台(见表 1)[2],轻松筹名列其中,这是民政部对轻松筹作为网络募捐平台资质的肯定,也是对包括轻松筹在内的网络募捐平台的一次整肃。

表 1　首批入围民政部肯定的 13 家网络募捐平台

单位	平台名称
腾讯公益慈善基金会	腾讯公益网络募捐平台
浙江淘宝网络有限公司	淘宝公益
浙江蚂蚁小微金融服务集团有限公司	蚂蚁金服公益平台
北京微梦创科网络技术有限公司	新浪微公益
中国慈善联合会	中国慈善信息平台
网银在线(北京)科技有限公司	京东公益互联网募捐信息平台
北京恩玖非营利组织发展研究中心	基金会中心网
百度在线网络技术(北京)有限公司	百度慈善捐助平台
北京厚普聚益科技有限公司	公益宝
新华网股份有限公司	新华公益服务平台
北京轻松筹网络科技有限公司	轻松筹
上海联劝公益基金会	联劝网
广州市慈善会	广州市慈善会慈善信息平台

目前轻松筹募捐平台可以发布三种类别的募捐项目。第一类是"微爱通道"项目,主要内容为大病救助、灾难救助和扶贫助学。第二类是"尝鲜预售"项目,即发起人(商户)向参与并支持轻松筹微爱项目的用户随机发放促销红包,该红包可用于购买商户在轻松筹平台发起的尝鲜预售产品。

第三是“梦想清单”项目，即为自己的梦想筹款，例如想发一张专辑、出一本书等。其中，“微爱通道”项目被轻松筹引为特色，并将其界定为个人求助性质，网站首页只展示其他两个项目，而微爱通道项目不被展示，只能依靠发起者个人进行链接转载。由于“微爱通道”性质有别于其他两个项目，在募捐流程上也有所不同。

轻松筹平台的“尝鲜预售”“梦想清单”项目主要参照规范的网络募捐流程运作，一般经过求助受理、审核资料等主要环节。首先由募捐发起者发起募捐项目，由网络募捐平台进行审核，审核通过后在网络募捐平台进行展示，并由投资者进行投资，投资成功平台在收取一定运营成本后将剩余资金打到募捐者预留的银行卡中；如果审核未通过或者筹集善款未成功，则项目失败，募捐者也可以重新发起募捐项目(见图1)。微爱通道与之不同，募捐项目发起之后，平台不进行审核直接生效，可由发起者随意转发募捐筹款，如果募捐成功，募捐者在提现时平台进行审核，审核通过则提现成功，否则无法提现，募得资金原路退回。

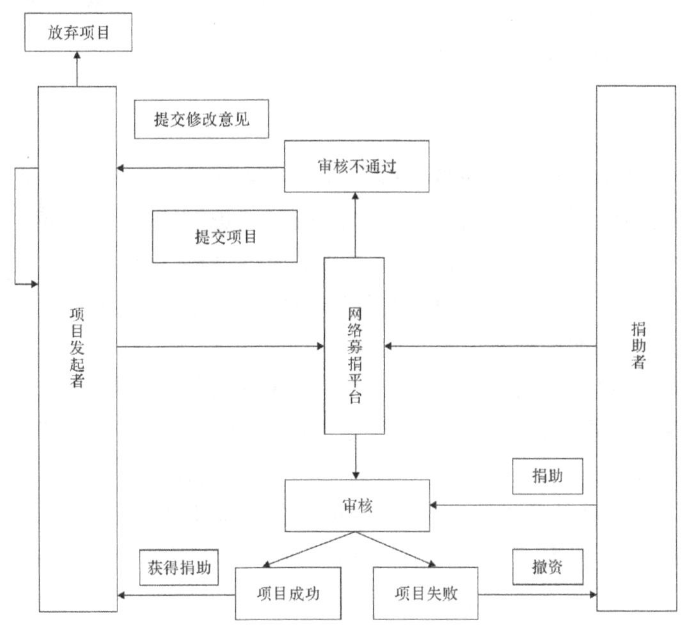

图1 网络募捐平台的募捐流程

二、网络募捐平台的监管方式

从上述流程中可以发现，虽然网络募捐的资金交易发生在项目发起者与投资者二者之间，但他们之间的沟通主要依赖于募捐平台。双方的利益，尤其是投资者的初衷是否能够达成，很大程度上依赖于平台的监管。有效的监管，将会促使平台运行得更为规范，也能最大程度地维护双方利益。目前就轻松筹平台而言，按照监管方式可以划分为平台的自我监管、政府的法律监管及社会监管三种。平台的自我监管是最基础的监管方式，相比较政府的法律监管和社会监管，平台的自我监管贯穿网络募捐流程的始终；政府的法律监管确立了网络募捐平台的合法性，从根本上规定网络募捐平台是否能够市场准入，对网络募捐平台的事前事后进行监管；社会监管较多地出现在事后监管，主要是营造强大的社会舆论力量对网络募捐平台的发展进行监管。

(一)平台的自我监管

平台的自我监管是网络募捐平台对自有平台募捐项目、流程、规章的规制监管,是监管方式中最为基础、直接有效的监管方式,轻松筹对自我平台的监管主要是依靠《轻松筹项目发起条款》及《红包活动条款》,其中《轻松筹项目发起条款》是轻松筹平台对所有项目发起者、项目本身做出的明确规定,发起者需要提交相关基本证明材料,并经过网站工作人员的审核后才能发布(除去微爱通道,微爱通道是在筹款成功之后、提现之前进行审核)。如果发起方是组织机构,则需要提交机构资质证照;如果发起人为个人,则需要提交身份信息。项目结束后提现的账号必须属于受助者本人或其直系亲属,发起人设立筹款金额应根据受助人实际需要进行填写,并保证资金不挪作他用。而《红包活动条款》仅针对尝鲜预售项目,指明商户自愿提供产品促销红包,供购买者在购买该商品时使用。在项目筹款的过程中,项目一旦受到他人实名举报,轻松筹团队则立即冻结项目,发起民间志愿者,对项目发起者的真实情况进行核实。整个监督过程符合《公开募捐平台服务管理办法》,对项目发起者、募捐信息、募捐事项的真实性做到了初步保障。

(二)政府的法律监管

政府的法律监管从根本上规范了网络募捐平台的运营,确立了网络募捐平台的合法性,是最根本的监管方式。目前,网络募捐平台的信息庞大冗杂、真伪难辨,公众对于网络募捐的规范性发展颇为关注,尤其是网络募捐的主体、善款的使用以及平台的合法性等方面。《公开募捐平台服务管理办法》是由民政部、工业和信息化部、新闻出版广电总局、国家互联网信息办公室联合印发,在法律层面上对网络募捐做出的明确规制政策。2016 年 8 月底,民政部指定腾讯公益网络募捐平台、淘宝公益、新浪微公益等 13 家平台为首批慈善组织互联网募捐信息平台,这是对网络募捐平台的一次整肃,同时也是将网络募捐平台置于政府监管之下的一次尝试。2017 年 2 月 16 日,民政部社会管理局就轻松筹平台存在的个人求助信息审核把关不严、对信息真实客观和完整性甄别不够等问题约谈平台相关工作人员,要求其严格按照《慈善法》《公开募捐平台服务管理办法》等相关制度规定,立即进行整改,强化公开募捐信息平台主体责任,履行社会责任,共同维护网络募捐良好秩序;积极引导不具有公开募捐资格的组织或个人与具有公开募捐资格的慈善组织合作;对于个人求助信息加强审核甄别及责任追溯,切实做好信息审核与风险防范工作。《慈善法》《公开募捐平台服务管理办法》的相继出台,为网络募捐平台的监管提供了法律支撑,是政府规制网络募捐平台发展弊病的政策措施。

(三)社会监督

除去平台的自我监管及政府的法律监管,社会监管对网络募捐平台的发展同样存在不可忽视的作用,尤其是在网络骗捐、网络诈捐出现之后,社会监管会形成一股强大的社会舆论力量,迫使网络募捐平台做出回应,扭正网络募捐平台发展的方向。社会监管网络募捐平台可以依赖三种途径,首先最直接有效的就是通过捐赠者来监督。以网络募捐平台善款监督为例,捐赠者作为直接的投资者,有权力监管善款的明细使用。在对项目成功募捐之后,投资者可以通过与项目发起者交流对其投资资金进行监管。其次,也是社会监管力量中最为重要的力量,即媒体监管。"在网络募捐过程中,新闻媒体可以随时发挥作用,跟踪报道,让公众了解和掌握网络募捐的情况,搭建一个公信力较强的信息披露平台,发挥好监督作用。"[3]最后,在网络骗捐、网络诈捐引发社会广泛关注、造成严重的社会影响后,舆论监督会成为社会监管在应对网络募捐突发事件时非常强劲的力量。由于网络募捐的传播渠道是线上网络,实地考察很难进行,网民在对其真实性的分析时也大多是对发起者的主观描述进行判断，缺乏客观事实支撑。但是强大的互联网为公共舆论的监督提供了坚实的基础，一旦有人对募捐项目存在异议，都可以在网络中发表疑问，如果问题属实，很容易引发多人关注，最后形成强大的舆论环境，迫使相关部门、平台本身引起重视。2017 年 2 月民政部约谈轻松筹即是在收到平台违规问题的实名举报之后做出的决策，可见公共舆论对网络募捐平台本身的监管还是起到了比较重要的作用。只要尝试着在百度搜索中输入"轻松筹"这三个字，随即能够搜索出约 1630000 个的相关链接，相关搜索栏目中则会跳出诸如"轻松筹就是个骗局""轻松筹 30 万互助靠谱吗""轻松筹需要什么证明""轻松筹是真的还是假的"等关键词搜索，这一方面能够验证轻松筹的高速发展程度，另一方面也可见公共舆论对轻松筹强大的监管力度。

三、网络募捐平台监管的瓶颈

网络募捐平台作为传统募捐的重要补充形式，是帮助有需要的人渡过难关的得力助手，那么加强对网络募捐平台的监管，规范网络募捐平台的发展就显得尤为重要。目前，网络募捐平台鱼龙混杂，对平台的监管还存在许多不足与障碍，主要表现为平台自我监管不成熟、法律监管不全面以及社会监管欠缺专业性，下文简要阐述。

(一)平台自我监管欠缺专业性

网络募捐的目的是帮助真正有需要的人，因此募捐项目的真实性是平台需要确认的第一要素，但是"众筹行为很大程度上是由投资者的主观因素决定的，而影响主观判断的一个重要因素就是语言的说服性。"[4] 网络环境存在复杂性和虚拟性，网民在判断募捐项目时缺乏具体的现实依据，因而只要募捐项目在言语上动情动理，极具说服性，就很容易能够吸引大量网民的同情与慷慨相助。某些心怀不轨的求助者在明确网络信息量巨大，信息的传播中也往往缺乏筛选、监督之后，恣意渲染放大其个人问题，造成片面观点、错误观点、过激观点"满网飞"。有些求助者虽然的确存在困难，发布的信息也具有一定的真实性，但是求助的金额却远远高出实际需求，而一旦这些网络骗捐、网络诈捐被大众识别，最终打击的是捐助者的慈善之心。以轻松筹为例，平台虽然要求项目发起者与收款者提供真实姓名、身份证号码、联系电话、手持身份证照片等基础信息，但这些信息只能对项目发起者的真实性做出一定的监督规范，项目信息的真实性还得不到确切保障，平台在鉴定募捐信息时也缺乏相应的技术支撑与专业知识支持。而轻松筹平台引为特色的微爱通道，为提高募捐效率，发起者无须提供任何基础资料就能发起募捐项目，在项目筹款成功、提现之前平台才进行资料审核，审核严重滞后，一旦募捐信息虚假错误，不仅伤害了公众的慈善之心，同时还会使社会资源陷入不平等的分配，使不需要帮助的人得到大众的帮助而真正需要帮助的人却仍然无法获得帮助，并最终导致社会群众道德冷漠，引发信任危机。而且网络诈捐、网络骗捐屡禁不止甚至成为常态，本身也是对平台建制初衷的一种违背。当然募捐信息的审核的确存在难度，这不仅涉及平台的审核能力，还需要专业知识的支撑，以微爱通道为例，如何鉴定募捐的金额是否与实际需要相符，不仅需要平台具备完备的医药医疗储备知识，还要对发起者当地的社保政策了如指掌，缺乏相关专业人员的支持无疑是牵制平台自我监管的一大障碍。

(二)政府法律监管尚不完善

政府对网络募捐平台的监管的确取得了一定的成绩，也能够从制度上规制网络募捐的发展弊病，但是我国网络募捐起步较晚、发展迅速，法规制定跟不上新情况的问题还十分严重。2016 年 9 月 1 日开始施行的《慈善法》规定，慈善组织进行公开募捐，应取得公开募捐的资格。不具备公开募捐资格的个人或组织可以和具备公开募捐资格的慈善组织进行合作,由慈善组织开展公开募捐活动并对所募集的款物进行管理。鉴于公民个人存在救助的实际需求,《慈善法》未曾明文禁止个人网络募捐,也没有对所筹善款作出具体的监管规定。因此,个人网络募捐目前还处于监管盲区。《公开募捐平台服务管理办法》明文规定个人为了解决自己或家庭的困难发布公开募捐信息、开展公开募捐的真实性由信息发布人负责。各级民政部门依法对慈善组织通过网络服务提供者、电信运营商提供的平台发布公开募捐信息、开展公开募捐的行为实施监督管理,而对于个人网络募捐行为仍然欠缺监管。换言之,在网络高速发展、人人慈善的时代,两部法律均以慈善组织为调整对象,个人网络募捐并不在《慈善法》《公开募捐平台服务管理办法》的调整范围内,但《慈善法》又没有明文禁止求助者和捐助者直接建立助人关系,只是表明一旦个人募捐信息有误,捐赠者需要风险自担。在缺乏法律监管的前提下,参与募捐的网络公民的利益易受侵害,而这种伤害的网络募捐行为却得不到法律的监管,在法律层面仍处于盲区,需要法律的后续完善跟进。例如轻松筹引为特色的微爱通道,平台将其界定为个人求助行为,不被《慈善法》所禁止或限制,并且“轻松筹”不是慈善组织,并不违反公司的经营范围。但是众筹项目被项目发起者发布在微信朋友圈、QQ或微博上,也算向不特定人群募集资金,那么一旦向社会不特定的人群募集款项,参与人数超过200人则涉嫌非法集资,这是否又造成违法?因此,如果募捐主体的资格得不到完备的认定,就必然导致各种安全隐患,提高了平台运营的风险程度,因此进一步完善《慈善法》以及相应配套法律就显得尤为重要。此外,对于网络骗捐、网络诈捐,法律应给予更为强制的监管,强化不诚信募捐的法律责任,对于诈捐、骗捐个人以及募捐平台做到“标本兼治”。

(三)社会监管相对薄弱

社会监管是规范网络募捐平台的最后一道防线,是网络募捐平台出现网络诈捐、网络骗捐之后最直接有效的监管方式,但是社会监管在现阶段仍处于不成熟的阶段,监管过程表现为首先由个别网友爆料引发媒体关注,继而引发大规模的舆论监督,一个稳定、持久、专业性及权威性的监管体系还有待建设。社会监管网络募捐虽然存在着捐赠者监管、媒体监管与舆论监督三种途径,但是这三种途径同样存在很多制约因素。首先很多捐赠者缺乏对后续善款的监管意识,往往在将资金捐赠给募捐者之后,就认为募捐过程已经结束,即使有小部分捐赠者拥有较强的监督意识与精力,但是受平台信息不公开、不透明的制约,也很难完成监督。其次,新闻媒体舆论监督立法、实践均处于发展初期,仍不完善,新闻媒体发挥监督作用有限,仍表现为突发性、短暂性,难以维持一个长期有效的监管体系。而且媒体大多只针对具有重大社会影响意义的网络募捐突发事件,例如“罗一笑事件”,但是受运营成本的制约,媒体很难对具体的网络募捐平台维持长期有效的监管。最后,舆论监督很容易引发群体性事件,群体不讲理性,做事不经大脑,缺乏自我判断力与批判精神,感情与思想的简单化与夸大化使群体中的个人既不懂怀疑,也不会犹豫。在受到偶然事件冲击后,他们丧失推理能力,随着群体的意识行动,根本不可能进行系统地逻辑推理,不会推理或者进行错误推理。现实中的一些网民甚至采取诸如“人肉搜索”的方式对网络募捐进行监管,其监管手段明显缺乏理性,甚至有可能会侵犯募捐当事人的隐私权或其他相关权利。因此,整个社会的监管体系还十分薄弱,处于不成熟阶段,对网络募捐平台的发展的监管也缺乏专业性与持续性。

四、加强网络募捐平台监管的对策建议

网络募捐的优势与作用是不可否定的,网络募捐的发展也是顺应“互联网 +”大潮的,并且越来越多的人和组织也选择了这种新型的募捐方式,但在没有良好且完备的监管前提下,网络募捐很

容易成为网络诈骗者的乐园，天津爆炸“球迷诈捐”、知乎女神“童瑶”诈捐24万元、网络主播凉山摆拍诈捐、“罗一笑事件”等众多网络骗捐、网络诈捐案件屡见不鲜、层出不穷。网络募捐平台作为专业性的募捐工具，一旦缺乏监管，轻则导致个体募捐平台的运营不善，重则影响整个募捐行业的行风，损害公众信任度，打击国家慈善募捐事业的发展。一旦缺乏监管，轻则导致个体募捐平台的运营不善，重则影响整个募捐行业的行风，损害公众信任度，打击国家慈善募捐事业的发展。规范网络募捐平台的发展，是规范网络募捐的第一步，也是推动网络募捐发展专业化、合法化的有力武器。因此，如何解决网络募捐平台存在的问题，化解人们爱心被消费的担忧，提升网络募捐平台的公信力是我们亟待解决的现实问题，针对上述问题，提出以下几点建议。

首先，完善平台的运营方式，提升平台的自我监管能力。网络募捐平台要完善募捐发起合同，进一步规范募捐流程，包括对发起者的身份、资料的审核，项目的募捐过程以及项目成功后的资金使用列清明细，方便项目发起者与捐助者进一步了解项目发起规则，提升平台信任感与自我监管能力，也为社会监管提供可行性基础。“水能载舟，亦能覆舟”，网络募捐的低门槛、便利性的确为网络募捐的快速发展创造了客观条件，但网络募捐平台在自身发展的同时，更应该追求质量，审核筛选更为优质的募捐项目，真正帮助有需要的人，对公众慈善之心常怀敬畏。平台的自我监管作为监管网络募捐的第一道程序在网络募捐中占据着最为重要的地位，必须得到平台的重视。

其次，加强法律的修订与完善，强化法律监管能力。慈善法的出台体现了政府对网络募捐的监管决心，但是一部慈善法还远远不能解决网络募捐出现的种种问题，法律的修订、政策的落实都应该继续跟进。当下，个人网络募捐盛行，很多公民在自己或其亲属遇到重病时都选择网络求助，轻松筹、水滴筹、爱心筹等各种募捐平台的盛行足以证明，但是个人网络募捐依然处于法律的盲区，其性质和法律后果均没有客观成文规定。因此要加强法律的修订与完善，对网络募捐的主体、平台的运营方式做出明确的规定。除此以外，对于网络诈捐、网络骗捐的现象，法律也要列清针对涉事募捐主体与募捐平台的惩罚规则。通过进一步完善并修订网络募捐法律，政府应确保真正做到有法可依，有据可循，为网络募捐平台的发展打下合法性基础。

再次，重视社会监管能力，强化社会监管范围。加强社会监管，一是要加强监管网络募捐的宣传教育，提升捐赠者的监管意识，培养捐赠者对募捐项目乃至募捐平台的监管能力。二是应加强新闻媒体及其他社会公众的监管能力，对于网络募捐平台的优劣选择，新闻媒体凭借作为舆论风向标的引领能力，树立正确的舆论导向，为普通的社会公众宣扬运营规范合理的网络募捐平台，对于不合法、不合理的网络募捐平台，媒体也应多披露、多检举，发动社会公众共同监管，营造强大的社会监管氛围。除此以外，还可以效仿国外的监管经验，发动社会各种力量，建立第三方的评估机构，对网络募捐平台实现规范化的监管体系。政府牵头，遴选网络募捐平台的专业人士作为评估机构的常驻专家，吸纳先进媒体的广泛参与，组成一个常态化的、专业的第三方评估机构，对网络募捐平台的发展进行专业系统的监管。“对网络募捐全过程进行跟踪和监管，监控善款、善物的使用和流向，对不公正的现象进行纠正，对普通公众的募捐行为进行正确引导。”[5]集结公民、媒体与第三方专业机构等各种社会力量，为网络募捐平台创造一个多元监督的发展氛围。

最后，引导公众培养理性思维。虽然网络慈善监管仅靠自律无异于是在用规则漏洞考验人性，但是网络募捐、互联网本身的发展均可谓日新月异，法规制定跟不上新情况的问题可能会长期存在。在规制未完善之前，我们不得不依赖于公众的自我辨别。在中国这样一个人情社会，朋友圈发起募捐，熟人们基于情感需求，大多不会追究其真实性及必要性，“赠人玫瑰，手有余香”，即便是未曾进行资金捐助，也乐意将募捐链接进行转发，缺乏理性的人很容易出于帮助他人的心理，随手转发各种募捐链接，再通过熟人的朋友、朋友的熟人扩散出去，最终变成一张关系网，从而“轻松”筹得资金。因此，捐款人通过朋友圈或者其他途径看到捐款信息时，要保持理性，核实项目本身的真实性,在确认项目的真实性后再进行捐款或转发,防范善心被人利用。

参考文献:

[1]李世东.中国林业信息化发展报告[M].北京:中国林业出版社,2016:471.
[2]皮磊.13家互联网募捐平台都是什么来头[N].公益时报,2016-8-30(009).
[3]王俊秋.论构建和谐社会中的慈善事业监督体系[J].社会科学家,2008(5).
[4]王伟,王洪伟.众筹融资成功率与语言风格的说服性[J].管理世界,2016(5).
[5]向鹏.关于完善网络募捐监管法律制度的思考[J].华南理工大学学报,2017(5).

清单制度下县乡财政事权与支出责任划分问题研究

——以海宁市为例

王 超

（浙江财经大学东方学院财税分院，浙江 海宁 314408）

摘 要：建立事权与支出责任相适应的制度，是党的十八届三中全会提出的三大财政体制改革任务之一，而通过制度解决压力体制下的县乡财政困难、理顺县乡财政关系、提升县乡治理效能，不仅是学术界长期关注的话题，更是利于辖区企业转型发展和居民生活水平提高的现实需要。本文将事权与支出责任划分同权责清单制度放于同一框架进行讨论，在对海宁市当前权责清单制度的实施现状及存在问题进行深入解读的基础上，指出应借助当前已有权责清单制度，依据划分事权和支出责任的三项基本原则，进一步梳理并公布与事权相匹配的支出责任清单。

关键词：权责清单制度；事权；支出责任；县乡政府；财政

一、引 言

县乡政府在国家治理和公共服务提供中具有极为重要的地位和作用，长期以来一直承担着为县域居民提供基础教育、医疗卫生、社会保障及福利救济等基本公共服务职能[1]。但 1994 年分税制改革造成“财权层层上移、事权层层下移”，使县乡财政困难加剧，而取消农业税后，乡镇财政困难问题更加突出，基层政权运转困难，严重影响了财政在国家治理中的基础和支柱作用的发挥[2]。虽然全国各地各级政府为解决上述问题，陆续开展了省直管县、乡财县管、扩权强镇等方面的体制改革，但对改革效果的评价褒贬不一，其主要原因是上述改革并未完全解决财政管理体制中的关键问题：事权与支出责任不匹配。

因此，要解决县乡财政困境，使其更好地服务于当地企业与居民，关键是要实现不同层级政府间的权责匹配，建立事权与支出责任相适应的县乡财政体制。而当前在全国范围内大力推行的权责清单制度，不仅关系到如何划分政府与市场的边界，也涉及如何界定不同层级政府间的职责权限，而后者的明确，恰恰是理顺和调整县乡财政关系、解决乡镇财政问题的基础。浙江省在权责清单制度贯彻落实方面一直走在全国前列，2014 年 10 月公布全国首份省级政府权力清单，2016 年 12 月率先在国内实现省市县乡四级政府权力清单全覆盖。尽管浙江省乡镇权责清单已经公布，但要保证乡镇政府切实按照清单行使权力、履行责任，从而提升乡镇政府的治理能力，还必须有与之相匹配的县乡财政体制和财力支持。因此，亟须对以下问题进行思考和探究：目前公开的权责清单项目是否科学合理？权责清单和事权清单与支出责任清单之间有何异同？如何在权责清单的基础上合理制定财政事权清单和支出责任清单?

当前不乏关于县乡财政体制改革、事权与支出责任划分、权责清单制度落实等方面的研究,但是少有研究将三者放在同一框架内进行分析,考察三者间的相互关系。为此,本课题将以海宁市为例,对上述问题进行调查研究,试图提出划分事权与支出责任的基本原则和注意事项,为相关部门进一步完善清单制度提供参考。

二、全国及浙江省权责清单制度现状

党的十八届三中全会明确提出,要通过制度的发展完善以推进国家治理现代化,这也是全面深化改革的总目标。而建立怎样的长期制度以正确处理政府与市场、政府与社会、各级政府间纵向及横向关系,是实现国家治理现代化的关键[3]。因此,十八届三中全会明确要求"推行地方各级政府及其工作部门权力清单制度"。2015 年 3 月,国务院《关于推行地方各级政府工作部门权力清单制度的指导意见》提出"推行地方各级政府及其工作部门权力清单制度,是国家治理现代化建设的重要举措,是未来一个时期推进政府自我革命、提升政府治理绩效的关键手段"。

浙江省积极响应中央号召,在权责清单制度建设方面领先全国其他省份,努力构建"权界清晰、分工合理、权责一致、运转高效、法治保障"的政府职责体系和组织体系,打造"有限、有为、有效"的现代政府[4]。2014 年 3 月,富阳市正式公布了全国首份县级权力清单,同年 10 月,浙江省公布全国首份省级政府权力清单,2016 年 12 月实现省市县乡四级政府权力清单全覆盖。特别是 2015 年 11 月发布的《浙江省人民政府办公厅关于深化权力清单责任清单工作的意见》,重点强调要理顺乡镇(街道)与县级部门、村(社区)关系,规范乡镇(街道)行政权力,明确责任事项,编制并公布权责清单,接受社会监督,不断加强基层政权建设、提升社会治理能力。然而,由表 1 可以看出,尽管全国各省均在不同程度上以不同形式对政府权责清单进行公布,但目前为止,仍仅有不到一半的地区公布了乡镇一级政府权责清单,且其中只有安徽和浙江两省实现了乡镇权责清单全覆盖。

表 1 全国省级政府部门权责清单制定情况统计

地区	权力事项总数	权力编码	权力类型	权力流程图	责任清单及公布形式	公布网站	乡镇权责清单
北京	2428	部分有	9+X	部分有	有,单列	市政府网站	无
天津	4675	有	9+X	有	有,权责一表	市政府网站	无
河北	3823	有	9+X	无	有,单列	省政府网站	无
山西	3090	有	9+X	有	有,单列	各部门网站	无
内蒙古	3950	无	9+X	无	有,权责一表	自治区政府网站	无
辽宁	1928	无	9+X	无	有,权责一表	省政府网站	无
吉林	3777	有	8+X	无	有,权责一表	省政府网站	无
黑龙江	3121	有	8+Y+F+X	有	有,权责一表	省政府网站	无
上海	4384	无	9+F+G+Z+X	无	有,权责一表	各部门网站	无
江苏	5647	有	8+Y+X	有	有,单列	省机构编制网	部分
浙江	4281	无	8+X	有	有,单列	省政务服务网	全部
安徽	1709	有	8+X	有	有,权责一表	省电子政务大厅	全部
福建	4049	无	8+J+Y+X	无	有,单列	省网上办事大厅	部分

续表

地区	权力事项总数	权力编码	权力类型	权力流程图	责任清单及公布形式	公布网站	乡镇权责清单
江西	3260	有	8+X	无	有,单列	省政务服务网	部分
山东	3725	有	9+X	有	有,单列	省政府网站	部分
河南	3239	无	6+X	有	有,单列	省政府网站	无
湖北	2607	有	9+X	有	有,权责一表	省政府网站	部分
湖南	3722	无	9+X	无	有,单列	省政府网站	部分
广东	7867	无	7+Z+X	无	无	省政府网站	无
广西	2192	无	9+X	无	有,单列	自治区政府网站	部分
海南	2046	有	9+X	部分有	有,单列	省政府网站	无
四川	6985	部分有	9+X	部分有	有,单列	省政府网站	无
重庆	3784	有	8+J+X	部分有	有,权责一表	市政府网站	部分
贵州	2109	无	9+X	无	有,权责一表	省政府网站	部分
云南	6321	无	9+X	无	有,权责一表	省政府网站	部分
陕西	4405	无	9+X	有	有,权责一表	省清单发布平台	部分
西藏	2711	有	9+X	有	无	自治区政府网站	无
甘肃	3758	无	8+J+X	无	有,权责一表	省政务服务网	部分
青海	7488	有	9+X	有	有,单列	省政府网站	无
宁夏	1941	无	9+X	无	有,权责一表	自治区政府网站	无
新疆	2569	有	9+X	无	有,权责一表	自治区政府网站	部分

注:该表主要引自《权责清单制定中的难题与对策》一文[5],最后一栏“乡镇权责清单”则由本文作者添加。

三、海宁市权责清单制度实践及问题所在

(一)海宁市权责清单制度的探索与深化

海宁市在权责清单制度建设及落实方面紧跟省政府步伐,自 2014 年至今做了很多尝试和深化。海宁市自 2014 年 4 月份起,将建立权力清单制度作为全市重点工作,依据“简政放权、职责法定、便民高效、权责一致、公开透明”的基本原则,重点从清权、减权、制权三大环节入手,结合该市要素市场改革,对照法律法规、“三定”方案及行政审批制度改革等情况,采取职权取消、转移、下放、整合等措施,依法开展职权清理,着手梳理权力清单。经过“三报三审”,最终把原来 8643 项行政权力,削减至 3966 项,其中行政许可事项仅保留 113 项,成为全省范围内行政许可事项最少的县市。2014 年 9 月 24 日,海宁市通过“中国海宁”政府门户网站向社会公布政府部门权力清单意见征求稿,广泛征求社会意见,在此基础上确定最终清单,正式“晒权”。

此后,海宁市不断深化权责清单工作,于 2016 年 3 月推出权力责任清单 2.0 升级版,更新乡镇(街道)、功能区的权责清单并同步上线公布。此次制度推进主要体现在四方面:其一,推进乡镇政府权责清单全覆盖;其二,建立和完善基本公共服务清单;其三,依据“法定职责必须为”原则,对职

责边界事项进行重新梳理和调整;其四,规范事中事后监管制度,构建"双随机"±抽查机制。而海宁市在 2017 年又开始进一步推进村级权力清单,例如硖石街道、马桥街道、周王庙镇等根据实际情况,相继将涉及村级权力的条文进行整理,进而公布"小微权力清单",要求每名村干部都按照清单办事。

目前,海宁市 8 个镇、4 个街道、2 个功能区的权责清单均已上线,每个乡镇(街道)的法定权力清单均主要分为行政许可、行政处罚、行政强制、行政给付、行政裁决、行政确认、行政奖励及其他行政权力等八个模块,权力清单项目总数在 93～128 项之间;责任清单分为主要责任、与相关部门的职责边界、事中事后监督事项及公共服务事项四大部分,其中公共服务事项又具体分为基本公共服务事项和其他服务事项两类,主要责任清单项目数量为 8～12 项。分乡镇权责清单的具体项目梳理详见表 2 及表 3(鉴于盐官旅游度假区和海宁经济开发区的特殊性,本文未将两个功能区的相关数据进行展示)。

表 2 海宁市各乡镇(街道)权力清单情况统计

乡镇(街道)	法定权力清单									承接委托下放的权力
	行政许可	行政处罚	行政强制	行政给付	行政裁决	行政确认	行政奖励	其他行政权力	共计	
许村镇	6	8	1	4	2	7	27	73	128	37
长安镇	6	8	1	4	2	7	27	73	128	46
周王庙镇	6	8	1	4	2	7	27	73	128	30
盐官镇	6	8	1	4	2	7	27	73	128	35
丁桥镇	6	8	1	4	2	7	27	73	128	30
斜桥镇	6	8	1	4	2	7	27	73	128	25
袁花镇	6	8	1	4	2	7	27	73	128	36
黄湾镇	6	8	1	4	2	4	27	73	125	30
硖石街道	5	7	1	4	2	6	24	69	118	28
海洲街道	5	7	1	4	2	6	24	69	118	26
海昌街道	5	0	1	4	2	6	24	68	110	29
马桥街道	3	7	1	3	1	5	9	64	93	28

数据来源:浙江政务服务网海宁市各乡镇(街道)网站。

表 3 海宁市各乡镇(街道)责任清单情况统计

乡镇(街道)	责任清单				
	主要职责	与相关部门的职责边界	事中事后监督事项	公共服务事项	
				基本公共服务事项	其他服务事项
许村镇	10	7	9	14	13
长安镇	12	7	9	14	10
周王庙镇	11	7	8	13	8
盐官镇	10	9	9	14	10
丁桥镇	10	7	9	14	11
斜桥镇	11	7	9	21	8

续表

乡镇（街道）	责任清单				
	主要职责	与相关部门的职责边界	事中事后监督事项	公共服务事项	
				基本公共服务事项	其他服务事项
袁花镇	10	7	10	14	12
黄湾镇	11	7	7	14	10
硖石街道	12	7	2	14	3
海洲街道	12	7	3	11	2
海昌街道	11	7	7	12	8
马桥街道	8	7	6	15	12

数据来源：浙江政务服务网海宁市各乡镇（街道）网站。

（二）海宁市权责清单制度存在的问题及不足

通过表2、表3可以看出，尽管海宁市每个乡镇（街道）均按照省市政府的相关要求对权责清单进行了梳理并及时公布，但是具体分析清单数量差异及内容可以发现，目前乡镇一级的权责清单仍存在诸多问题，亟待调整修正。

第一，权责清单项目总数及分项数目差异较大。权力清单方面，许村镇、长安镇、周王庙镇、盐官镇、斜桥镇、丁桥镇、袁花镇七个乡镇在清单项目总数（128项）及各分项清单数量上完全一致，而黄湾镇、硖石街道和海洲街道、海昌街道、马桥街道则在清单项目总数上依次减少，分别为125项、118项、118项、110项和93项，并且不同分项清单数量差异较大，如海昌街道的行政处罚清单为0项，而其他乡镇（街道）均为7～8项。责任清单也存在同样问题，例如马桥街道的主要责任清单数量最少，为8项，其他乡镇10～12项不等；公共服务事项清单总数（基本公共服务事项与其他服务事项之和）中，海洲街道最少共13项，斜桥镇则最多共29项，超过前者一倍。尽管不同乡镇（街道）在经济社会发展中有其特殊性，存在一定的差异也属正常，但在同一县级市范围内，在一些具体事项中出现如此大的差异，其合理性难免遭到质疑。

第二，权责清单项目分类不合理、不清晰。法定权力清单中，“其他行政权力”一栏的项目数量占权力清单总数的50%以上，说明大部分的乡镇法定权力事项没有做好分类或不清楚如何分类，不利于辨别权力类型以及对其进行监管。而责任清单也反映出不同乡镇（街道）对责任类别认识不清，划分标准不一。以“公共服务事项”中的两个分项为例，斜桥镇将“消防宣传日”一项放于“基本公共服务”中，而许村镇、丁桥镇等则将其纳入“其他服务事项”；硖石街道将“除四害工作”放于“基本公共服务”中，而周王庙镇、海昌街道等则将其纳入“其他服务事项”。将同一项工作纳入不同类型的责任清单中，不仅说明当前责任清单分类不合理，更重要的是在不同类别的责任清单栏目下，乡镇（街道）政府对同一项责任的重视程度也会产生差异，直接影响其责任的落实，进而影响当地企业生产与居民生活。

第三，乡镇权责清单中有大量事项与上级政府及其相关部门存在交叉、重叠。各乡镇（街道）的权力清单中，承接委托下放的权力（即根据法律法规规章规定，本地承接上级政府及其部门委托下放的权力事项）有25～46项之多，而责任清单中，属于乡镇与上级相关部门职责边界的事项也有7～9项。而通过具体查看事项介绍，可进一步发现一些责任事项会与多个部门产生关联，如“建筑垃圾管理”一项责任，乡镇政府需要与市综合执法局、市发改局、市场监管局、市公安局、市农经局、市环保局、市住建局、市交通运输局、市水利局、市国土资源局等十个上级部门划分职责分工，尽管清单对不同部门的分工作了详细介绍，但难免有一些具体工作会出现多个部门职责不清、交叉管理的情况。

四、基于权责清单制度划分县乡事权及支出责任的探讨

(一)基于财政体制的初步讨论

众所周知，在分税制改革之后一方面形成了“财权层层上移、事权层层下移”的财政体制问题，使县乡基层政府的财权与事权严重不匹配，财政压力加剧；另一方面，由于分税制改革更重视财权的划分，对事权及其支出责任划分并不明确，导致不同层级政府间存在很多共同财政事权与支出责任，交叉管理和相互推诿的情况并存，严重影响了政府职能转变及其作用发挥[6]。尽管大多学者将中央与地方间的事权与支出责任不明晰、不匹配问题作为研究重点，但事实上，省以下政府间，特别是县乡政府间的此类问题更加严峻，亟待解决，而权责清单制度则为解决这一问题提供了基础条件。

从权责清单制度的实践现状来看，全国范围内已基本实现了省市县三级政府权责清单全覆盖，而且清单内容也从“一张清单”不断向更加全面完善的“四张清单”延伸，即首先公布权力清单，然后是权责清单，在此基础上补充负面清单和专项资金管理清单。但目前为止，清单制度中存在的问题也较为突出，一是乡镇一级政府的权责清单制度建设仍处于初级阶段，二是现有清单制度更加重视对政府行政权力的“清权、减权、放权”，在厘清政府与市场、政府与社会的关系方面取得显著成效，对转变政府职能、释放经济活力起到了有利推进作用，而且为接下来利用清单制度正确划分事权与支出责任，奠定了良好的制度基础。下一步即需要在厘清四级政府权责清单的基础上，将政府间财政关系纳入考虑，因为只有在权责对等，事权与支出责任相匹配的前提下，不同层级政府及相关部门才有更充分的能力和更强烈的意愿依法执行权力、履行职责。同样，海宁市要实现县域内县乡两级政府间事权与支出责任合理匹配，也应基于当前权责清单制度展开讨论。

(二)基于海宁实践的具体分析

通过对海宁市乡镇(街道)权责清单的梳理及其问题分析，可以发现当前有三大因素对合理划分县乡间事权与支出责任形成阻碍。第一，法律法规约束的缺失。目前为止，我国尚没有一部专门针对政府间事权范围做出明确规定的法律法规，特别是对县乡两级政府间的相关规定更加模糊[7]。在政治集权的情况下，事权划分没有明确的法律依据，意味着上级政府有权决定下级政府事权，使下级政府的事权范围的界定存在差异性和随意性。第二，县乡政府间事权划分不清。该问题已经在上节内容中明确指出，即乡镇政府受委托代理的“责任共担”过多，同一事务与上级政府多个部门“齐抓共管”，造成职责不清、事权重复、无从问责的现象，再加上没有明确划分支出责任，最终导致行政运行效率偏低、政策目标难以实现。第三，乡镇政府财权财力与事权不匹配。分税制改革不仅导致央地间财政关系的失衡，其影响也延伸到省以下财政体制，当然也包括县乡财政体制，乡镇政府处于我国政府层级的最底端，其财政地位也必然最为弱势，在事权不清的情况下，经常出现下级政府出钱干上级政府的事、上级政府伸手过长干下级政府事的情况，导致很多乡镇政府一级财政的地位受到严重损害，其人员工资发放和机构正常运转都难以得到保障，并由此诱发严重的乡镇债务问题。尽管海宁作为全国百强县，其经济实力与财政能力均优于大部分县市，但也难以彻底摆脱乡镇政府的弱势地位所带来的负面影响。

为使乡镇一级财政地位得以保障，乡镇政府职能得以更好发挥，必须建立并理顺县乡政府事权

与支出责任相适应的正确关系，其有效途径便是将财政事权与支出责任划分改革与当前的权责清单制度相结合。首先基于权责对等的原则，对当前的责任清单进行重新梳理修正，重点是对多部门的共同事权进行论证及调整，减少或避免出现职能不清、事权重复的情况。在此基础上，按照支出责任跟事权走的基本原则，明确各级政府及同级政府间的支出责任，适时推出支出责任清单，并给予相应的财力支持。

（三）事权与支出责任的划分原则

而在具体划分事权和支出责任时，要遵循以下三个基本原则[8]：一是外部性原则，或称受益范围原则，假如一项事权的执行只使本乡镇（街道）得益或受损，这个事情就交由本地管理，如果产生跨区域的外部性影响，则应由县级政府统筹管理。二是信息处理复杂性原则，根据第一代财政分权理论，越基层的政府越了解本辖区社会经济发展实际情况及居民偏好，因此对那些可能存在信息不充分及不对称的事项，应主要由乡镇政府管理。三是激励相容原则，事权的划分，让参与人即使按照自己的利益去运作，也能实现整体利益最大化，这种体制就是激励相容的。进一步讲，如果某一事权的外部性和信息处理复杂性都很高，或都很低，这时就要引入激励相容机制：出现前者情况时，事权应归县级政府，但支出责任宜下放至乡镇，上级出钱、下级办事，通过转移支付、定向购买、事后补助等方式委托地方承担相应的支出责任，发挥两个积极性，才能符合激励相容原则；而出现后者情况时，事权和支出责任都应放在乡镇。尽管本文未对事权与支出责任的划分开展操作层面的具体讨论，但无疑将对县级政府重新审视权责清单制度，并在此基础上梳理进而公布财政事权及支出责任清单提供了方向性的指导建议。

参考文献：

[1]李一花，乔敏，仇鹏．县乡财政困难深层成因与财政治理对策[J]．地方财政研究，2016(10).
[2]冯兴元．县乡财政管理体制：特点、问题与改革[J]．农业经济问题，2010(1).
[3]卢洪友，张楠．政府间事权和支出责任的错配与匹配[J]．地方财政研究，2015(5).
[4]鞠建林．全面推行权力清单制度、再创浙江体制机制新优势[J]．中国机构改革与管理，2015(5).
[5]中国行政管理学会课题组．权责清单制定中的难题与对策[J]．中国行政管理，2017(7).
[6]刘承礼．省以下政府间事权和支出责任划分[J]．财政研究，2016(12).
[7]蓝蔚青．在权责清单下政府职权的三维配置优化[J]．党政研究，2016(1).
[8]白景明，等．建立事权与支出责任相适应财税制度操作层面研究[J]．经济研究参考，2015(8).

我国地方政府性债务问题与对策研究

闫新华

（浙江财经大学东方学院金融与经贸分院，浙江 海宁 314408）

摘　要：近年来，地方政府性债务的规模在不断扩张，风险不断积聚，尽管我国通过一系列法规制度建设初步建立了相应的地方债务管理系统，但仍存在着诸多难题。地方政府的债务问题给我国地方财政的正常运行和经济发展带来了不利影响，也引起了人们的广泛关注。因此，本文主要阐述现阶段我国地方债务的现状，深入分析我国政府地方性债务存在的问题，并从完善我国地方债务信息披露制度，规范地方政府债券发行机制，理顺两级政府的分配关系，创新融资渠道等方面提出有效措施缓解我国地方政府性债务问题的对策。

关键词：地方政府性债务；债券发行；债务风险；债务率

一、问题的提出

我国地方政府性债务由我国地方政府债券和2014年末之前非政府性债券形式存量政府债务两部分组成。地方政府债务实质上是地方政府在发展过程中对资金的一种跨期配置，在为加快当期经济发展，推动社会进步，增加了各地的基础设施建设带来继续资金的同时，增加了地方政府未来发展的负担。地方政府适度举债能更好地优化资源配置，对推动地方经济增长具有重要意义，但举债规模过高就会形成债务风险。我国地方负有偿还责任的债务可以追溯到改革开放以后，特别是1998和2008年爆发的金融危机使地方政府债务规模快速增长，据国家审计署公布的数据，1998年地方政府性债务余额比上年增长48.2%，而2009年地方政府债务余额比2008年增长了61.9%，截至2016年年底，全国地方政府债务余额高达15.32万亿元。虽然我国地方政府总体债务率，低于国际惯例的警戒线，风险总体可控。但如果分省份来看，某些省份的债务率已超警戒线，债务风险较高。地方政府债务规模的快速增长，长期积累的地方政府债务风险以及由此引发的潜在风险，引起各界对我国财政金融风险的担忧。因此，控制地方政府债务规模、降低区域性和系统性金融风险已成为当前亟待解决的重要问题。

二、我国地方政府性债务的现状

自1994年分税改革以来，中央将财政收入权力上移，同时将一些事权向地方政府下移，造成了财权和事权的严重不匹配，致使地方政府的财政收支缺口加大，地方政府开始通过举债弥补缺口或增加支出，这也使得地方政府的债务逐年增多。2015 年新《预算法》等法律法规的出台，对地方政府的债务规模产生了一定的约束，因此，截至 2016 年末，虽然我国地方各级政府性债务总规模仍高达 15.32 万亿元，但相对于 2015 年底我国地方各级政府性债务总规模下降了 4.3%，相比前几年的直线上升，近几年地方债务的规模趋于稳定，并有所下降。从地方政府债务分布来看，各地区负有偿还责任的债务余额规模差别较大，如图 1 所示，2016 年底，各地区的债务余额排名前六位的依次是江苏 10915.4 亿元、山东 9444.4 亿元、贵州 8709.8 亿元、广东 8530.8 亿元、辽宁 8526.2 亿元和浙江 8389.9 亿元，西藏债务最少，只有 57.9 亿元①。

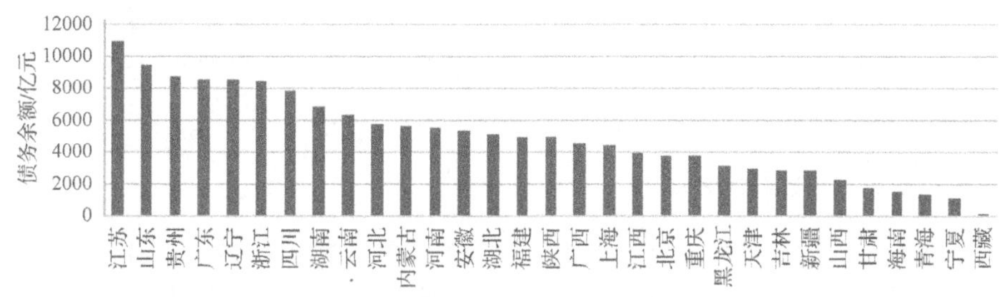

图 1　2016 年年底各地区负有直接偿还责任债务余额

2015 年 1 月 1 日，新《预算法》颁布以后，地方政府债券成了唯一合法的融资渠道。因此，在其他形式的债务减少的同时，债券的发行在增加。据统计资料表明，2015 年我国地方政府发行债券 3.8 万亿元。全国人大批准，2016 全年新增一般债务 7800 亿元，专项债务 4000 亿元，新增地方政府债务限额共计 1.18 万亿元，再加上发行约 5 万亿元的置换债，2016 年地方债券发行总额达 6.18 万亿元。与 2015 年相比增加 2.38 万亿元②。截至 2017 年 9 月底，我国地方政府发行了 1.46 万亿元新增债券和 2.14 万亿元的置换债券，共计 3.6 万亿元，占该年新增限额的 88.3%。

根据国际惯例，衡量地方政府债务规模大小的指标主要是债务率的高低，国际上通用的债务规模警戒线是 100%，70%～100%为预警区间。从我国各省的具体情况看，债务率排前五位的是贵州、辽宁、内蒙古、云南和陕西，分别为 178.9%、160.2%、121.7%、116.0%和 104.5%，超过了 100%的警戒线，存在较为严重债务风险，必须引起足够的警惕和重视。青海、宁夏、河北、黑龙江、湖南等 14 个地区的债务率在 70%～100%已经进入了预警区间，也必须加以关注，新疆、安徽、湖北、江苏等 12 个地区的债务率低于 70%。尚处于较为安全的区间。

另外，截至 2014 年末，地方政府债务余额中，90%以上是通过非政府债券方式举借。根据新《预算法》，对于清理甄别后纳入预算管理的非政府债券形式的政府存量债务，通过发行地方债券置换转化。2015 年，财政部下达置换债券已实现对地方政府到期债务的全覆盖。2016 年，地方政府进行了 5 万亿元的债务置换，2017 年前三季度进行了 2.46 万亿元的债务置换。

三、我国地方政府性债务的问题及成因

（一）地方债务信息透明度较低

清华大学发布的《2016 年中国政府财政透明度研究》显示，2015 年全国政府公开地方债务情况

① 杨志锦.全国债务图谱：这些债务率超过 100%的省份都值得警惕[N].财经频道，2017-12-17.

② 李红霞.新形势下地方政府性债务风险与防范[J].地方财政研究，2017(6).

的仅有 37.2%的地级以上市政府,以及 22.9%的县级政府。与其他财政信息透明度相比,地方债务信息透明度相差甚远。尽管《预算法》规定在发行地方债券时,要向社会公布具体的债务数据。但是地方债务具有特殊性、敏感性等特征,实现信息的完全披露一直没有实现。主要有三点原因:一是地方政府债务统计口径复杂。二是地方政府对债务数据比较敏感,不愿对外公布,担心一旦公布会对当地融资产生不利影响。即使有些政府对外公布,也存在数据漏报、虚报等情况。三是隐性债务无法知晓。地方政府向人大提交的地方债主要以新增债务、置换债券以及债务余额限额为主,对债务资金使用的详细预算、偿债资金来源、债务余额限额确定没有明确的规划,监管部门难以清晰地了解其债务的具体情况。我国地方政府债务信息透明度低,使社会监督缺乏信息支持。《国务院关于加强地方政府性债务管理的意见》要求建立地方政府债务公开制度,并要求定期向社会公开政府债券发行程序及资金使用方向,但是对其公开的具体内容和公开程度并未提及,导致投资人及社会公众由于缺乏对地方政府债券的知情权而无法有效实行其监督权。

(二)地方政府债务监管不规范

一直以来,各级地方政府没有成立一个专门的债务管理机构,地方政府债务的监管权限分散于审计、财政及监察等部门,如此的状况使得各部门之间难以密切配合与协调,同时对债务的情况也难以做到准确而有效的把握,无疑放任了地方政府的举债行为,同时举债主体、举债规模、举债程序、举债责任及偿债途径没有统一的法律制度来约束,导致部分地方政府法律意识淡薄。尽管新《预算法》和《意见》中对地方政府举债的方式有了明确规定,但一些地方政府违规举债、变相举债,为企业提供担保承诺的现象仍层出不穷。据相关数据统计显示,截至 2015 年年底,浙江、山东、四川、河南四个省违规担保承诺的方式举债共计 153.5 亿元。此外,随着 PPP 模式的兴起,政府和社会资本合作促进经济转型升级,拓宽了我国地方政府的融资渠道,但借 PPP 融资渠道变相举债的现象开始不断涌现,增加了地方政府债务的监管难度。

(三)地方债评级难以做到有效评估和预警

目前,我国地方债信用评级缺乏客观公正的市场检验,机构的资本规模、业务水平和竞争力方面依然较弱,且地方政府债务统计口径不同,信息披露透明度低、时效性弱,限制了信用评级信息。当前我国的债券评级市场主要采取的是发行人付费模式,相比于投资者付费模式,更容易出现逆向选择的问题。原因是信用评级机构与发行主体的地方政府相比,处于弱势,信用评级市场竞争比较激烈,一些信用评级机构为了自身的利益,很可能做出让步,使债券评级结果普遍偏高,不真实可信。如:2015 年发行债券省市均获得最高信用等级 AAA 债项评级,但是从实际收益来看,地方政府的经济实力以及财政收入能力的差异问题依旧没有得到体现。同时,我国缺乏信用评级方面的专门法律,仅有部分法规散条于《公司法》、《证券法》及证监会、中国人民银行、银监会、保监会等部门发布的通知、准则、暂行条例等部门规章中。上述法律、规章的一些条款由于只是从某个方面对于债券评级进行规定,所以存在一定的单一性。因此,国家有必要出台专门的法律,从客观上对于信用评级机构资格及信用评级的过程及环节进行规范,从而保证最后评级结果的可信度。

(四)地方债务置换规模增加,加大了未来地方政府债务的风险

前已述及,新的《预算法》规定,对于清理甄别后纳入预算管理的非政府债券形式的政府存量债务,通过发行地方债务券置换转化,新的《预算法》颁布后的 2016 年和 2017 年地方政府都进行了大规模的债务置换。通过债务置换实际上是将到期的地方债展期,转换成中长期债务,通过借新债来还旧债,以缓解地方政府偿债压力。将债务向后延伸,地方债务风险爆发延后,但实际上要偿还

的本金分文未少，因此债务置换并不能从根本上解决地方债务问题，地方债务的不断积累必然给未来债务的偿还带来巨大的风险和压力。

四、缓解我国地方政府债务的对策

(一)完善我国地方政府债务信息披露制度

新《预算法》及国务院《意见》对地方政府债务的信息披露都做了相应的规定，新《预算法》规定通过完善地方政府的债务统计报告全面真实反映地方政府的负债情况，而《意见》规定，地方政府必须定期向社会公众公布政府债务及项目建设情况。较高信息透明度是投资者审视和评估地方政府债券安全性、流动性和收益性的重要依据，也是对地方政府债务监管及规避风险的基本前提。要完善地方政府债务的信息披露，地方政府首先应尽快加强债务信息披露制度建设，强制规定地方债券发行前信息披露的内容和格式，并对地方政府披露的债务信息进行严格审查，以确保信息的真实性；其次完善政府的预算体系，将地方债务纳入预算管理，使地方政府对债务的规模和风险有明确的认识；再次完善会计制度，将地方政府债务通过资产负债情况如实地反映出来，使地方政府的隐性债务显性化，以提高地方经济、地方财政债务的透明度，进而降低我国地方政府债务风险。

(二)规范地方政府债券的发行机制

我国已经基本实现了利率市场化，但从现状来看，仍然存在地方债券发行由政府垄断定价的现象。这不仅降低了投资者债券投资的参与度，同时也抑制了二级市场地方债交易的活跃程度，最终会使金融市场难以健康发展。因此，必须规范我国地方债券的发行机制。首先应把由政府垄断定价转化为市场定价，杜绝政府对地方政府债券利率的影响，同时政府通过招标的方式确定承销机构，并且通过包销的方式进行地方债的发行，从而将地方债的发行以及二级市场的定价真正交给金融市场。其次，地方政府债券的发行应做到多元化，以满足投资者的不同需求，多渠道拓展地方债的资金来源。再次，对地方债发行数量的严格监督，通过建立全面的绩效考核制度以及审批制度，进一步提高债券管理效率。另外，设立专门的监管机构对各级地方政府的债务进行监管，保持地方政府和中央一致，克服债务信息不统一的问题。

(三)理顺两级政府间的分配关系，控制债务规模的过度扩张

2015 年颁布的新《预算法》打开了地方政府发债的大门，而且发债成了地方政府举债的唯一途径，在此情况下，地方政府面对财力不足的状况，举债必然成为地方政府筹集资金增加财力的突破口。因此，新常态下必须防止地方政府债务规模的过度扩张。前已述及，地方政府事权与财权的严重不匹配是导致地方政府债务急剧增加的主要原因之一，因此，目前应该用立法的形式理顺中央政府和地方政府之间的分配关系，使地方政府的事权与财权相匹配，从源头上防止地方政府财力缺口过大，降低地方政府的举债意愿，减少地方债务的规模扩张。

另外，由于过去主要以 GDP 增长考核地方政府的政绩，导致地方政府官员片面追求政绩而过度举债或违规兴建面子工程，忽视资金的使用效果，致使地方政府债务非正常扩张。因此应严格按照 2015 年的《意见》规定，控制地方政府债务的规模，切实实施地方政府债务的限额管理，同时把地方政府债务规模和风险指标纳入地方政府的政绩考核体系，强化考核机制的有效性，形成地方政府债务的硬约束。

(四)大力推广PPP模式,创新地方财政融资渠道

“自发自还”的政策在各个地方从2015年起开始实行。这一政策对于地方政府债务融资的自觉性进行了提升与监督。同时也对地方政府作为债务主体的责任进行了明确。政府在目前偿债压力巨大的情况下,尽可能地拓展新的融资渠道。而PPP(政府和社会资本合作)模式是近些年才兴起,PPP模式在城市的基础建设中较大程度地融入了民间资本与外来投资,不失为一种地方政府融资的可行渠道,因为通过PPP模式可以利用社会资金履行政府职能,达到双赢的效果,使资源利用更有效率,同时提供了地方政府的资金来源,减轻了地方政府债务负担。但在实际执行中,政府应该拿出一些有效益的项目来开展PPP合作,否则不利于政府长远引入民间资本。因此在PPP项目落地实施过程中,不同的项目应该具体划分,区别对待。对于可盈利的项目政府和社会资本应各自担当责任。对于一些前期可能亏损的项目,政府应做好补贴支持,引导更多的社会资金进入PPP领域。

参考文献:

[1]李红霞.新形势下地方政府性债务风险与防范[J].地方财政研究,2017(6).

[2]杨志锦.全国债务图谱:这些债务率超过100%的省份都值得警惕[N].财经频道,2017-12-17.

[3]张延,赵艳朋.预算软约束与我国地方政府债务[J].经济问题探索,2016(4).

[4]国务院研究室美国地方债务考察团.美国地方政府债务管理的启示与借鉴[J].开发性金融研究,2017(1).

[5]李克乔.规范我国地方政府债务管理的对策[J].经济研究参考,2016(40).

[6]谈建立.地方政府债务形成原因剖析[J].财会月刊,2015(10).

留守儿童抗逆力提升的实践研究

——以“童行携力”项目中的 H 小学为例

石卷苗

（浙江财经大学东方学院法政分院，浙江 海宁 314408）

摘　要：抗逆力，指的是个体在面对挫折、困境时，能够通过自身调节、控制，摆脱挫折的打击，能够在逆境中保持健康、积极心理和行为的能力，是当个人面对逆境时能够理性地做出建设性、正向的选择和处理方法。抗逆力是个人的一种资源和资产，能够引领个人在身处恶劣环境时懂得如何处理不利的条件，从而产生正面的结果。良好的抗逆力能够帮助留守儿童有效应对来自生理、心理、环境等方面的压力，积极面对生活中遇到的各种困境，从而促进他们的健康发展。本研究通过小组工作方法检验留守儿童的抗逆力变化，结果显示：小组活动对留守儿童的抗逆力提升具有明显作用。

关键词：抗逆力；留守儿童；小组工作

一、研究背景

本研究从预防性的角度出发，对留守儿童进行一级干预，在个体未出现问题时，通过增强他们的抗逆力（自我认知能力，情绪管理能力，人际沟通能力和社会支持能力），帮助他们积极面对生活中出现的各种挑战和困难。笔者从不同的维度着眼留守儿童的抗逆力，对 H 中学的留守儿童情况进行调研，熟悉 H 学校留守儿童的现状和需求，然后进行了适宜的干预，并且规范了操作程序和效果评价，从而达到提升 H 学校留守儿童的抗逆力效果。

留守儿童是指父母双方或一方外出打工而留守在家乡，并需要其他亲人照顾的 16 岁以下的孩子。留守儿童是中国城市化、工业化进程中的特殊现象，“隔代抚养”使得留守儿童需求得不到满足，健康和安全难以得到保证，甚至无法享受到父母在思想认识及价值观念上的引导，他们在成长过程中缺失了父母的呵护与关注，容易产生认识和价值上的偏差以及个性和心理发展的异常。

笔者（文中“社会工作者”）通过前期“童行携力”项目中积累的资源和经验，对 H 小学留守儿童的基本情况有了初步了解。笔者了解到 H 校的学生中，留守儿童占总人数的一半，为了解该校留守儿童的抗逆力具体情况，调查组对该校留守儿童进行了抗逆力的前期测量，并对测量结果进行了分析。结果显示，H 校留守儿童的社会交往、自我认知、情绪管理等方面的能力有所欠缺。为了提升留守儿童各方面的抗逆力，项目组以小组工作的形式对该校部分留守儿童开展抗逆力提升训练。根据问卷调查显示的情况以及校长和老师提供的留守儿童资料，调查组共选中了 48 名留守儿童学生，主要是 H 学校 4、5 年级学生，基本年龄处于 11～12 岁，调查组将这 48 名学生分为四个小组，预计从自我认识、情绪管理和团队合作等方面对 48 名学生的抗逆力进行提升。

二、服务计划

(一)小组理念

本小组旨在给留守儿童营造一个经历困难、挫折的情境,让他们学会在小组中表达对自己、对同伴、对志愿者的欣赏、支持与鼓励,并感受到他人的支持与关怀,使他们能够积极参与小组、表达欣赏与爱、体会合作、解决问题、挑战自己,从内外两方面提升自己的抗逆力。小组以“优势视角”理论评估和解决服务对象的问题,强调儿童自身的潜能。同时,以社会支持网络和理性情绪疗法为干预策略,增强留守儿童的社会支持系统和处理自身问题的能力。笔者认为,在小组中要协助服务对象提升其社会支持网络,不仅仅应致力于促进服务对象对自身情况的了解,也需要促进服务对象之间的互动与交往,以同辈为支持,小组为动力,建设一个相互支持的同辈支持网络,分享同辈群体解决问题的方法。小组期待通过 8 次活动带领服务对象认识自己及周边的支持系统,让他们互相认识并增进彼此的感情,实现互助及自助。

(二)小组目标

1. 引导留守儿童发现自身优势,增强其克服逆境的勇气和信心;
2. 激发留守儿童对同伴支持重要性的思考,感受同伴提供的支持;
3. 增强留守儿童的团队意识和集体意识;
4. 提高留守儿童的人际交往、问题解决、情绪管理等方面的能力。

(三)小组性质、对象及时间安排

小组性质:成长发展小组

小组对象:7～14 岁的留守儿童

小组时间安排:每节 45 分钟,共 8 节

(四)小组过程

单元	时间	活动名称	单元目标	具体活动内容	备　注
一	2016 年 9 月 9 日	你好,朋友	1. 了解小组的各个目标及主题; 2. 订立小组规范; 3. 彼此认识	1. 自我介绍; 2. 了解小组性质; 3. 小组成员相互认识; 4. 订立小组契约; 5. 总结	白纸、笔、磁铁
二	2016 年 9 月 16 日	Who am I?(了解自己)	1. 协助成员了解自身的兴趣、优点; 2. 协助成员了解自己所不敢做的事情 3. 让成员更加清晰地了解自己	1. 回顾; 2. 小组成员兴趣大采访;书信传情,让留守儿童客观认识自身优点; 3. 尘封“我不敢”(回去做,然后把白纸撕掉); 4. 自我效能评估量; 5. 总结分享	兴趣访问单 15 份、笔 15 支、信封 30 个、白纸 30 张、自我效能评估量表 15 份

续表

单元	时间	活动名称	单元目标	具体活动内容	备　注
三	2016年9月23日	我行我Show（增强自信）	1. 澄清及探索朋友眼中的自己； 2. 协助了解现实我、他人我、理想我； 3. Show出最自信的我，充分调动情绪	1. 回顾； 2. 信任游戏（建立团队信任感）； 3. 让组员围坐一圈，后背贴上海报，后面成员写下前面成员的特质，每个人都有别人给自己的回馈，自己会收到回馈； 4. 展示现实我、他人我、理想我； 5. 我行我Show； 6. 总结与分享	纸15张、笔15支、工作单、音乐（搜索）、彩色纸15张、胶卷1个
四	2016年9月30日	察言观色（参与察觉情绪）	1. 让组员察觉自身的情绪并检查平时生活中的情绪及反应； 2. 让组员感受生活中的情绪并引导其用积极情绪来暗示自己	1. 回顾； 2. 情绪万花筒； 3. 晒晒情绪，通过冥想放松的方式引导成员间进行交流、讨论，帮助成员了解自己的主导情绪，感受到不同情绪体验对生活、行为、健康的影响，使其认识到积极情绪的重要性； 4. 总结与分享	情绪词汇、冥想放松训练素材
五	2016年10月8日	童颜大悦（积极情绪管理）	1. 让组员认识、了解学会分辨理性及非理性认知，以及认知与情绪的关系，从而让组员明白情绪在日常生活中传递的方式； 2. 教如何更多地传播积极情绪； 3. 培养积极的情绪	1. 回顾； 2. 认识、辨别理性与非理性想法对人情绪的不同影响，引出理性情绪与非理性情绪（可通过角色扮演的方式来引导）； 3. 分享半杯水的故事； 4. 对坏情绪唱反调； 5. 总结与分享	故事素材、角色扮演素材、便笺纸、笔
六	2016年10月14日	行动起来！（解决）	1. 了解问题是可以解决的； 2. 了解不同的解决问题方法会带来不同的结果； 3. 在所有解决方案中学会寻找到最优方案	1. 回顾； 2. 观看视频； 3. 动手解决（桥梁搭建或者蜡烛立墙）； 4. 总结与分享	《三只小猪》，一次性筷子5双，蜡烛、废弃报纸、打火机、宽透明胶带5个
七	2016年10月21日	携你之手（合作）	1. 了解团队合作的重要性； 2. 引导组员积极参与到小组互动合作之中	1. 回顾； 2. 七手八脚； 3. 两人三足（诺亚方舟）； 4. 总结与分享	废弃报纸5份
八	2016年10月28日	力挺到底！（支持）	1. 辨识我们的个人支持网络； 2. 协组组员学会运用自身的支持网络	1. 回顾； 2. 倒在你掌心； 3. 了解自己的支持系统； 4. 共同完成一幅画； 5. 分享与总结； 6. 小组告别	白纸4张、笔15支

三、小组评估结果及分析

评估是社会工作中的一个的重要环节，是指社会工作者运用专业的技术和方法系统地评价干预的效果，通过对干预过程的总结和干预结果的分析来考量社会工作干预效果的实现程度和干预目标的完成情况。笔者在抗逆力训练营结束以后，对小组成员的抗逆力状况进行了后测，并对后测结果进行了分析。

(一)成效预估

经前期调查及学生老师提供的信息，调查组了解到48名学生大都与祖父母或外祖父母生活，其中部分儿童为单亲家庭子女，他们会出现内心孤独、缺乏自信、不愿与人交往、与长辈存在代沟等问题。出现这些问题主要是由于在成长过程中缺少相应的支持者倾听他们的声音，传授他们调节消极情绪的方法，导致出现敏感、自卑甚至封闭等情况，从而更难以顺利进行人际交往。但是，笔者认为留守儿童自身是有能力改变现状的，他们面临的问题虽然具有较强的同质性，但从这些可以通过小组活动中成员之间的相互鼓励及社会工作者在小组互动中不断引导加以改善。

基于此，笔者希望通过抗逆力训练营提升留守儿童在自我认识、人际交往、情绪认识和团队合作等方面的能力，增强他们对生活的自信心，从而提高直面挫折的能力。

(二)结果分析

训练营结束后，调查组再对48名留守儿童进行问卷的后测调查，了解训练营对其自尊、人际交往以及社会支持几个方面能力的影响。调查组通过前后测数据的对比，得出以下几种结果。

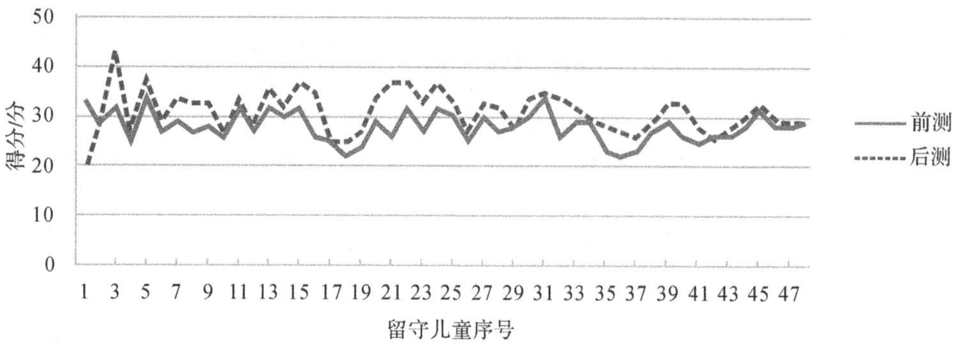

图1 自尊的前后测变化情况分析

图1显示，服务对象们经过参与训练营活动开始对自己有了新的认识，通过他人对自己的优点和特质的评价，深化了对他人眼中的自己的认识。训练营中的“优点大爆炸”“小小记者”“小小动物园”等游戏互动环节让服务对象之间不仅加深了自己对自己的认识，也加深了对身边同伴的认识。

图2显示，通过训练营活动，服务对象的人际交往能力总体上呈现出了一定的提升。在前测中，个别服务对象人际交往能力偏低，而参与训练之后，人际交往能力得到了很大的提升。

从图3可以看出，服务对象们经过学习分享后，发现了自己潜在的社会支持网络，并且学会如何去利用自己身边的支持网络。而活动的第七、八节主要是通过团队游戏的形式让服务对象了解到遇到困难时可以寻求家庭亲人、身边朋友、学校老师的支持。

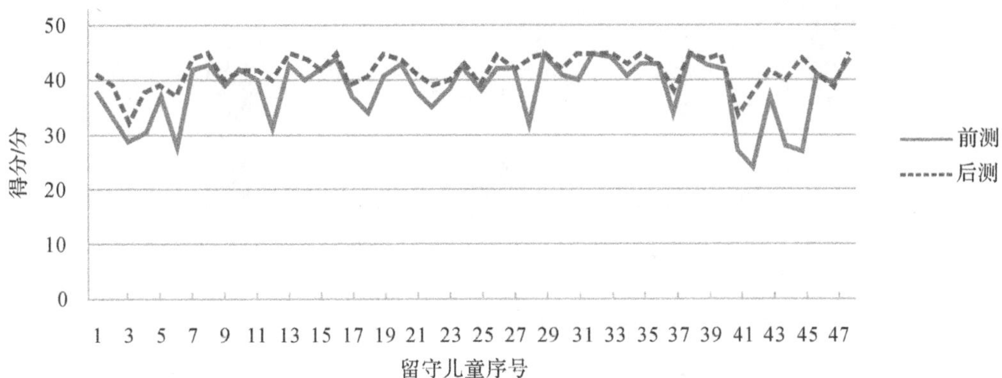

图 2 人际交往能力的前后测情况分析

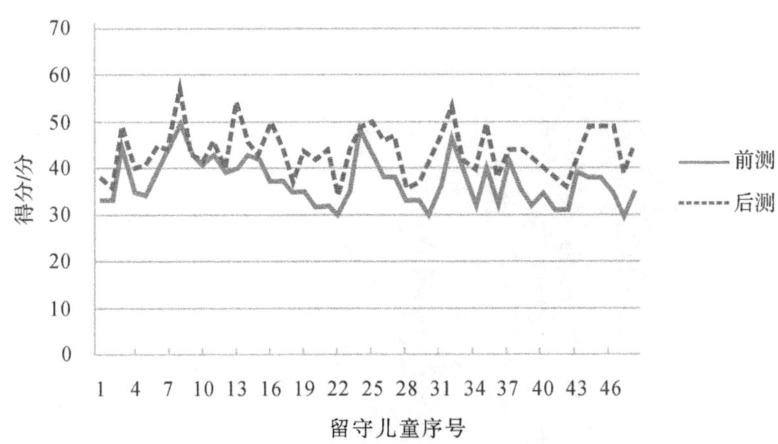

图 3 社会支持的前后测变化情况分析

另外，调查组对参与训练营的所有服务对象进行了满意度调查(评估反馈表)，分别对目标的实现、个人能力和团队合作度的提升、解决问题的能力以及训练营的安排等方面进行了评估，并且也对整个训练营的活动安排进行了评价。

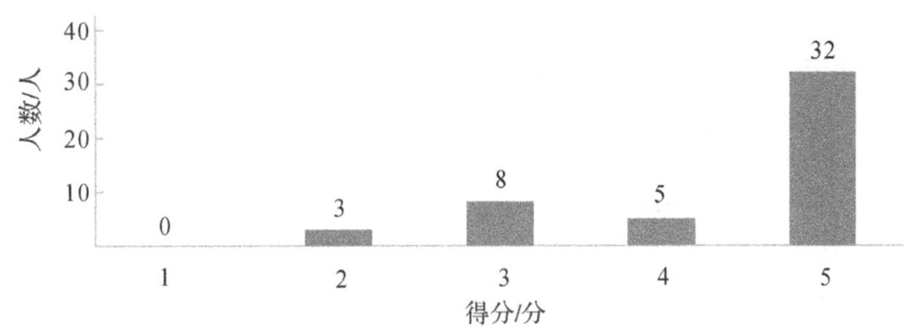

图 4 活动对个人能力提升分析

就图 4 来看，在 48 名留守儿童中，有 44 名(3 分及以上人数占比 94%)的服务对象觉得个人能力得到了提升，有 29 名(67%)的服务对象非常同意(5 分)。此活动开展让自己的个人能力得到了提升。

由图 5 显示，44 名(3 分及以上人数占比 94%)的服务对象认为本次训练营对自己的生活学习有非常大的帮助。而没有人觉得训练营对他们毫无帮助，所以训练营活动的开展对留守儿童总体上呈现帮助作用。

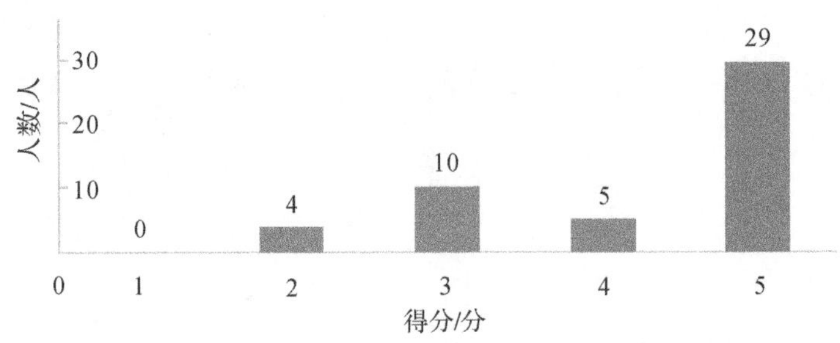

图 5　本次训练的经历对你日后的生活学习有帮助吗?

从图 6 中可以看出,在 48 位服务对象中,98%的人对抗逆力训练营的总体评价都比较满意(满意及非常满意),其中 73%的人对抗逆力小组整体评价为非常满意。

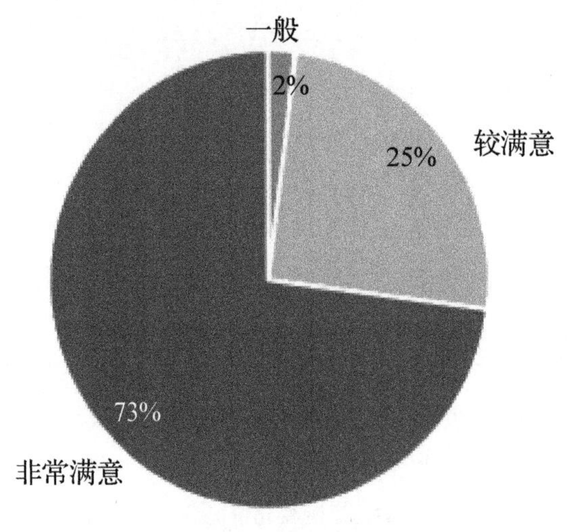

图 6　服务对象对训练营的总体评价情况

总体而言,抗逆力训练营活动的开展,对留守儿童的自尊、人际交往与社会支持等方面的能力以及解决问题的应对能力的提升有重要作用,这为留守儿童更好地应对生活中的困难和挑战奠定了坚实的基础。而留守儿童在训练营小组中的互动,更能帮助其认识到自己、他人眼中自己的优势和能力,从而使他们能够在成长中更好地应对生活中的挫折和困境。小组活动的干预对留守儿童个人能力、人际交往和社会支持的提升有明显作用。小组工作帮助组员挖掘自身潜能,并通过组员之间互动学习,拓宽他们社会生活的视野,使他们在小组中形成对自我的正确认识和对团体的归属感,从而培养适应新环境的能力。小组活动为留守儿童提供了一个"小社会"形式的时间和空间,让他们在小组环境里和群体互动中,学习他人,挖掘自己,从而获得心智的成长。

四、反思与建议

(一)组员间的参与式体验,让留守儿童学会分享内心的真实想法和感受

小组成员以游戏互动的形式来分享体会,在小组中学习处理问题、与人交往、情绪管理等方面的能力。社会工作者以优势视角引导着服务对象,从抗逆力的三个构成要素入手,带领他们发现自

己的潜能和优势，增强对自己情绪的察觉力，一步步过渡到团体的合作，由点及面，实现留守儿童抗逆力的提升。对于留守儿童的低自尊、自信心不足等问题，项目调查组建议开展自信心提升、抗逆力提升等小组活动，在活动中强化他们对自己的正向认识。

（二）挖掘服务对象优势，合理使用强化

小组进行过程中，社会工作者从留守儿童的优势出发，以优势视角引导留守儿童，从抗逆力的三个构成要素入手，带领他们发现自己的能力和资源。首先是内部优势因素，让服务对象重新认识自己，发现自己的优点和能力，即"I am"；其次是外部支持因素，带领服务对象们对自己的社会支持网络进行了审视，帮助他们发现"I have"；最后进入"I can"环节，激发他们的潜能，让他们发挥自己的能力去解决问题，逐步实现对抗逆力的整体的、系统的提升。同时，社会工作者对主动表现和分享的服务对象进行表扬，承认他们的进步，对他们的表现进行鼓励，对积极的行为进行正强化。

（三）充分发挥地方民政、团委、学校等部门的作用，加强各部门对留守儿童的支持和关注

在项目启动初期，地方民政局、团委、学校等部门联合发文共同支持项目的开展，在实际工作中，项目组同时也结合了各地教育部门（学校），在校内为留守儿童提供服务。此项目的实施进一步加强了当地政府对留守儿童的关注。

社会工作作为一门系统性、专业性的学科，它注重的是"人在环境中"，所以对留守儿童采取小组工作方法进行介入，不仅能提升留守儿童对自我的认知，也能够改善留守儿童的情绪，传授他们积极有效的方法以应对日常学习生活中出现的问题，以便他们能够更加健康快乐地成长。抗逆力训练营的开展，不仅通过个人层面关注留守儿童，挖掘他们的自身潜力，培养他们面对逆境的能力，还在其人际层面以训练营的形式提升留守儿童的工具性技能，同时在社会层面倡导家庭、学校和社区多元主体支持，让留守儿童在多元主体支持下健康成长。

参考文献：

[1]全国社会工作者职业水平考试教材编写组．中级社会工作实务[M]．北京：中国社会出版社，2009．

[2]江荣华．农村留守儿童心理问题现状及对策[J]．成都行政学院学报，2006(2)．

无障碍设计调查研究

——以杭州为例

史雯雯

（浙江财经大学东方学院文化传播与设计分院，浙江 海宁 314408）

摘　要：随着我国经济由高速增长阶段转向高质量发展阶段，人民群众对无障碍设计益发关注。笔者通过实地观察、调查问卷等方式对杭州部分城区的公共交通设施及公共场所的无障碍设计进行调研，了解并分析原因，由现象折射本质，通过对无障碍设计规范的解读、国外优秀案例分析，从而对无障碍设计现状总结并提出建议。

关键词：无障碍设计；公共设施；调查研究

一、引　言

（一）研究目的

我国的无障碍设计虽然起步较晚，但由于经济发展转型、城市扩张迅速，对无障碍设计的需求日益增加，对无障碍的关注也逐步提高。以杭州为例，2011 年杭州荣获全国无障碍建设先进城市，全市无障碍改造项目多达 2600 项，当时的调研结果显示残疾人对无障碍环境的满意率高达 85.96%。时隔 7 年，杭州市区公共场所无障碍设计普及及维护现状如何，亟待考证。

（二）调研背景

1.人权意识提高

据 2010 年中国残联发布的最新残疾人口数据显示，我国目前各类残疾人总数为 8500 万人，占全国总人口的 6.21%；按照全国残疾人第二次抽样调查结果统计，杭州市现有残疾人 47.78 万，占全市总人口的 6.36%，占比略高于全国。然而，对比发达国家，在我国市区街道、公共场所几乎鲜有残障人士的身影，原因是残疾人口少还是整个社会对残障人士的"不关怀"导致残疾人无法出行、不愿参与社会活动，显而易见，答案是后者。随着社会的日益进步、经济的不断发展、公民素质的上升、人权意识的提高，越来越多的人开始关注残疾人这样一个普遍却又特殊的人群，越来越多的人开始意识到残障人士拥有与普通公民一样平等的社会参与权。在某一新媒体上，曾发布过一个很有意思的视频，一个健康的外籍人士，租用一辆轮椅来体验在中国的某个城市，作为一个残障人士出行有多不便。这样一个视频引起了社会的强烈反思，侧面反映了我国在无障碍设施的建设上还存在许多问题亟待解决。

2. 人口老龄化严重

随着计划生育政策的逐年实施，家庭观念、育儿观念不断变化，人口出生率降低，老年人口比例扩大，全国人口老龄化情况严峻。以杭州为例，按户籍人口统计的数据来看，2016 年全市人口 738.29万人，其中 60 岁以上的老龄人口 159.13 万人，占总人数的 21.55%，且逐年递增趋势明显。根据人口老龄化 1956 年联合国《人口老龄化及其社会经济后果》确定的划分标准，杭州已经成为一个严重老龄化的城市。人口老龄化不仅加重了社会负担，增加了退休金及医疗费用的支出，同时也在一定程度上要求城市建设中加大对部分无障碍基础设施和公共设施的投入，以保证老年人的出行和社会活动。

3. 基础设施建设的要求

随着城市基础设施建设逐步取得成果、惠民工程加大投入，对无障碍环境设计的需求也进一步增加。根据 2012 年 8 月 1 日修订的《无障碍环境建设条例》，对公共建筑的无障碍设施入口、道路和走道、坡道、地面、楼梯和台阶、扶手、电梯、卫生间、停车位、轮椅座席、盲道、标志等内容都作了详细的规定；且无障碍设施改造优先实施在特殊教育、康复、社会福利等机构，国家机关的公共服务场所，文化、体育、医疗卫生等单位的公共服务场所，交通运输、金融、邮政、商业、旅游等公共场所等。

二、无障碍设计定义

(一)无障碍定义

世界卫生组织对残疾和残障分别给出了相应的定义。残疾(disability)，是指由于身体或精神上的缺陷而出现的能力损失或障碍，导致长期不能像普通人一样生活或活动的情况。残障(deformity)，是指由于残疾而处于某种不利环境，该处境进一步限制了个人参与群体正常生活的状态。这种状况往往由内在的缺陷引起，是在外在环境的制约及社会各种态度共同作用下产生的不利后果。

无障碍(barrier-free)原意是指在发展过程中没有阻碍，活动能够顺利进行。这里特指环境以及各类建筑设施、设备的使用，都必须充分服务于健全人和残障人士及能力衰退者。

(二)无障碍环境

无障碍环境从狭义上讲，可以理解为残障者提供信息、操作、出行等方面的服务，从而使他们能平等地参与与健全人一样的社会体验与活动；广义上来讲，指为所有人创造便于出行、社交的公共环境，它的使用对象不仅仅是残疾人，还有妇女、老人、儿童、携带重物者、语言障碍者等等。

从横向来看，即便是普通健全人也会遇到带手推车出行、携重物出行的情况，如遇有高差的环境下就被动地遇到“爬坡障碍”；纵向上看，一个健全人的一生必会经历生、老、病、死的过程，其中“学步儿童”阶段、“垂垂老矣”阶段甚至“大病一场”的阶段都会遇到因机能不足而产生的各类障碍。从这两方面看，营造无障碍环境是造福全社会的事业，亦是社会进步的必然产物。

(三)无障碍设计原则

1995 年，美国北卡罗来纳州立大学的教授们提出了更为具体的七项原则：第一，平等的操作方式；第二，具有通融性的使用方式；第三，简单易懂的操作设计；第四，迅速理解必要的资讯；第五，人性的设计考量;第六,有效率的轻松操作;第七,规划合理的尺寸与空间。这些原则归纳在一起形成无障碍设计原则的可及性、安全性、适用性、系统性和经济性。

1. 可及性

可及性指的是残障人士在没有他人的帮助下能够自如地出入各类环境并使用环境内的功能设施,主要影响的群体有行动不便者、轮椅使用者、拐杖使用者、负重携重者、视觉障碍者、老人、儿童及身高不正常人群。如无障碍设计规范中提出的"缘石坡道",它位于人行道口或人行道两端,其设计目的在于避免人行道路缘石带来的通行障碍,方便乘轮椅者进入人行道行驶(见图1);又如无障碍坡道,根据《无障碍设施规范(GB 50763-2012)》规定,坡度为1∶12,相对于人行室内外坡道要求,无障碍的坡道坡度越缓,所占用的空间越大,对设计者的要求越高(见图2)。

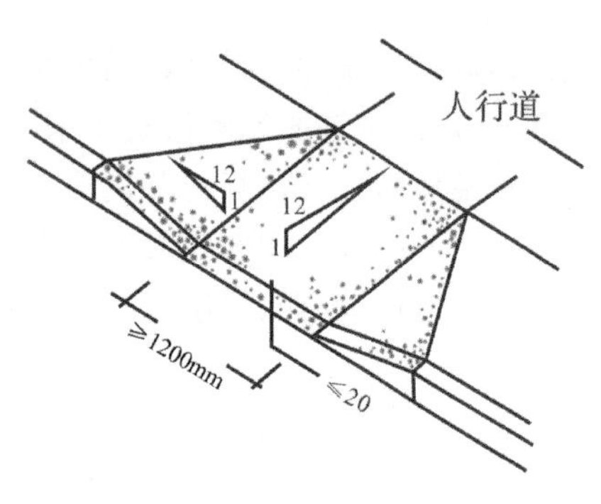

图1　三面缘石坡道

图2　无障碍坡道

2. 安全性

安全性是指残障人士使用的设施必须保证使用者不受生命财产的威胁。如无障碍坡道的设计,坡面应平整、防滑,坡口宽度应不小于1.5米,坡度应小于1∶12,大于1∶12的坡道容易发生危险;在盲道的选材方面,要考虑到降雨、降雪的气候因素,选材表面应防滑,保证使用者在恶劣天气下使用盲道不易滑倒。

3. 适用性

适用性是指包括残疾人在内的所有人,都能够简单、方便地操作和使用建筑环境中的各类设施,指示系统、操作界面等清晰易懂,以图形代替语言,必要时选用不同材质或设置盲文来突出触觉提示。如电梯的按钮大小及突起角度应适合残疾人使用,按钮上突起的数字可不使用布莱叶盲文,但应具备可触性(见图3、图4)。

4. 系统性

系统性是指使用者所有涉及的设施均应符合《无障碍设施规范(GB 50763-2012)》内要求的无障碍设计规范条例,且设计语言统一、设计手法一致;为了满足使用者使用和出行的便利,无障碍设施必须做到层层设置,而不是象征性地点缀。

5. 经济性

经济性是指无障碍设施在保证其功能的基础上,设计应做到简洁合理、选材安全耐用、便于维护和清洁。如扶手设计宜选用防滑、热惰性指标好的材料,同时兼顾考虑材料的单价,可选择不锈钢管、尼龙、树脂等;盲道的选材可根据室内外的条件选择不同的材质,如室外选用花岗石、预制混凝土,室内选择陶瓷类、大理石等。

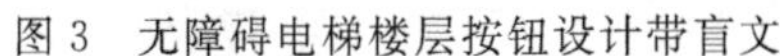
图 3 无障碍电梯楼层按钮设计带盲文

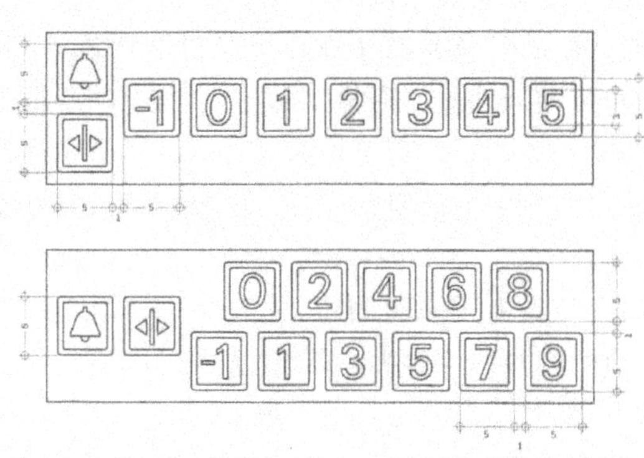

图 4 无障碍电梯操作面板设计

三、现状调研

笔者在 2017 年 7 月至 2017 年 9 月，对杭州市区的公共交通与公共场所的无障碍设计做了抽样调查。在调研过程中，采用了观察、测量、调查问卷的方法，归纳整理了市区公共交通及公共场所无障碍设计及设施的问题及现状。

(一)杭州市区公共交通调研

市区公共交通的调查目标主要是以行人为主的出行设施，其中包括人行道盲道、公交车站、缘石坡道、十字路口、人行天桥及地铁站。笔者调研的地点有江干区德胜路及地铁 1 号线的九和路站、西湖区平海路、延安路及 1 号线龙翔桥站。这两个地点一新一旧，一个人流量相对较少、另一个则较多，具有一定程度的对比性和参考价值，调查结果如下：

1. 盲道的设置基本符合无障碍设计要求，盲道的宽度适中、材质与人行道有别、部分采用颜色对比、突起面图案清晰、触感良好。但是，在德胜路的盲道上仍能发现障碍物，如乱停乱放的共享单车(见图 5)、不符合规范布置的窨井盖(见图 6)，严重影响盲道的畅通；此外，人行天桥缺乏盲道、升降梯及过街红绿灯提示；部分主干道缘石坡道过高，远超过设计规范的 20mm、部分非主干道缺少缘石坡道的设置。

图 5 德胜路盲道一　图 6 德胜路盲道二　图 7 地铁站盲道　图 8 地铁站入站口盲道

2. 公交车站均无盲文触摸指示牌，部分区域尤其是老城区缺少盲道提示、缘石坡道的设计也与规范不符,高度差大大超过20mm。

3.地铁站的升降梯尺寸符合无障碍电梯设计要求;但电梯数量设置较少,通常设在单一出口处,如九和路的地铁站升降梯占总出入口的1/4、龙翔桥地铁站升降梯占1/5。

4.无障碍坡道扶手高度均为85cm,扶手起末端缺少盲文提示,边缘不够光滑。

5.站内虽设置盲道但因增设了安检口而改变行进路线,形同虚设,不能起到引导作用(见图7、图8)。

6.站内均设有无障碍厕所,并配置了安全支架和报警器,部分为推拉门而非自动门、部分为平开门,但厕所内光线均较为昏暗、门扇尺寸与普通厕所入口无异(见图9);有部分无障碍厕所变成保洁人员的休息处或保洁工具的储藏室(见图10)。

图9　九和路站无障碍厕所入口

图10　龙翔桥站无障碍厕所

(二)杭州市区公共场所调研

公共场所的调查目标以综合体为主,超级商场内人流量大、出入口多,且多与地铁、公交车等公共交通衔接,也是残障人士经常出行的目的地之一。笔者调研对象有湖滨银泰IN77B区、IN77C区、万象城、来福士及下沙龙湖天街。经过实地调研现发现的问题如下:

1.商场入口均设有坡道,但商场内店铺及沿街店铺与人行道均有高差,且高差为5cm至15cm,导致轮椅没有办法直接进入店铺(如图11)。

图11　湖滨银泰沿街商铺

图12　下沙龙湖天街无障碍厕所

图13　湖滨银泰无障碍厕所

2. 无障碍厕所均无使用指引图，入口均没有扩大，且不设置感应门或推拉门，为手动平开门且无高为 900mm 的横把手。新建商场综合体单独设置的无障碍厕所一般设施较齐全，如下沙龙湖天街(见图 12)除了无障碍厕所(家庭卫生间)外，在普通的卫生间内设有儿童坐便器，但无障碍厕所照明均未加强；老牌商场内无障碍厕所则设置较简陋，除局部安全支架和报警器外无其他设施，如多功能台、衣帽钩、儿童保护座椅等(如图 13)。

3. 各大商场均设有母婴室、哺乳室，但照明光线不够柔和、室内设施齐全程度参差不齐(见图 14、图 15)。

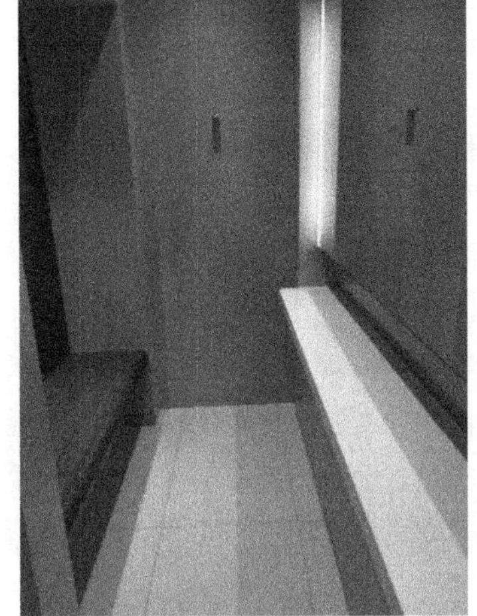

图 14　来福士商场哺乳室

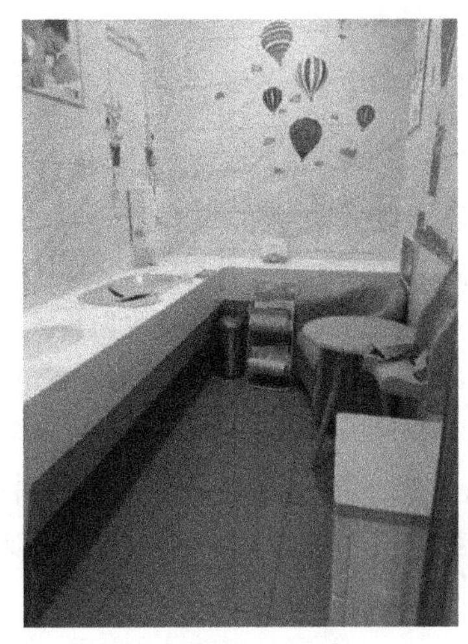

图 15　湖滨银泰哺乳室

4. 无障碍停车位配置少且缺乏指示标志，使用者难以发现目标。

(三)分析与总结

通过实地调研和走访，笔者发现市区无障碍设计还面临各类大小问题。经过思考和归纳，总结了以下几点原因：

1. 对无障碍设计的意识不足

首先是设计者多以健全人的角度出发来设计和规划功能布局、交通流线及公共设施。这样的设计往往不够全面、不够具有包容性，残障人士、老年人、孕妇、儿童及其他有暂时或永久有障碍的群体往往会被忽略，无形之中给这类人的出行、社交、生活带来不便；其次是整个社会对弱势群体的忽视，越是不文明、不发达的地区对残障人士等弱势群体平等参与社会活动的权利越是轻视，这种忽视也侧面反映了该地区的经济发展程度落后及公民意识的冷漠淡泊；再者，城市规划者、领导人对无障碍设计、包容性设计的重视不足、考量不够也是对无障碍设计的意识形态的反映。

2. 无障碍设施质量问题

具体反映在如施工偷工减料，施工方抱有“侥幸”心理，认为这类公共设施的使用率不高，几乎可以忽略，故偷工减料，如调研中窨井盖上的盲道铺设，就是草草为之；某些路口因为人流量小、相对主干道而言比较次要，缘石坡道就干脆舍弃之；对无障碍设施的审查不严、维护不当，有些场所基本就是走个形式，根本没有维护和审查，如地铁站内的盲道、无障碍厕所等。

3. 无障碍设计不成系统

系统性不足首先表现为有些地方设有无障碍设施，有些地方则没有，然而从一个残障人士角度出发，要完成一个活动，所有必经之地都是需要经过无障碍设计的，任何一个场合缺少了此类设施，整个活动就将中断,这不仅给残障人士带来不便,也降低了无障碍设施的使用率,可以说是一个恶性循环;系统性差的第二点表现在无障碍设计规范的遵守上,有些设计虽然可以称为“无障碍设计”,事实上仍旧存在很多“障碍”,在材料、尺寸、照度等要求上都不达标,比如无障碍厕所的入口净宽、缘石坡道的高度差、无障碍坡道的坡度等等。

四、案例学习

(一)日本的公共无障碍洗手间

日本的公共洗手间向来以人性化著称,无论是高档商场内的洗手间还是年代久远的地铁站内卫生间,都无处不反映设计者的包容心和细心。

在满足无障碍设计规范的基础上,日本公共无障碍洗手间的便利性还体现在设施齐全、设备的高科技上,如在厕所入口处的厕所导览(见图 16),让使用者清楚地明白厕所内有几个坐便器、蹲位小便器、哪一个带有儿童保护椅、无障碍/家庭洗手间在哪里,如果你是盲人,还可以通过触摸导览表面的盲文来了解情况(图 17);在无障碍洗手间内也附有各设备的使用说明以方便盲人熟悉环境和使用(图 18);无障碍设施有安全支架、报警器、消毒液、洗手台、带安全支架的坐便器、冲洗按钮、音姬(覆盖如厕的声音)、儿童保护椅、育儿台面、感应式垃圾桶等等,尽可能减少残障人士及弱势群体在使用中遇到的障碍(图 19)。

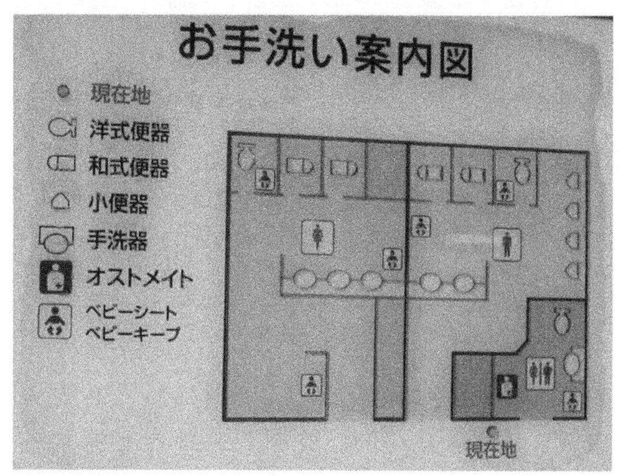

图 16　日本无障碍公共厕所导览

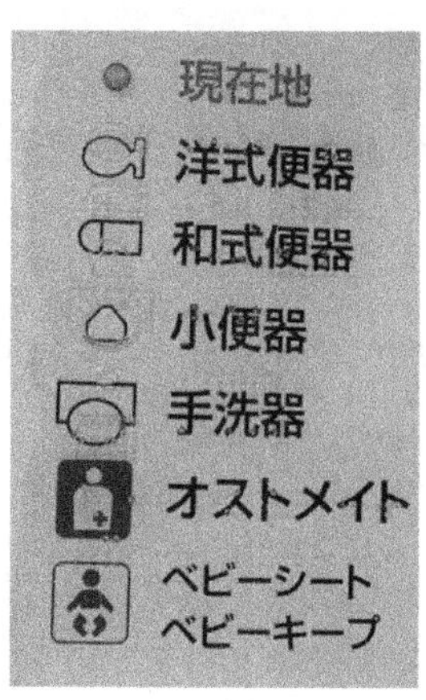

图 17　日本无障碍公共厕所导览盲文细节

图 18　内部带盲文使用说明

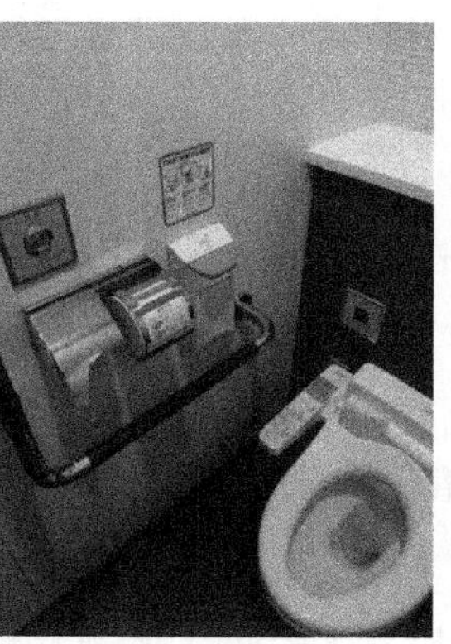

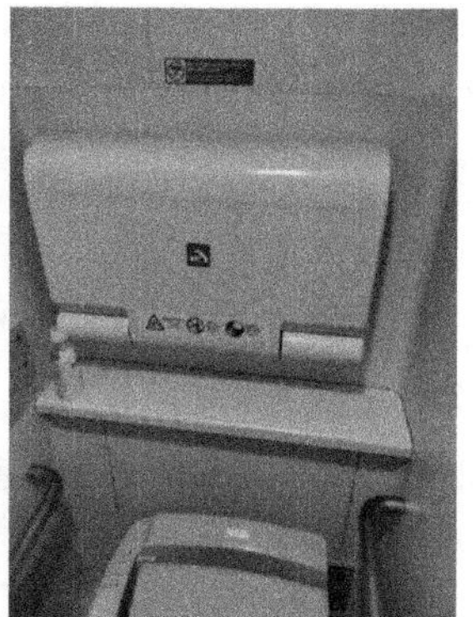

图 19　内部设施

(二)德国埃斯林根人行桥

1998年,德国的埃斯林根市举行了一次竞标来改善它的交通和人行道,斯坦茜尔博＋韦斯建筑事务所凭借“一座能跨越主干道、铁路和内卡河的大桥”方案赢得了主办方的芳心。

这个人行桥在平面图上呈直角展开,一边为平行凌驾于主干道、铁路通往古城门上的古塔的天桥,另一边则是多种方式组合的垂直交通,包括台阶、坡道、电梯。设计的亮点在于各类交通的处理方式上,满足了不同人的不同需求:正常人的行走、轮椅者的行动、携带手推车及自行车(如图20)。

电梯内部的操作面板同样遵守了无障碍设计的规范,控制面板的高度、安装位置、表面按钮设置及按钮文字均体现了无障碍设计的要求(如图21)。

图20 人行桥的无障碍电梯

图21 无障碍电梯内操作面板

(三)奥地利蒂罗尔州因斯布鲁克广场

这个由水泥、钢和玻璃组成的景观广场项目位于奥地利的滑雪胜地因斯布鲁克(Landhausplatz)。因斯布鲁克的年均气温不高,夏天也不炎热,故整个广场的改造方案放弃了很多自然元素而采用人工塑造的风格。公园有效占地面积9000m^2,位于一个建造于1985年的地下车库上方,是城区新旧融合之地。整个广场设计简洁有力,所用的材料简练而富有表现力,通过阳光的投射,树木、路灯及高出地面的花坛、坡道都留下来富有表现力的阴影,包含点线面等视觉元素。从周围的建筑鸟瞰,能发现公共设施投射在广场上的影子、水泥的伸缩缝形成的二维图像如同康定斯基的一幅构成作品,充满艺术感(如图22)。

图22 广场休息区俯视图

图23 广场无障碍坡道

广场的一大特色就是坡道,几乎所有有高差的地方设计师都运用了水泥具有极强的可塑性这一特点,将地面的高差用缓和的坡道来连接,这不仅给人耳目一新的视觉冲击、成了滑板爱好者的天堂,同时也为那些行动障碍人士提供了便利(如图23)。这种包容性设计将无障碍的设计融合于当代设计的手法中,看似无心实则有意才是设计的最高境界(如图24)。

图24 Landhausplatz 广场鸟瞰图

(四)案例分析启示

本次调研所选取的案例均是位于德国、日本、奥地利等对无障碍设计较成熟、推广较深远的发达国家内,且无障碍设计的成功与否,不仅在于专业人士、设计师的评判,也在于适用人群最终的使用反馈,同时也与该城市的公民素质密不可分。

我国的基本国情是地广人稠,且人口分布不均;东西部经济发展不平衡、地域差异大。现阶段在各地普及先进的无障碍设计显然会浪费大量财力、精力,不妨以城市辐射郊区、沿海普及内陆的形式,逐步加大建设力度、普及无障碍设施。

总而言之,国外成功的无障碍设计经验是值得设计师及无障碍研究领域的专家学习和借鉴的,当然在引起深省的同时也要遵循城市发展的基本情况,做到"因时制宜""因地制宜",使无障碍设计既符合国家法规,又带有"中国特色""地方风采"。

五、总 结

对比国外的无障碍设计案例,不难发现杭州市在包容性设计领域还有很多空间可以提升,同时多少也折射出国内的无障碍设计仍然较落后的普遍现象。

以此,笔者仅提出几点建议:

第一,将无障碍设计规范纳入法制化建设中,进一步完善无障碍设计的法律法规;同时加大地方的奖惩力度,采用补助金、减免税、低利融资等办法鼓励政府、企业、房地产商进行无障碍设施建设。

第二,设计行业应重新审视设计对象的考虑范围,将"行为能力的不齐全或丧失"人群纳入设计对象中,鼓励更多的设计师参与包容性设计。

第三,以城市辐射郊区的形式,逐步加大无障碍设计的建设力度;同时以城市辐射郊区的形式对无障碍设计、无障碍建设进行行之有效的宣传和科普。

对于此次调研,笔者并非为了批判当前的无障碍设计,而意在唤起更多城市决策者、设计师同行、社会大众对无障碍设计的理解和重视,为城市的包容性建设的不断完善而抛砖引玉。

参考文献:

[1]高龄者居住环境研究所,无障碍设计研究协会.住宅无障碍改造设计[M].北京:中国建筑

工业出版社,2015.

[2]田中直人,保志场国夫.无障碍环境设计[M].北京:中国建筑工业出版社,2013.

[3]乔希姆·菲希尔,菲利普·莫伊泽.无障碍建筑设计手册[M].沈阳:辽宁科学技术出版社,2009.

[4]于沁然.德国公共建筑无障碍体系研究[D].沈阳:沈阳建筑大学,2012.

[5]孙海秦.公共建筑无障碍环境设计[D].天津:天津大学,2003.

[6]董华.浅谈公共环境中的无障碍设施建设[D].天津:天津大学,2007.

[7]贾巍杨,王小荣.中美日无障碍设计法规发展比较研究[J].现代城市研究,2014(4).

[8]郭玲."无障碍设计"在日本的实施[J].世界建筑,1986(4).

[9]蒋孟厚.无障碍建筑设计[M].北京:中国建筑工业出版社,1994.

[10]张开济.建筑一家言[M].北京:中国建筑工业出版社,1992.

教学研究

应用型人才培养模式下的“建筑工程制图”课程改革探讨

余 健

（浙江财经大学东方学院工商管理分院，浙江 海宁 314408）

摘 要：在应用型人才培养模式下，课程建设思想和理念都面临转变，课程改革要围绕应用型人才培养模式，从教学内容、教学团队、教学方法、教学效果等多方面展开。本文结合浙江财经大学东方学院“建筑工程制图”课程的教学实践探索，提出在课程教学过程中，要选择合适的教材和习题集，丰富课程实践性教学内容，理论课和实践课的融合，改革课程评价，构建师生共同成长的应用型课程。

关键词：应用型人才培养模式；建筑工程制图；课程教学改革

一、引 言

随着高等教育发展，培养应用型人才是各类以本科教育为主的大学的发展趋势和必然选择。应用型本科院校的人才培养要很好地处理通识教育与专业教育、知识获取与能力、素质培养、教与学、统一要求与个性发展、本科教育与终身教育的关系。“人才培养模式是学校为学生构建的知识、能力、素质结构，以及实现这种结构的方式，它从根本上规定了人才特征并集中地体现了教育思想和教育观念。”[1]应用型人才培养模式改革需要重新定义学生的知识、能力和素质结构，探讨实现这种结构的方式，实现应用型的教育思想和观念。应用型培养模式的知识、能力、素质结构中，更重视学生对知识的应用，要对接社会、行业、企业，结合学科专业，训练学生的综合能力，还要培养学生良好的人文和科学素养，要实现通识教育和专业教育相结合，学以致用。

应用型课程是应用型人才培养模式的基础和落脚点，应用型课程改革要围绕应用型人才培养理念，在教学内容、教学团队、教学方法和教学效果上进行改革。在教学内容上，结合行业、企业和实务部门对本专业的要求，增加相关内容，特别是增加实践项目教学内容。在教学团队建设方面，要积极引进社会、行业、企业界老师，为学生带来新知识、新观点、新技能。在教学方法上，要改变传统的知识灌输的课堂，以学生的发展为中心，着眼于学生的教育体验，打造以实践、探究、合作、创新为特色的新型课堂。在教学效果方面，将学生的所学和所用相联系，重视学生的知识、能力和素养的整体提升，通过考试、测验检查学生的所学所悟，让学生真正学到知识，锻炼能力，培养素养，提升学生的成就感。

二、"建筑工程制图"应用型课程实践

"建筑工程制图"是工程管理专业的专业基础课,教学目的是培养制图和阅读建筑工程图的基本能力,通过制图理论的学习和制图实践,培养学生空间想象能力和构思能力,培养使用绘图仪器和徒手作图的能力,熟悉建筑制图标准,掌握各种图示方法表达建筑工程和阅读建筑工程图。应用型课程改革围绕教学内容的选择、教学方法改变、教学环节的统一展开,加大实践性教学内容,改革课程评价,着力构建师生共同成长的应用型课程。

(一)选择合适的教材和习题集

教材是教学内容的关键,在教材选择上,对市面上的教材做认真的研究分析:一些"建筑工程制图"的国家精品课程和建筑类规划课程,面向的多是建筑设计或土木工程类学生,这些课程强调学生扎实的理论基础,知识点多,课程课时多,不适合财经类建筑工程管理专业的培养目标和要求。对于经管类的建筑工程管理专业的学生,建筑工程制图的要求是能看懂图,会画建筑施工图,因此教材和习题集的选择应该围绕着看懂图和会制图的要求展开。在教学内容上主要有制图规格及基本技能、投影制图、建筑施工图、结构施工图、给排水工程图、AUTOCAD 和 BIM 的介绍。根据必需、适用、扎实的原则,减少了一些理论性强的投影知识内容和机械图部分内容,增加了建筑施工图和结构施工图的识图和制图课时。

教材选择不但要有其内在的逻辑性,还要通俗易懂,便于自学,事实上教材内容的相关性和逻辑性,对学生而言也是一种理性教育,而自主学习也是应用型人才培养的要求,学生通过自学掌握基本知识,可以留出更多的时间给课堂,让课堂实现探讨式学习模式成为可能。习题集是教材的配套,是对课堂知识的巩固,有助于提高学生对建筑工程基础知识的认识,选择安排合适的习题集,有利于学生更好地理解掌握知识,提高知识的运用能力,这本身也是应用型的要求。

(二)丰富课堂实践性教学的内容

课堂实践性教学就是在专业性课堂上开展专业实践操作内容的教学。建筑工程制图实践需要大量的绘图实践练习,这些练习帮助学生建立了解绘图基础知识、锻炼空间想象能力、培养严谨的工作作风。空间能力的提升要通过长时间训练,为了更好地理解建筑工程图纸,建立建筑图纸与建筑实体之间的联系,在建筑施工图和结构施工图的课程里,增加了学校建筑施工图的抄绘作业,以学院公共建筑的建筑工程图和结构工程图图纸为教学案例,要求学生画真图、识真图,把实践课的教学地点安排在学校的公共建筑现场,并邀请校园建设办工程师对建筑施工图以及相关施工问题进行现场讲解和答疑,体现实践性要求,增加学生的学习兴趣,帮助学生进一步了解建筑图纸、建筑施工,建立图纸和建筑之间的联系,学生们在对比建筑图纸与建筑实际后,对建筑施工图的识图和建筑结构等都有了更全面的认识。

(三)促进理论课和实践课的融合

建筑工程制图的理论课和实践课应该有所侧重并相互结合,形成一个整体的课程体系。理论课围绕建筑制图的基本知识、三视图的基本原理、点线面的投影、建筑施工图、计算机 CAD 制图等介绍,注重知识、原理的内在逻辑以及逻辑的完整性,让学生形成一个有机串联起来的知识体系。在知识点的讲解过程中尽量理论联系实际,帮助同学建立感性的认识,通过提问、小组讨论、课后练习、考试测验等方式巩固知识和原理。

实践课程更注重知识综合运用,围绕课程的制图和识图两方面,制图部分要求学生画真图,通过现场踏勘和业界工程师的介绍,帮助学生建立良好的图纸概念。识图部分要求学生分析比较建筑施工图、结构施工图两套图纸异同,通过比较,让学生了解建筑施工图纸的共性和特性,更加深入地了解和掌握建筑施工图的识图。

(四)改革课程评价方式

考试评价方式是调动学生学习动机的重要方式,建筑工程制图课的成绩总评尽量减少期末考试的比重,期末成绩占 50%,平时成绩占 20%,实践成绩占 30%。期末考试采取了开卷考试的形式,考查学生理论课的知识点和基本原理,注重知识的灵活运用,并设置论述题了解学生对课程的总体认识和收获。平时成绩用来考查学生的平时习题集按时完成情况、上课提问情况和考勤情况,其中习题集要求学生按时完成并上传至 QQ 群,由于每次课都有作业,及时通报作业完成情况,强化了学生平时按时完成作业的习惯,培养了良好的学风,上课提问和考勤点名结合,严肃课堂纪律,提高学生课堂学习效果。实践成绩用来考查学生绘制工程图的能力和建筑图纸的综合运用能力。实践作业要求学生自由组合,以小组作业的方式完成,小组作业分两部分,制图部分要求绘制一个学院公共建筑的建筑施工图,包括平面图、立面图、剖面图、详图和结构施工图各一幅;识图部分要求比较建筑施工图和结构施工图的异同,要求结合学院的公共建筑实例比较分析,加深对施工图的认识,建立施工图与建筑实体的联系。作业要求每个小组合作完成,各个小组成员根据各自的特长和优势分工协作,通过小组内共同学习探讨和小组间的交流,较好地完成作业。

考核评价方式的变革,让学生更重视知识的运用而不是期末考前的强制记忆,小组合作作业锻炼了学生多方面的能力,每周按时完成作业帮助学生养成了良好的学习习惯,建筑制图绘制的实践提升了学生认真仔细的学习态度和素养。这些改变和应用型人才培养目标是一致的。

(五)构建师生共同成长的应用型课程

课程教学过程是老师和学生沟通交流,探讨解决问题,为学生提供良好的学习成长体验的过程。建筑工程制图课程的课堂,减少了基础知识点和基本原理的讲解时间,让学生通过自学做练习来掌握这些基本知识点和基本原理。课堂上安排大量的时间对实践作业进行交流指导,增加了问题的针对性,对学生的提升帮助很大。

课程有意识地启发学生进行探究式学习,在实践课堂上要求学生介绍学校的公共建筑的施工图和结构施工图,并以 PPT 的方式汇报作业,学生经过多次的交流和修改,无论是 PPT 的视觉冲击力,还是结构内容都有很大的进步,取得了很好的成绩。作业完成过程为学生提供了很好的学习体验,是师生共同学习成长的经历。

三、结 语

课程建设有其科学性和规律性,课程建设实践应该在科学理论指导下进行探索。应用型课程改革应该围绕着应用型人才培养模式下的观念和理念的变化和课程建设本身的科学性和规律性展开探索和实践,建筑工程制图的应用型课程改革也是在这些观念和理念下的一些探索和实践。课程在一定程度上得到学生的认可,但离应用型课程的目标还是有很大的差距。老师在课程改革中起主导作用,应该发挥老师的积极主动性,才能真正推动应用型改革,达到应用型人才培养目标。

参考文献:

[1]关仲和.关于应用型人才培养模式的思考[J].中国大学教育,2010(8).

[2]何菊芳,季诚钧."读、议、练"教学模式:基于应用型人才培养的财政学课程教学改革[J].中国大学教育,2011(9).

[3]袁竞峰,李启明,杜静.高校工程管理"一体两翼"专业核心能力结构探析[J].高等工程教育研究,2014(4).

[4]别敦荣.应用型大学的发展与教学改革[J].玉林师范学院学报,2017(3).

应用型人才培养背景下影响大学生科研参与的因素分析*

王　硕[1]　董芷含[2]　乔子媛[3]

（1. 浙江财经大学东方学院信息分院，浙江 海宁 314408；
2. 浙江财经大学东方学院创业学院，浙江 海宁 314408；
3. 浙江财经大学东方学院教务管理部，浙江 海宁 314408）

摘　要：大学生科研素质和科研能力的培养是当下高校教学改革的主要内容，大学生科研对培养大学生的学术能力和创新能力，对应用型人才培养起着非常重要的作用。但是近几年来，参与学生科研的学生却未能增加，甚至有减少的趋势。本文以浙江财经大学东方学院为例，对2014年到2016年间学生科研项目立项和评审结果进行了分析，指出影响大学生科研能力培养的几个因素，并针对当前现状提出了提高大学生科研创新能力的几点建议。

关键词：应用型人才培养；大学生科研；浙江财经大学东方学院

早在1969年，美国麻省理工学院就提出了"本科生研究机会项目（UROP）"计划，这一项目的提出标志着本科生科研创新时代的到来。近年来各大高校都非常重视创新能力的培养，以创新、创意、创业为核心的三创教育成为大学教育的新热点，各大高校陆续成立的创业学院为大学生创新创业提供了丰富的资源和平台。大学生科研项目作为培养创新能力的重要平台和支撑，在大学生能力培养方面和应用型人才培养方面发挥了重要作用。

大学生科研活动是指大学生在课外参加的与所学专业密切关联的论文撰写、学术交流、社会实践等活动。它对提高大学生的综合素质、锻炼大学生的科研创新能力，有着非常重要的作用和意义。在校大学生的科研创新活动有助于培养学生独立学习和思考的能力以及发现问题解决问题的能力；有助于学生养成科学严谨的工作和学习态度，促使其不断地学习和探索新的知识；有利于培养学生的逻辑思维和科学的研究方法，为接下来的研究生学习打下坚实基础；学生通过参加与专业课程设计有关的科研项目和科研活动，可以加深其对所学专业课程的理解和认识，培养学生对所学专业的兴趣和爱好。

---

* 基金项目：浙江财经大学东方学院2017年第一批院级高等教育教学改革项目题为："大学生科研活动的参与对应用型人才培养的重要性分析"。

一、大学生科研现状分析

应用型人才培养背景下的本科院校不同于国内的大型研究型高校,也和职业技术学校有所差异,应用型本科院校不能只培养学生的操作技能和实践能力,也应该重视学生的科学和人文素养。许多应用型本科院校越来越重视大学生科研能力的培养和提高,从事科研写作和科研创新成为大学本科教育中非常重要的组成部分。但是从实际情况来看,许多本科院校的学生科研成果不尽如人意,科研创新氛围不浓厚,科研创新师资队伍缺乏,学生选题方向不明确,科研激励机制不完善等问题严重阻碍了大学生科研创新精神的培养和科研能力的提高,不利于推动高校教育体系改革。以浙江财经大学东方学院为例,该校坐落于浙江省海宁市,在校学生将近 10000 人,共有 11 个教学研究单位,31 个专业。笔者搜集了 2014 年到 2016 年间东方学生申请学生科研方面的相关数据。结合 2014—2016 年的学生科研情况方面的数据我们可以了解到,2014 年一共有 65 项学生科研项目立项成功,其中法政分院申请人数最多,占有 15 个名额,其次是财税分院、金融与经贸分院等,分别占有 11、10 名额,但是评审结果中,通过评审的只有 33 个项目,仅占申请总数的 51%,另外 17 项延期,8 项撤项,3 项不通过。

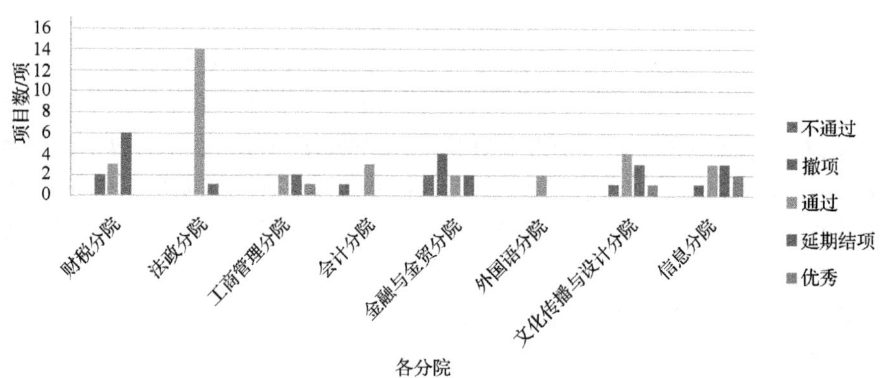

图 1　2014 年各分院学生科研评审结果

表 1　2014 年各分院学生科研评审结果

各分院	不通过	撤项	通过	延期结项	优秀	总计
财税分院	0	2	3	6	0	11
法政分院	0	0	14	1	0	15
工商管理分院	0	0	2	2	1	5
会计分院	1	0	3	0	0	4
金融与经贸分院	2	4	2	2	0	10
外国语分院	0	0	2	0	0	2
文化传播与设计分院	0	1	4	3	1	9
信息分院	0	1	3	3	2	9
总计	3	8	33	17	4	65

2015 年共有 88 项学生科研项目立项成功,其中申请学生排名前三的分院分别是文化传播与设

计分院、法政分院、财税分院，学生人数分别是 27、25、18，分别占总申请人数的 31%、28%、20%，在评审结果中，通过评审的项目有 60 个，占比 68%，7 项撤项，4 项不通过，16 项延期。

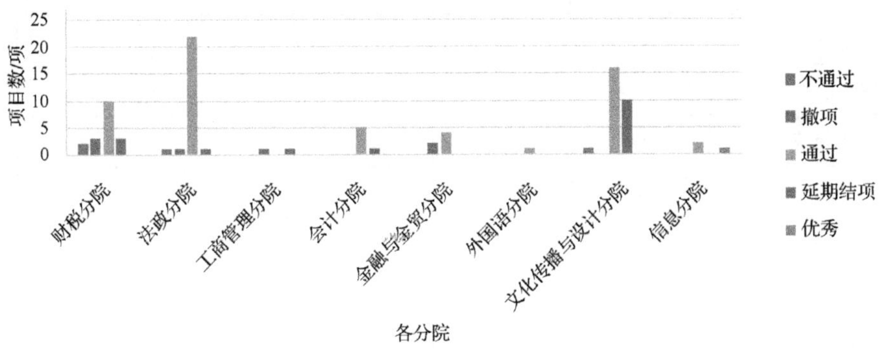

图 2 2015 年各分院学生科研评审结果

表 2 2015 年各分院学生科研评审结果

各分院	不通过	撤项	通过	延期结项	优秀	总计
财税分院	2	3	10	3	0	18
法政分院	1	1	22	1	0	25
工商管理分院	0	1	0	1	0	2
会计分院	0	0	5	1	0	6
金融与经贸分院	0	2	4	0	0	6
外国语分院	0	0	1	0	0	1
文化传播与设计分院	1	0	16	10	0	27
信息分院	0	0	2	0	1	3
总计	4	7	60	16	1	88

2016 年共有 74 项学生科研项目立项成功，其中申请学生科研排名前三的分院分别是财税分院、法政分院、文化传播与设计分院，学生人数分别是 21、19、15，占比分别为 28%、26%、20%，在评审结果中，51 个项目通过评审，占比 69%，11 项延期，8 项撤项，2 项不通过。

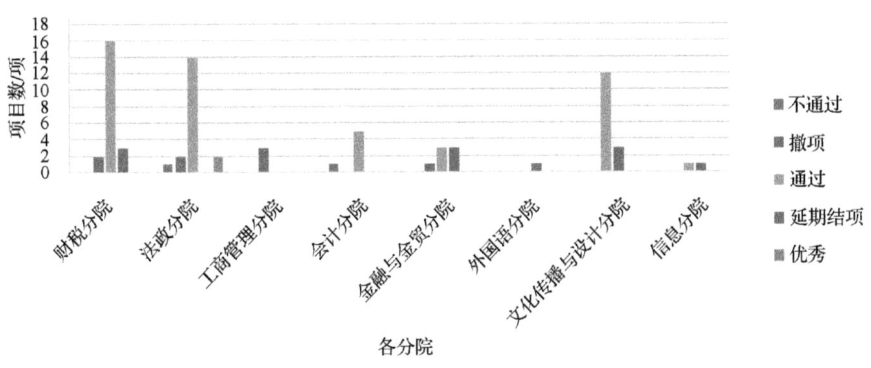

图 3 2016 年各分院学生科研评审结果

表3　2016年各分院学生科研评审结果

各分院	不通过	撤项	通过	延期结项	优秀	总计
财税分院	0	2	16	3	0	21
法政分院	1	2	14	0	2	19
工商管理分院	0	3	0	0	0	3
会计分院	1	0	5	0	0	6
金融与经贸分院	0	1	3	3	0	7
外国语分院	0	0	0	1	0	1
文化传播与设计分院	0	0	12	3	0	15
信息分院	0	0	1	1	0	2
总计	2	8	51	11	2	74

通过以上分析的数据可以了解到,在2014至2016年这三年中,财税分院、法政分院、文化传播与设计分院、金融与经贸分院等院申请的学生科研项目较多,法政分院的学生科研项目通过率整体要高于其他分院。而外国语分院、信息分院、工商管理分院学生申请科研项目较少,这主要是因为这三个分院举办的创新创业大赛和学科竞赛比较多,除了每个分院举办的竞赛之外,还会有对应的省赛、区域赛和国赛等,由于浙江财经大学东方学院学生培养方案里规定,学生参与学科竞赛可以作为第二课堂的学分,同时学生参与各项竞赛可以很好地锻炼大学生的业务能力和人际沟通能力,对以后有的工作和就业很有帮助。这导致学生不愿意将多余的精力和时间投入到学生科研活动。这三年评审结果中科研项目平均通过率为63%,可以说取得了非常不错的成绩,但是仍有进一步改善的空间。针对一些延期结项或者撤项的科研项目,可以采取中期审核以及不定期检查等措施来加强后期监督和管理,不通过的项目需要指导老师在学生做科研的过程中积极加以引导,结合自己的教学经验和科研经历提出修改意见和建议,降低学生的不通过率。

通过对各分院学生科研申请立项情况分析发现,2014年到2016年间,法政分院学生科研立项最多,共有59项,文化传播与设计分院和财税分院学生科研立项项目分别是51和50,其次分别是金融与经贸分院、会计分院、信息分院、外国语分院等。法政分院、文化传播与设计分院和财税分院作为东方学院申请学生科研排名前三的大院,其申请立项的项目比例分别为26%、23%、22%,学生科研通过率法政分院通过率最高,为35%,文化传播与设计分院通过率为22%,财税分院通过率为20%,延期结项率中排名前三的分院分别是文化传播与设计分院、财税分院、金融与经贸分院,所占比重分别为36%、27%、11%。通过横向比较和纵向比较,我们对整个东方学生科研的概况和每个分院学生科研情况有了一个全面的了解,有助于我们根据分析的结果来制定相应的对策。

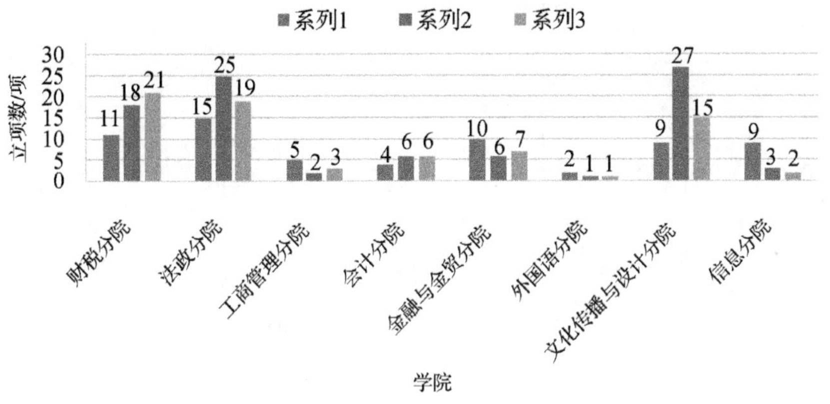

图 4　2014—2016 年各分院学生科研立项情况

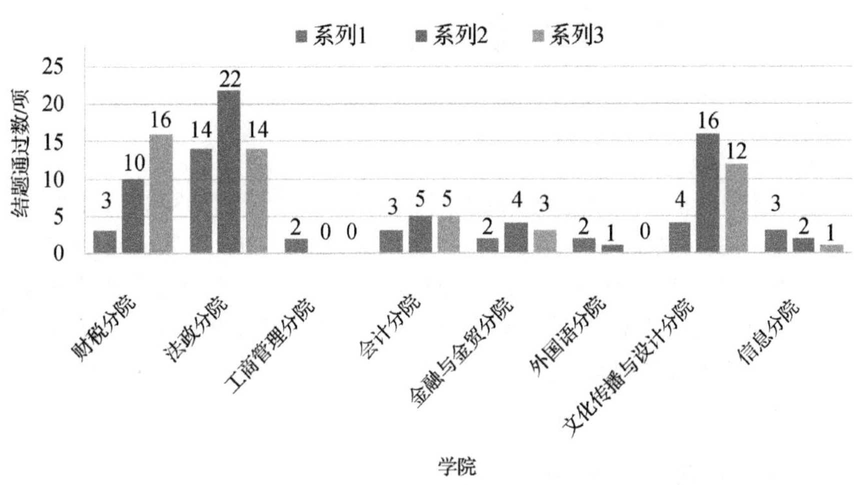

图 5　2014—2016 年各分院学生科研结题通过情况

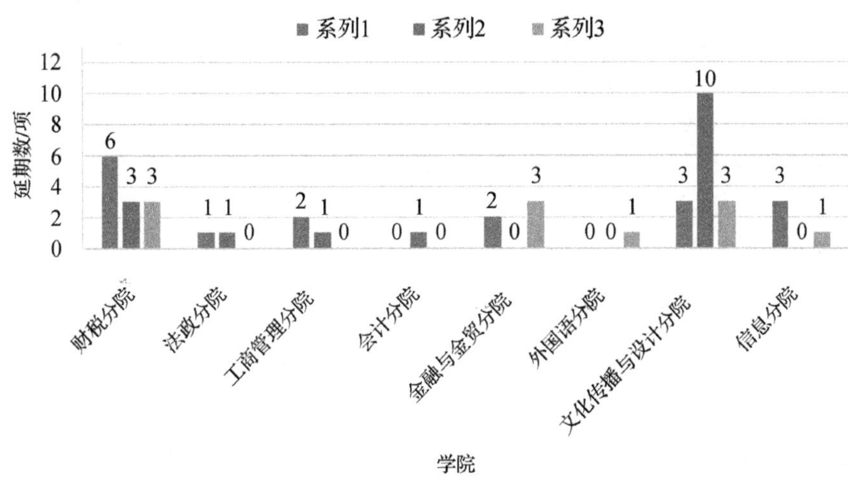

图 6　2014—2016 年各分院学生科研延期情况

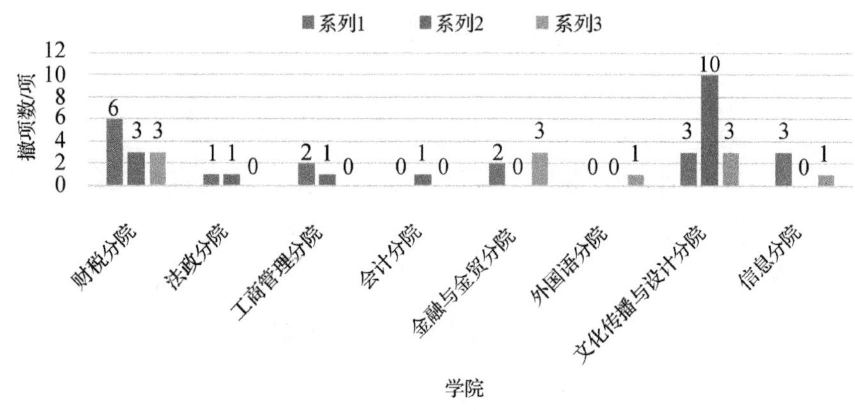

图7　2014—2016年各分院学生科研撤项情况

二、影响大学生科研参与的影响因素分析

(一)制度因素

大学生科研培养计划未能纳入学生培养方案中,高校应该认识到学生科研在教学和学科教育中起到的积极作用,但是实际情况是许多高校不能有效地将教学和科研紧密结合起来。学生大部分课程是以填鸭式授课为主,学生往往被动地接受教科书上的知识,不能完全地消化吸收并有所创新。一些激励措施和约束机制并不完善,没有有效的后期监督机制,学生科研的实施效果和落实情况不尽如人意。只有少数人参与到科研活动中去,这极大地阻碍了学生的探索精神和创新能力的培养。

(二)科研创新活动观念落后,科研活动氛围不浓厚

应用型人才的培养应该从大学生刚入校门的时候就开始实施,而一些高校仅仅把学生科研创新活动的重点放在研究生身上,忽视本科生的科研能力和创新能力培养,未能有专门的管理部门来指导和监督学生科研项目的执行和落实情况,导致本科生对大学生科研项目和活动了解较少,学生无法掌握基本的科研方法,无法对学生科研获得全面的认知。另外科研活动一般是在课外时间展开,而大学生在平时需要上课、参加社团活动和社会实践等,大一新生刚入校,所学知识有限,参与度不高;大二学生课程较重,除平时上课,还有社团活动、学科竞赛、社会实践等一系列活动,精力有限;大三学生专业课程繁重,还有一些同学准备考研、出国等,而大四学生忙着实习找工作等,种种因素导致了学生科研项目很难在大学生中推广开来,无法形成浓厚的学术氛围和科研氛围。

(三)科研选题方向不明确

大学生由于自身知识有限和视野的局限性,对学生科研的认识模糊,认为科研类似于调查报告或学习总结。大学生选择的科研题目范围一般来源于自身兴趣,不能很好地把所学知识和实际应用结合起来,或者选择的题目范围过大,最后由于时间或资金原因未能按时完成。

三、改进的措施

(一)改善相关制度,建立激励机制

针对浙江财经大学东方学院的学生科研现状,为了鼓励更多学生积极参与到科研项目中,应该采取一些必要的措施来保证学生科研顺利实施。比如说,建议高校在制定和完善培养方案时,把大学生科研培养计划纳入学生培养方案中,建立适当的激励制度,鼓励学生积极参与,同时积极改进教学方法,将科研创新理念融入教学和课堂中,引导学生树立创新思维和创新意识。

(二)转变观念,培养大学生科研意识和创新意识

一些高校目前仍以传统填鸭式授课为主,无法全面调动学生的创新意识和科研意识,这要求一些高校应该转变观念,在注重研究生科研能力培养的同时也关注培养本科生的科研和创新能力,积极鼓励本科生参与科研创新活动中去。教师在授课的过程中应该在课堂上讲授当下的学术前沿课题和热点,主动引导学生参与讨论,结合质量较高的论文以案例的形式进行详细的讲解,有效地将科研和教学结合起来,让学生由被动接受知识转变为主动思考和探索。

(三)明确选题方向

在科研选题方向上很多大学生选题不明确,无法准确把握当前的研究前沿。在应用型人才培养背景下学生科研项目的选题应该贴合企业实际,用来解决实际情况,或者科研选题可以和学生所学专业很好地结合起来。在专业课程的教学中教师可以结合课程内容布置论文类的作业,让学生按照科研写作的规范有目的地进行文献搜索、阅读和整理,最后由老师提出修改意见和建议,从而让学生了解和参与到科研写作的整个流程当中。指导老师由于多年的教学经验和科研实践经验,可以在学生科研过程中给予指导或者让学生参与到自己的科研课题和项目中,这样可以很好地锻炼学生的科研能力和创新实践能力。

四、结 语

应用型人才培养背景下大学生科研能力的提高对提升大学生的综合素质有非常重要的作用,但是一些高校对学生科研的重视不够,科研活动创新观念落后,学生参与科研项目的热情不高、科研选题方向不明确等原因导致大学生科研能力和创新能力不能得到有效锻炼,阻碍了大学生综合素质的提高。本文主要以浙江财经大学东方学院为例,指出了影响大学生科研的因素分析,并提出了参考建议,希望对当下一些高校的现状提供参考。

参考文献:

[1]林艳.应用型高校科研团队建设存在的问题及对策研究[J].太原城市职业技术学院学报,2017(5).

[2]王一宇.应用型本科院校大学生科研创新精神培养途径探析[J].山东农业工程学院学报,2017,34(3).

[3]吴义根,项桂娥,杨荣明.应用型本科高校教学与科研的冲突与融合[J].池州学院学报,2017,31(1).

[4]黄孔曜. 独立学院构建校企合作应用型人才培养模式——以福建师范大学闽南科技学院为例[J].人力资源管理,2017(5).

[5]吕健,朱明.地方本科院校学生科研参与现状及其影响因素的调查研究——以S学院为例[J].创新与创业教育,2016,7(2).

[6]李宁,孙泽涛.地方院校本科应用型人才培养的校企协同创新模式研究[J].产业与科技论坛,2015,14(12).

[7]曹洪洋.大学生科研能力培养存在的问题及思考[J].人才培养改革,2012(23).

工商管理专业应用技术型人才培养模式研究*

周　航

（浙江财经大学东方学院工商管理分院，浙江 海宁 314408）

摘　要：随着我国市场经济体制改革的持续深化、高等教育的创新发展以及用人单位人才需求的发展变化，地方性应用型本科院校工商管理专业应用技术型人才培养模式的革新势在必行。本文基于应用技术型人才培养模式的内涵，从人才培养目标、课程体系、实施方式和管理制度四个方面分析工商管理专业应用技术型人才培养模式的现况及存在的不足，进而提出优化对策，以期培养适合社会经济发展需要和用人单位需求，理论与实践有机结合，以就业为导向、应用为目的、能力为本位的应用技术型管理人才。

关键词：工商管理专业；应用技术型；人才培养模式；实践教学

工商管理专业从 1998 年开始正式列入我国教育部本科专业目录，获得迅速发展，迄今为止，已有超过 500 所本科院校开设了工商管理专业。[1] 从 2008 年以来，《国家中长期教育改革与发展规划纲要》、《教育部关于全面提高高等教育质量的若干意见》等政策文件以及国家层面的相关教育工作会议的意见要求，指出“创新人才培养模式，提高人才培养质量”、“坚持能力为重，优化知识结构，丰富社会实践，强化能力培养”、“鼓励因校制宜，探索科学基础、实践能力和人文素养融合发展的人才培养模式”、“加强实验室、校内外实习基地等基本建设，创立高校与科研院所、行业、企业联合培养人才的新机制”等。[2] 作为应用性、实践性要求比较高的专业，随着我国市场经济体制改革的持续深化、高等教育的创新发展以及用人单位人才需求的发展变化，工商管理专业应用技术型人才培养模式的革新势在必行。

一、工商管理专业应用技术型人才培养模式现况

人才培养模式是指在一定的现代教育理论和教育思想指导下，按照特定的人才培养目标，以相应的课程体系、实施方式及管理制度，实行人才教育的过程总和[3]。应用技术型人才是指有理论，懂技术，并且能够把理论知识应用于具体实践的人才[4]。由此，应用技术型人才培养模式是适应经济社会发展需要的，在一定的现代教育理论和教育思想指导下，以培养有理论，懂技术，能够把理论知识应用具体实践的人才为目标，科学合理设计课程体系、实施方式、管理制度等诸要素的结构框架和运行组织方式。

---

* 基金项目：浙江财经大学东方学院高等教育教学改革项目（2017JK02）。

(一)人才培养目标

人才培养目标是人才培养模式的核心,应用技术型人才培养模式的革新首先应该明确并优化人才培养目标。某地方性应用型本科院校工商管理专业的人才培养目标为:旨在培养德、智、体等方面全面发展,适应社会经济发展需要,具备人文精神、科学素养、诚信品质和团队意识,掌握现代管理理论与金融运营知识,具有企业经营管理能力、资源整合能力、管理变革创新能力,能够在工商企业、金融机构、政府及事业单位从事管理工作,具有创新精神和良好发展潜质的应用技术型管理人才。其实,纵览我国地方性应用型本科院校工商管理专业的人才培养目标,绝大部分可归纳为"可在各类企事业单位、政府机关及各级组织从事各项管理工作的高素质应用技术型人才"。

(二)课程体系

课程体系是按照学习心理、教学要求及学科知识的内在联系而组成的各个教学课程的系统[4]。以某地方性应用型本科院校工商管理专业为例,其培养方案的课程教学计划表显示,4 年合计 160 学分中专业教育仅占 74 学分,其下分为三个方面,学科基础课程占 24 学分,专业核心课程占 20 学分,专业方向课程 30 学分。专业核心课程为人力资源管理、市场营销、财务管理、战略管理、生产运作管理等课程,在体现专业特色的专业方向课程环节,设人力资源开发与管理、营销管理、投资与财务管理、会展经济与管理 4 个方向,每个方向开设 5 门方向核心课程,并要求学生在 4 个专业方向中选择其中 3 个,并修读其中的全部课程。

(三)实施方式

实施方式是指在一定的教学计划中,为实现特定的人才培养目标,依据科学的工作原理和管理常规所选择的各种方式方法[4]。应用技术型人才培养实施方式主要体现在实践教学层面。时至今日,很多高校已经积极转变教学观念,提高对实践教学的重要性的认识,大幅度提升实践教学所占比重,上文提及的某高校工商管理专业实践学分为 60 学分,占比 37.50%,并且加大投入,提供多个平台,设置多项环节,鼓励教师开展多种形式的实践教学。

(四)管理制度

管理制度是指人才培养过程具有方向性影响的各项保障制度。地方性应用型本科院校工商管理专业应用技术型人才培养模式在管理制度方面的革新就是要以人才培养目标为核心,对现有的一整套管理制度进行适应性、针对性的改革。但遗憾的是,很多地方性应用型本科院校配套管理制度的建设是停滞的,有些甚至沿用数年前的管理制度,连学校经过发展改了校名都没有对应在管理制度中体现。即使对部分管理制度进行改革,但几乎照搬照抄,以某高校"校外实习基地实习管理暂行办法"为例,前后新旧管理制度结构没有任何变化,实质性的内容修改只有 5 处(不含相关名称修改),约 150 字,全文约 2000 字,修改内容占比 7.50%。

二、工商管理专业应用技术型人才培养模式存在的不足

(一)人才培养目标定位不够明确,专业特色不够显著

现行的人才培养目标主要存在两个方面的问题:一是人才培养目标定位不够明确,没有专业特色;二是应用技术型体现不明显,人才培养规格与地区社会经济发展不协同。

第一个问题可以说是工商管理专业由于专业的特殊情况而存在的一个最大的“症结”，在教育部《普通高等学校本科专业目录》(2012)中，工商管理专业属管理学学科门类下的工商管理类一级学科下的二级学科，即专业名称，并列的二级学科有市场营销、会计学、财务管理、国际商务、人力资源管理、审计学、资产评估、物业管理、文化产业管理共9个，还含劳动关系、体育经济与管理、财务会计教育、市场营销教育4个特设专业。[5]可见，工商管理的内涵和外延都比较宽泛，工商管理专业“宽”而不“专”，“泛”而不“深”，这种“先天不足”导致专业人才培养目标存在上述问题，而且“后天难补”。用人单位戏称工商管理专业是“万金油”专业，哪里都适合但哪里都不是最合适，哪里都需要但哪里都不是最必要，学生也自嘲：学了会计会算账，学了金融会炒股，学了信息会电脑，学了工商管理会管理，但就业的时候管不了别人只能被别人管。虽然用人单位的戏称和学生的自嘲有所偏颇，但在某种程度上确实是专业人才培养目标问题的现实投射。第二个问题与第一个问题息息相关，正是因为“症结”未根除，工商管理专业应用技术型人才的培养处于“中专延长”和“本科压缩”之间的模糊地带[6]，培养方案仍以教育部的工商管理核心课程为主，在教学过程中重视传统理论知识，以就业为导向、应用为目的、能力为本位的培养模式仍未真正形成，人才培养规格与社会经济发展尤其是用人单位实际需求不“对口”。根据浙江省教育厅毕业生跟踪调查网的数据显示，上文提及的高校工商管理专业近3年的毕业生(2014—2016届)就业的“专业相关度”仅为49.05%，在全校近30个专业中排名较低，同时“离职率”高达46.42%，在全校专业中的排名较高。

(二)课程体系比较趋同，教学内容有待改良

目前，我国地方性应用型本科院校的工商管理专业的课程体系具有相似性，比较趋同。以上文提及的高校为例，其专业核心课程基本均为不能体现专业特色的“宽”而“泛”的课程，而在真正体现专业特色的专业方向设置上，已设的4个专业方向与现有的市场营销专业、人力资源管理专业、财务管理专业、投资学专业、会展经济与管理专业高度重合，进一步分析专业方向所开设的课程，发现课程门数有限，大多为5门课、10个学分左右，涉及有限，学习有度，在“专”和“深”上都不能与相关对应专业相比，没有形成特色，也不具有任何优势。可以说，课程体系并未根据新形式和新要求而进行实时调整，依然偏重传统的知识体系，涉及的知识面广泛，这种贪多贪全的课程体系难以适应当前精细的社会分工要求，并且教学内容与社会经济发展不太适应，教学案例没有与时俱进。上文提及的数据显示，“专业课程课堂教学效果满意度”为72.93%，教学效果满意度不高，在全校专业的排名偏低。

(三)实施方式不够完善，实践教学亟待提升

第一，理论教学的主体地位依然强势，实践教学地位偏弱，尤其是专业环节实践教学的主体地位提升不够。对实践教学，无论教师还是学生在思想上都没有给予充分的重视。第二，实践教学有“形式”缺“内容”，部分实践教学仅体现在课程体系的书面材料中，实施过程中，实践教学随意被取消、调整、占用乃至以讲代练等现象比较普遍，而已经开展的实践教学的项目内容因人而设、因物而立，部分内容只是简单的重复[7]。第三，相应的支持政策和扶持资金不够配套，相关资源的欠缺成为实践教学难以有效实施的根本原因。第四，任课老师缺乏实践教学开展能力，“双师型”师资队伍建设有待加强，大部分实践教学工作由理论课教师担任，这部分老师虽然学历较高，专业知识基础扎实，但由于缺乏在企事业单位实际管理方面的工作经验和感性认识，并且没有得到及时有效的教育培训，使得实践教学未取得预期的成效。上文提及的数据显示，“实践教学效果满意度”依次为69.17%、77.32%、77.50%，虽然逐年提升，但不够显著，总体的教学效果满意度不高，在全校专业中的排名偏低。

(四)管理制度建设比较滞后,缺乏配套保障机制

作为重要保障的管理制度的建设却比较滞后,没有为应用技术型人才培养模式的改革营造良好的保障机制和适宜的环境氛围。管理制度亟待根据形势发展,结合专业特色,围绕人才培养目标,有针对性地进行革新。同时,目前已经进行的革新无论在广度和深度上都需要进一步努力。

三、优化工商管理专业应用技术型人才培养模式的对策

(一)明确人才培养目标定位,突出专业特色

工商管理专业应用性强,实践性高,与市场经济紧密相关,需要依据地区社会经济发展状况、学校办学定位及资源条件、学生情况以及用人单位需求,其人才培养目标不同于传统的精英培养模式,即人才培养目标是理论基础扎实的学术型人才和面向用人单位的高级管理型人才,也不同于一般的职业教育培养模式,即人才培养目标是实践能力扎实的应用型人才和面向用人单位的基层操作型人才,而是能够把理论与实践有机结合起来,"素质为根、能力为本、应用为上、创新为魂"的应用技术型人才[8]。

地方性应用型本科院校工商管理专业在依循相关政策要求和条例规定的情况下,可以在培养方向层面大胆创新,体现行业与地方特色,服务地方社会经济发展,进一步明确学生的培养规格与就业方向,努力在"专"和"深"方面做文章。例如,浙江树人大学强化校企合作,通过"模拟—虚拟—实境"逐级递进式的人才培养模式,培养学生的全面素质、综合能力和就业竞争力[9];吉首大学工商管理国家特色专业以产学研合作人才培养模式为切入点,培育宽口径、厚基础、强能力、优个性,服务西部民族地区,能从中小企业基层管理工作做起的应用型创新型高级专门管理人才[10];南开大学滨海学院工商管理专业拍卖与典当方向,非常有特色,业内知名,类似拍卖与典当行业的黄埔军校,就业非常"对口",其毕业生在这个领域里轻松挑战各类高校的各层次人才。

(二)优化课程体系,改良教学内容

构建通识教育、专业教育、实践应用的课程体系结构,具体工作:适度压缩通识教育部分,围绕教学目标,结合专业特色,必修通识课程进一步做遴选,选修课程增设提升基础素养、增进应用能力的一些课程,并有意识地引导学生选课,从而更好地培养人才的综合素养、应用能力和职业适应性;扩张专业教育部分,根据课程设置和教学内容分成为学科基础、专业核心、专业方向三个方面。学科基础部分除了经济学、管理学这 2 门必修的核心课程以外,其余课程依据应用技术型人才培养目标和规格要求,实时更新教学内容,破除课程之间的壁垒,不断进行课程的整合和优化,切实保证相关课程的弹性和灵活性。专业核心部分的课程经过广泛调研、充分论证后确保精准有效,并维持相对稳定。专业方向部分最值得"做文章",首先,要缩减开设的方向,一般不超过 2 个,有明确定位或特殊人才培养目标的可以有针对性地聚焦于 1 个方向。其次,对各个方向的课程设置和教学内容进行深入分析,确保专业方向的核心基础课程与教学内容要被纳入,同时进行一定的延伸和拓展,在"深"和"专"方面有所体现。再者,进一步提升这部分实践教学所占比例和教学质量;强化实践应用部分,优化实践教学体系,充实实践教学内容,丰富实践教学形式,充分利用学校和社会的教育资源,不断加强实践教学的改革,大力提高实践教学效果[11]。

(三)完善实施方式,强化实践教学

第一,进一步明确实践教学的重要意义,提高管理层和一线教师对实践教学的认识,摆正实践

教学的位置，尤其是在专业核心及专业方向部分确立实践教学的主体地位，突出应用能力和管理岗位要求的综合技能的培养，使实践教学运行中的各种问题和困惑可以得到很好地解决。第二，科学合理增设各课程实践教学内容，实践教学的项目内容根据教学目标、课程性质、资源条件等进行优化设计，对已安排的实践教学必须严格执行，事前认真准备，事中保质保量，事后检查完善。第三，充分利用现行相关扶持政策规定，优化资源配置。校内针对工商管理专业特点建立配套的综合型实践（实训）中心或平台，积极引进工商管理专业相关的实践教学模拟软件，以工商管理专业技能实训为重点，让学生在模拟仿真的职业岗位环境下切身体验实务运行与操作。校外按照校企合作、互惠互利的原则，以学校的"知本"与用人单位的"资本"互换，建立对口的实习基地，通过多种形式构建校企合作长效机制，这样既可以缓解学校资源有限的矛盾，又能充分调动企业的积极性。同时，构建区域内校际共享的实践教学大平台，各校间取长补短，互补互助，在这个大平台上的各校教师之间可以互动，如共同探析实践教学的项目内容，编撰实践指导手册等，从更高层次上实现实践教学资源的共享，满足实践教学日益深化的需求[7]。第四，加强"双师型"师资队伍建设，增强教师实践教学指导能力。利用多种手段对实践教师进行教育培训，同时创造更多的到企事业单位交流、学习、进修的实践机会，鼓励教师走出去，选派教师到企业兼职，了解和学习工商管理实际运营的技能。另一方面要请进来，邀请具有丰富管理经验的专家到校担任实践教学指导工作，择优聘请为"校外导师"充实实践教学师资队伍。

（四）革新管理制度，营造保障机制

通过管理制度的改革与创新为应用技术型人才培养模式的改革营造良好的保障机制和适宜的环境氛围。第一，在现有管理制度的基础上，结合专业特色，围绕人才培养方向和目标定位，有针对性地革新专业层面的教学管理制度，出台或成文专业教学基本规范要求或指导意见，使专业教学活动有规章可循，教学监督和检查有制度可依，保障专业教学运行规范有序。第二，逐步建立全面的教学质量评价体系。提倡评价内容的多样性和综合性，评价不能从单一方面出发，需要综合考虑教学内容对学生培养的综合贡献，尤其是实践教学的评价更是要精研细作；评价主体的多元性，形成专家、学院、教研室、学生为主体的多方位、多视角的评价；坚持形成过程性评价与终结性评价的结合。第三，完善教学质量监控机制。专业内部成立专门的组织机构，规划一定的程序要求，在教学质量评价的基础上，进行积极认真的规划、检查、评价、反馈和调节，以确保专业教学工作按计划进行，并达到目标。第四，建立人才培养质量反馈机制。就业质量和人才培养质量密切相关，通过调研本专业毕业生就业情况以及职业发展情况来评估人才培养质量。[12]同时，用人单位是高校培养的人才的应用能力、职业能力甚至道德品质最主要的评价方，对这个"未来的买主"进行调研，收集反馈信息也是非常有必要的。

四、结 语

十年树木，百年树人。人才培养模式的改革创新不可能一蹴而就，需要不断实践，勇于探索及总结凝练。本文以地方性应用型本科院校工商管理专业为研究对象，基于应用技术型人才培养模式的内涵，在现况分析的基础上，提出明确培养方向和目标定位，突出行业与地方特色，优化课程体系，改良教学内容，完善实施方式，强化实践教学，革新管理制度，营造保障机制等对策，以期对优化工商管理专业应用技术型人才培养模式有所裨益。

参考文献：

[1]刘雪萍.应用型本科院校建设背景下的工商管理专业建设[J].当代经济，2016(12).

[2]李儒寿.应用型本科人才培养模式改革探索——以湖北文理学院"211"人才培养模式为例[J].高等教育研究,2012,33(8).

[3]董泽芳.高校人才培养模式的概念界定与要素解析[J].大学教育科学,2012,13(3).

[4]刘英华.地方高校应用型本科人才培养模式研究[D].南昌:江西科技师范大学,2015.

[5]中华人民共和国教育部.普通高等学校本科专业目录(2012)[Z].北京:中华人民共和国教育部,2012.

[6]李慧巍,杨之雷,王卫.校企合作背景下高校人才培养模式创新——以浙江树人大学工商管理专业为例[J].浙江树人大学学报,2013,13(5).

[7]李旭轩.应用型本科院校工商管理专业实践教学存在的问题及对策[J].教育探索,2013(2).

[8]刘中艳,胡平,刘晓霞.我国工商管理专业应用型人才培养的问题及对策研究[J].兰州教育学院学报,2013,29(6).

[9]刘永,赵洪明,柳红星.工商管理专业人才培养模式研究——基于构建"一体四翼"应用型本科教育视角[J].科技创业,2012(4).

[10]张霞.地方高校产学研合作人才培养模式探究——以吉首大学工商管理国家特色专业建设为例[J].高教论坛,2014(8).

[11]浙江财经大学东方学院教务部.浙江财经大学东方学院2017级本科专业学分制培养方案[Z].嘉兴:浙江财经大学东方学院,2017.

[12]王辉,张小诗,刘海军.高校人才培养质量反馈机制建构[J].现代教育管理,2011(11).

“人口经济学”课程的应用型改革与反思

惠 文

（浙江财经大学东方学院财税分院，浙江 海宁 314408）

摘 要：人口经济学具有较强的世俗性特点，非常适合学生通过深入社会实践去观察思考身边的人口经济现象和规律，提高对理论的理解和应用能力；通过“应用＋讨论”的教学方式也能规避传统的囿于教室的“灌输式”教学方式的弊端，提高学生的课堂参与度和教学效果。经过本次课程应用型的探索和实践，学生对课程的兴趣和参与度都有所提高，但是也暴露了诸多问题。

关键词：人口经济学；应用型；实践；反思

一、课程应用型改革的基础

一门课程是否要进行应用型改革主要取决于两个方面的因素：一是课程的内在属性；二是课程教学的外在应用环境。“人口经济学”这一课程兼具这两个要素：较强的经验和世俗特征和优良的外部实践环境。

（一）人口经济学自身具有较强的经验和世俗特征

张五常在其《经济解释》一书中阐述了经济学的经验主义思想，即注重观察社会现象，进而剖析其中的规律，再回到现实中去接受实践的检验。这种从社会中来再到社会中去的求学求真思想是非常值得借鉴的，也是社会科学的内在要求。人口经济学是人口学和经济学的交叉学科，属于应用经济学的范畴，侧重从经济学的视角研究社会发展过程中人口与经济之间的相互关系及其变化规律。因此，人口经济学本质上带有极强的经验主义色彩，对其学习应当从身边的人口和经济现象入手，再一步探究背后的规律，进而用事实进行验证。

社会是由人构成的，人口现象就在身边，随处可见，甚至我们自身就在人口现象之中，是被研究的对象，比如生育、死亡、迁移等。另一方面，经济学是比较实用的学科，研究人类的行为决策等，经济现象亦是处处可见。人口学和经济学的这些非常生活化的特点，我们可以称之为“世俗性”的特点，使我们对这一门学问的探究必须扎根于社会中，从身边观察到的人口和经济现象入手，如生育孩子的数量、迁移的原因等。

正是基于此，人口经济学不论是教学中还是研究中都应当遵从其内在的“经验”和“世俗性”的特点，从社会中来，再到社会中去。这两个基本属性要求教学中也应当使学生走出课堂，观察发现身边的人口经济学现象和问题，进而回到课堂或者材料里去讨论探究答案，有了一定的认识后再去印证自己的见解，循环往复，才能求真求实。

(二)良好的外部应用实践环境

虽然人口经济学内在具备实践应用的要求，但是能够实施需要一系列的外部环境的支持，如学校层面的应用型教学导向和支持、适合教学的人口和经济现象、课程合理的应用型设计等。

首先，学校层面的应用型教学导向和支持可以给予教师一个比较明确的教学授课方式的引导和宽松的环境。浙江财经大学东方学院正在建设应用技术型的独立院校，对课程有非常明确的应用型要求和导向，应用形式可以多元化，这给教师了一个良好的外部支持，积极探索适合本课程的应用方式。其次，浙江财经大学东方学院虽然地处海宁市长安镇，但是它产生了极强的人口集聚效应和经济效应，是农村和城镇交汇的地方，是快速发展变化的地带，这为探究学习人口经济现象和背后的规律提供了极佳的天然教学园地，尤其是人口的迁移与经济的关系、人口生育与经济的关系、人口结构与经济等。最后，课程合理的应用型设计是使教学能够扎根落地的保障，也是应用型教学改革能否达到良好效果的核心。基于以往的教学经验和应用型的要求，教师对人口经济学这门课进行了合理的“任务＋观察实践＋讨论＋理论提升”的教学设计，从教学目标到课程考核方式等方面都围绕应用型做了修改和完善，为课程的应用型实践提供了可操作的保证。

通过应用型课程设计，让学生走出教室去亲身了解社会，进而回归课堂去探究规律，再解决实际问题，这都需要学生发挥自己的学习主体地位，通过观察或调研访谈的方式去收集资料，进而参与讨论去发现规律，提升自己应用理论去解决实际问题的能力，达到更好的教学效果。

二、应用型教学的课程设计

社会科学的应用型不同于自然科学，社会科学非常强调关注社会现象和社会问题，能够找出其中的规律并运用理论来解决这些社会问题。人口经济学的应用型设计应当与其特点紧密结合，改革学生获取知识的方式以增加学生应用知识的机会，注重学生的参与和自我探索学习。

在应用型导向下，课程设计需要重塑。因为人口经济学所关注的社会问题和视角没有变化，因此在教学内容上也没有太大的改革，重点是对授课方式、学生成绩评估方式和课程效果评估方式等进行重新设计，以提高学生的课程参与度和应用能力。

(一)授课方式以灌输式改为任务导向下的启发探究式

传统的教学方式一般有两个比较显著的特点：一是师生都囿于在教室环境内完成教学；二是以教师讲授为主，基本上“满堂灌”。囿于教室使学生与社会割裂开来，坐在教室里是很难真正观察社会现象的，没有对社会现象进行深刻的观察是不会引发深入的思考和学习的，因为“纸上得来终觉浅”，这也违背了社会科学知识获取的重要途径和人口经济学的特点。另外，教师“满堂灌”使学生的学习主体地位倒置，很难调动学生的积极性，学生的课程参与度极低，收获感也非常低。

因此，应用型教学导向下的授课方式必须要改变以往教师讲授为主、学生被动听讲的“灌输式”方式，而是将一些非常适合学生走出课堂进行观察的学习内容设计为“任务＋观察实践＋分享讨论＋理论提升＋实践印证”的授课方式(如图 1)。

在这种方式下，教师仅仅起到了引导的作用，而学生要通过小组的合作学习自主设计观察某一人口经济现象的方案如社会调查或访谈，进而走入老庄村或长安镇的家庭及企业等去观察人口现象及其与经济的关系，最后每个小组分享观察到的现象问题和自己的思考，对观察到的现象和问题进行讨论，在讨论过程中教师会进行相应的引导，最后进行提炼总结，上升到人口经济学的理论。

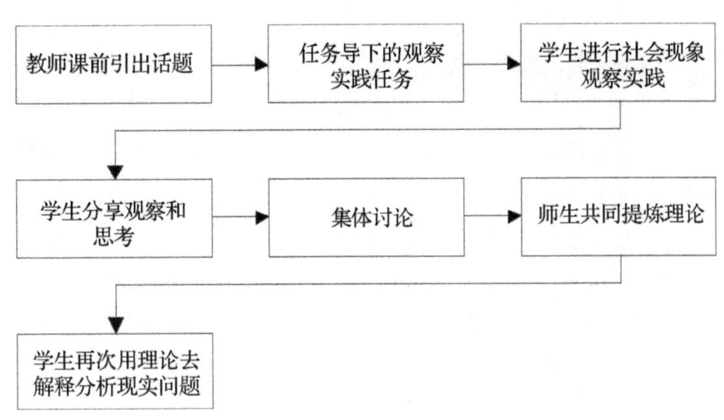

图1 应用型教学的设计

课程的最后会再次给学生布置学习任务即去检验提出的理论是否可以解释现实或者解决现实问题。

(二)学生评价方式以期末考试为主改为课程参与和过程为主

由于授课方式的转变,学生评价方式也要进行调整,不能像传统考核方式一样只关注期末考试,而是要侧重在平时的课堂参与和作业完成质量上,如表1。

表1 应用型导向下考核指标和权重

考核内容	考核方式	权 重
课堂参与	出勤	15%
	课堂作业	30%
	课堂讨论	25%
理论掌握	闭卷考试	30%

出勤是学生参与课堂学习的基本保证,出勤的考核主要是通过观察课堂点名和课堂作业提交情况来判断。课堂作业主要为课堂任务的完成情况,如社会观察结果的呈现和质量,按照一系列子指标进行成绩打分,计入总成绩。课堂讨论部分主要是课堂分享和对现象提出的问题的观点探讨,这一考核主要是根据个人和小组课堂发言的数量和质量来评判。理论层面主要是材料分析为主,使学生用所学的理论来剖析社会现实问题。

学生评价方式与课程应用型导向相一致,强调学生的自主性和知识的应用,课堂作业和课堂讨论所占权重比较高,让学生重视社会现象的观察和思考,而非被动性地听老师讲课。

(三)教学效果评估由分数为主转向学生的内在改变

以应用型为导向的课程设计下,教学效果的评估不能再局限在学生期末考试成绩和理论知识的掌握上,而是注重学生的能力的提升,如观察能力、表达能力、思考问题的能力、剖析现实问题的能力等。但是能力的提升是一个比较综合的考量,比较隐性,需要通过学生每次课堂表现外显出来,如发言的积极性、剖析问题的视角等。

三、应用型教学的具体实践和效果

人口经济学作为一门专业课,其主要授课对象是劳动与社会保障专业本科二年级的学生。应用型课程的首次改革和实践是 2015 级的学生。按照课程的应用型设计,安排了如表 2 所示的 4 次实践教学:生育率与经济、人口迁移与经济、人口结构与经济、人口投资与经济,其中部分内容侧重理论教学,如人口死亡,因为其中涉及生命表的计算。在实践教学中,让学生去观察访谈调研身边的人口经济现象,如老庄村村民、老庄村的外来人口、学校教师群体、用人单位等,收集一手的资料。

表 2　人口经济学教学应用实践的内容

实践教学内容	实践方式
生育率与经济	访谈观察校内外 30 户家庭和个人,分析生育孩子的个数和决策的考量因素
人口迁移与经济	访谈观察校内外 30 个人,分析迁移决策的考量因素
人口结构与经济	访谈观察 30 个老人、中青年人和小孩,分析其需求和经济行为
人口投资与经济	访谈观察部分学生、教师、用人单位进行人力资本投资的决策

在这些实践课程中,利用课堂和课余时间让学生从经济学的视角去探讨人口的行为决策。观察访谈之后回到课堂上进行展示,每个小组进行 10～15 分钟的分享,然后提炼问题,逐步用经济学的相关理论进行分析。

从学生的参与来看,在社会实践部分热情非常高,觉得非常有趣,课堂上的分享也是自己的思考,学生的表达能力显著提高。如表 3 所示,从期末学生对这门课的教学评价看,将实践引入课堂受到了学生的广泛认可。

表 3　部分学生对实践应用教学的评价

序　号	评价内容
1	实践活动挺好的,有帮助
2	调查配合理论讲解,让学生对知识有更加深刻的理解。非常认真负责,授课方式有新意
3	老师注重实践,对于理论知识的讲授技巧方面,带动大家积极性方面可能仍需努力
4	注重课后学生实践
5	特别注重实践,经常让学生实地调查
6	老师教学十分注重实践

来源:2016—2017 学年第一学期“人口经济学”课程教学质量评价评语。

四、应用型教学改革的反思

虽然经过一学期的应用型教学探索和实践,人口经济学这门课程的教学效果有了很大的提升,但是其中也存在许多问题值得反思和完善。

(一)实践环节需要更科学的设计

应用型课程改革最大的特色是授课方式的改变,使学生实践融入教学中,充分调动了学生的积极性。实践环节的设计就非常重要，如何设计才能最大化地激励学生进入社会观察实践和提升实践质量，避免实践仅仅流于形式和小组活动搭便车的现象。

在本次实践教学环节中，总体上学生的参与度是很高的，每个同学都有参与实践，这个通过课堂分享环节的随机提问即可得到验证，但是部分学生的实践质量并不是很高，尤其是观察之后对现象的独立思考比较欠缺。另外，讨论环节学生的参与度相对较低，这说明学生的思考不足以及课堂激励等还需完善。

这些问题一部分反映出原来的实践环节设计过于简单，学生并不能很好地理解实践的目的和任务。为此，在实践之前要向学生讲解清楚本次去观察的目的和意义，观察的重点和方法，利用观察记录单、观察思考单等来提升实践环节的质量。

(二)实践与理论需要更紧密地结合

本学期的课程暴露的另一个问题是实践与理论的联系不够紧密，尤其是期末考试的成绩并不是很理想，学生对理论的掌握和应用并不扎实。问题的原因主要是教师从学生的实践中提炼理论的功底不够，对理论的掌握和通过通俗易懂的方式讲解的能力不够；另一方面，学生对社会现象和问题独立思考的能力也有待提高。解决这一问题需要教师加强自身的理论功底和教学能力，使理论与实践更好地结合起来。

参考文献：

[1]胡天佑.建设“应用型大学”的逻辑与问题[J].中国高等教育，2013(5).

[2]乔占俊.应用型人才培养模式下的“开放式”实践教学[J].电力系统及其自动化学报，2014(4).

[3]侯茂章.《人口经济学》课程教学研究与实践[Z].全国教育教学改革与管理工程组委会会议论文集，2012.

独立学院军事理论课开展案例教学的困境与出路

阮　慷

（浙江财经大学东方学院体育中心，浙江 海宁 314408）

摘　要：通过对案例教学法自身的优势、军事理论课的特点、授课对象的实际情况以及教师能力的发展等方面进行论证可以得出，开展案例教学是军事理论课教学发展的必然要求。但目前独立学院的军事理论课发展尚处于摸索阶段，在开展案例教学上面临着四大困境。针对困境，可以从以下四个方面出发探寻出路：加强师资队伍规范化建设；从学生实际接受能力出发组织案例教学；保证课时，创新案例教学模式；完善案例教学考核标准，实行主体多元考核评价。

关键词：独立学院；军事理论课；案例教学；困境与出路

在查阅资料的过程中，笔者发现，有关独立学院军事理论课案例教学的研究甚少。因此，笔者从自己的相关教学经验出发对此试作探析。

案例教学法起源于国外的古希腊时期、我国的春秋时期，成型于19世纪末。最早被系统应用于法学和医学教育中，取得显著成效后逐渐引起各方重视，现已广泛应用于其他学科领域。案例教学法是一种围绕一定教学目标，将案例引入课堂，组织学生对案例进行主动研究和探讨，从而提高学生分析问题和解决问题的能力，加深学生对基本原理和概念理解的教学方法。[1]

一、军事理论课开展案例教学的必要性

在军事理论课教学中开展案例教学的必要性主要体现在案例教学法自身的优势、军事理论课的特点、授课对象的实际情况以及教师能力的发展需要四个方面。

首先，案例教学法作为一种具有较强启发性、开放性、实践性和互动性的教学方法，在课堂教学中适当引入，不仅可以活跃班级气氛、激发学生学习兴趣，还可以提高学生理解、分析、应用与自主创新等能力。同时，在增加师生交流、促进教学相长上也显现出了其独有的优越性。可以看得出来，将案例教学法应用于课堂教学刚好可以弥补传统教学法存在的一些不足，因此，将案例教学法引入军事理论课实属必要、符合需求。

其次，开展案例教学，也是由本门课的特点所决定的。军事科学是在对战争和军事实践进行高度总结和抽象概括的基础上形成的一门科学[2]，这就意味着军事理论教育具有较强的理论性和抽象性。单一的理论讲解只会使教学更加沉闷枯燥，难以调动学生的学习积极性。而另一方面，军事科学来源于实践，最终也将应用于实践，其较强的实践性和应用性也使传统的军事理论课教学面临

极大的挑战。考虑到军事理论涵盖丰富的军事案例，是一门非常适合使用案例教学的课程，在此基础上将理论、原理放在具体的案例中开展案例教学，使学生由课堂上相对被动的"听课者"变成积极主动的"参与者"，使传统教学中的教师单向灌输转为师生、生生之间双向甚至多向的探讨和交流，这不仅能带动学生学习激情，使之体会到本课程的价值和意义，更能让学生在掌握原理、理论的同时锻炼其举一反三、理论运用于实际的能力。

再者，授课对象的实际情况也使得案例教学的开展具有必要性。"95 后"大学生表现出来的特质有独立自主能力强，有主见但仍需教育者、家长等进行一定程度上的引导，对新鲜事物、不同观点的接纳能力强，乐于进行思维上的碰撞来探索新知。而案例教学正是契合了这一特质。[3] 除此之外，素质教育也对大学生提出了全面发展的要求，在扎实掌握理论知识的同时还需注重实际能力的培养与提升，以应对知识经济时代的到来和社会形势的发展变化。案例教学正是一种能够通过启发、引导学生进行积极主动探讨，促进学生分析、解决问题能力的提高的教学方法。具体到军事理论课这一门课上，通过案例教学不仅能够帮助学生克服依靠死记硬背学习知识点的毛病，还为其逻辑推理、自主创新、实践驾驭等能力的锻炼提供条件。

最后，开展案例教学也是基于提升教师自身教学、科研能力的考虑。相比于其他课程，军事理论课的教学尚处于探索阶段，通过激励教师对教学方法进行摸索与探究，既可以期待本课程达到更优的教学效果，也可以使军事理论教师得到更多的教学锻炼和获得更多更宽的科研思路。

二、独立学院军事理论课开展案例教学的困境

独立学院作为中国高等教育办学新模式，在实践中不断自我发展完善，努力塑造和凸显自身优势，现已取得令人瞩目的成绩。但是，由于办学模式和办学定位不同，加上在军事理论课建设方面起步较晚，目前独立学院的军事理论课教学中仍存在较多的不足与问题，其发展面临较大的困境。其中，在开展案例教学中主要面临的困境有以下几个方面。

（一）师资数量不足、教师专业化程度不高

案例教学对教师提出的要求颇高，既要求教师掌握扎实的理论知识，又要求教师具备丰富的实践经验，并能做到熟练地将理论应用于实践；[4] 既要求教师拥有较高的案例教学水平，能够灵活运用案例教学技能，又要求教师具有敏锐的洞察力，能够不断地寻找和编写新的教学案例。除此之外，还要求教师怀揣严谨的教学态度和高度的责任心。而独立学院军事理论课的师资队伍建设尚处于起步阶段，力量相对薄弱，主要表现为师资数量不足、师资专业化程度不高等问题。从目前独立学院的军事理论课教育教学情况来看，极缺专任的授课教师，多以兼职教师为主，甚至存在部分独立学院完全由兼职教师承担该课程的全部教学任务的情况。据笔者调查了解，这些兼职教师绝大多数并非军事类专业出身，而是"临危受命"兼任军事理论课教师，这样的师资在军事理论课专业知识方面存在一定的欠缺，而且，其本职工作多为体育教学、学生辅导、思政教育等，这使得其在军事理论课程教学方面投入的精力和时间有限，而案例教学既要求有较高专业理论水平的师资，也需要其在准备和组织案例教学上投入较多的时间和精力，因而，在多数独立学院中案例教学并没有得到开展。即便得以开展，囿于兼职教师自身专业知识储备不足、实践经验不够、案例教学水平不高等因素，也很难达到案例教学的预期效果。

（二）学生相关基础知识薄弱

案例教学是一种运用相关理论知识对案例中的具体问题进行分析和探讨的教学方法，这就要

求作为主要参与者的学生需具备相关的基础理论功底,这个功底既包括对所分析和探讨的问题具有一定广度和深度的认识,还包括掌握案例教学所需的一般操作技巧,如讨论和总结归纳的技巧等,这些都是案例教学能够顺利、有效进行的必要前提保证。但是相对来说,独立学院学生普遍存在一些略显薄弱之处,如学习自控能力差、学习兴趣不高、学习积极性不强、学习效率不高、基础知识储备不足或掌握不扎实等。其中,基础知识储备不足或不扎实不仅体现在高中基础学科上,如语文、数学、历史、政治等,还体现在军事上。而军事理论课又恰好是一门涉及多个学科领域的课程,除了军事以外,还涉及政治、历史、地理等多个方面。这就给独立学院学生设下了较高的门槛。由于基础功底略显薄弱,大多数学生只能停留于对问题的浅层次分析,无法深入理解和分析所选案例,很难能真正融入教师预设的案例教学中来,少数学生因摸不着门路甚至直接选择放弃,最终教学目标只能交由教师来主导实现,课堂演变成“教师讲案例,学生听案例”的课堂,案例教学变为案例讲授。

(三)军事理论课受重视程度不高

相对于高校设置的其他课程来说,军事理论课的所处地位较低,受重视程度不高,这是我国高校普遍存在的一个现象。其中,独立学院更是重灾区之一。在就业导向的驱使下,过度偏重应用性建设使军事理论课的地位一降再降,这已成为现如今独立学院军事理论课建设和发展过程中一个亟须关注的问题。从学校层面上来看,独立学院军事理论课受重视程度不高主要体现在课时被压缩、进行大班授课两个方面,这两个方面直接影响到案例教学的组织与开展。

《普通高等学校军事课教学大纲》(简称《大纲》)规定军事理论教学时数为 36 个学时。[5]笔者通过调查了解到,绝大多数的独立学院并不能保证上满 36 课时,而是勉强维持在 16 课时左右。假设一次课为 2 课时,16 课时即只有 8 次课。军事理论课是一门内容极为丰富的课程,主要包括国防概述、军事思想、战略环境、军事高技术以及信息化战争五大块内容。面对如此之丰富的教学内容,8 次课也只能让学生对军事理论课进行粗略的了解。在这种课时少、教学任务多而紧凑的情形下,教师一般不会选择占用课堂时间多、知识传授效率低的案例教学。此外,受重视程度不高也是独立学院军事理论课教学多采取大班授课的背景之一。开展案例教学的合理班级规模一般是 30～50 人,而不少独立学院军事理论课堂规模多达 100～200 人,人数过多会造成讨论过程难以控制以及教师无法关注到每个学生等问题,使案例教学的优势无法很好地体现出来。

(四)目前案例教学的考核机制不完善

制定科学、完善的考核机制,对激发学生学习动机,调动学生学习积极性、创造性和主动性以及增强课堂教学效果具有积极的推动意义。由于当前独立学院军事理论课的建设尚处于初步探索阶段,再加上受案例教学自身考核机制发展也不成熟等因素的限制,在独立学院军事理论课案例教学中尚未形成一套科学客观、系统完善的考核机制。目前实施的考核标准多由授课教师自行设置,这就意味着该标准难以从根本上完全克服或消除由教师个人喜好、关注点所造成的偏差,使该标准的可靠性、可行性从一开始便大打折扣。如果偏差过大,非但不能得到客观、公正、真实的考核结果,还易使部分学生对案例教学和教师心生质疑和失望,进而丧失案例学习的动力,打消继续参与案例讨论的积极性。甚至,还会激发师生、生生间的矛盾,使案例教学失去其原本的意义。

三、从困境中寻找出路

独立学院军事理论课开展案例教学必不可少且行之有效,所以,我们必须致力于解决面临的困境，寻找突破的出路。对此，笔者进行了思考并提出了以下几点意见和建议。

（一）加强师资队伍规范化建设

组建一支规范化的师资队伍是独立学院军事理论课实现开展案例教学必要的前提保障，应得到足够的重视。针对目前师资力量不足的情况，各独立学院可以从外部引进、内部培养两个途径出发组建师资队伍。从外部大力引进具有军事或国防教育背景的高层次专门人才，增强和壮大自身力量；从内部选拔有相关基础、有兴趣、有较强教学能力的青年教师进行专门培养，并提供和创造培训进修机会使其得到军事理论知识、案例教学能力等方面的学习和锻炼，从而“从内从外”或“内外结合”打造出一支理论知识扎实、教学能力过硬的军事理论课师资队伍。同时，各独立学院也应尽快完善军事理论课教师专业技术职务评聘办法和组建军事教研室，使师资队伍更加稳定和规范。其中，军事教研室的组建能够给教师提供进行教学、科研等方面沟通交流、观摩取经的场所和机会，这为实现教师加强案例教学研究、有效组织案例教学、提高案例教学水平和质量创造了优良的条件。

（二）从学生实际接受能力出发组织案例教学

考虑到独立学院学生基础知识相对薄弱的问题，教师应提前将要探讨的案例和问题告知学生，并动员其做好预习工作，了解相关的基础理论，收集整理相关的资料，避免出现学生一无所知，无法参与到课堂讨论的情况。而且，所给的案例最好具有吸引性、启发性、可议性、典型性，并与学生实际相贴近，能够突出学生主体观念。所给出的问题最好由浅入深、从难到易，从事实掌握性问题到启发思考性问题。课中，教师应营造一个宽松的课堂环境，鼓励学生畅所欲言。对掌握要领、积极发言的学生予以肯定；对领会较慢、沉默寡言的学生也要耐心引导和动员。当然，在教学情况允许的条件下，能够采用多个案例从不同角度、由浅入深地学习、解释一个理论，学生的理解和掌握效果肯定会更好。

（三）保证课时，创新案例教学模式

课时的多少直接关系到教学内容的深入程度、教学活动的设计与安排以及教学方法的适用与选择。军事理论课是一门内容极为丰富的课程，在目前绝大多数独立学院课时较少的情况下，是不大可能也不适合使用案例教学法的。足够的课时是开展案例教学的前提保证。所以，各独立学院应努力落实《大纲》规定的 36 课时，或根据学校实际教育教学状况适度增加课时。

另一方面，受独立学院军事理论课师资、资金、设施等方面现实条件的限制，想要在较短时间内完成由“大班授课”到“小班教学”的转变是不太可能的，但是，做到“大班授课、小组讨论”的创新却是可操作的。对于基础理论和共性问题进行大班授课，使学生高效掌握系统而全面的知识；对于案例进行小组讨论，化“大班”为一个个“小班”，各“小班”内成员分工合作进行案例的分析与探讨，以此力求尽可能多的学生参与到案例教学当中。需要注意的是，在案例讨论过程中，教师不应彻底成为旁观者，应做到适时和适度地掌控和引导。

（四）完善案例教学考核标准，实行主体多元考核评价机制

教师应依据案例教学所要达成的目标，结合学生知识、技能等方面的实际发展状况制定出详细而具体的初步考核标准，并提前告知学生参与探讨和修改，在达成师生意见大体一致后实行。为进一步确保标准的全面性、客观性，军事理论课教师之间应加强交流和沟通，实现共同发展和进步；或借鉴法、医等学科案例教学的成熟经验，实现自我发展与完善。

考核评价的主体也不应局限于传统教学中的以教师为主。除了教师测评以外,学生互评、自评也应占据相应的比例,实行主体多元考核评价。这既在一定程度上保证了考核结果的公正性和客观性,同时也锻炼了学生独立思考、自我反思的能力,发挥出案例教学本身的优势。

本文为笔者从自身教学经历和日常教学反思出发,对独立学院军事理论课开展案例教学所做的初步设想和探讨。期待本文能起到抛砖引玉的作用,引起更多学者的关注和重视,进而使学界取得更多的相关研究成果和成功经验以推动现实发展。

参考文献:

[1]刘建新,卢厚清.案例教学法的起源、特点与应用研究[J].南京工程学院学报,2011,11(1).

[2]赵望锋,王勇军,苏成荣.案例教学在军事理论教学中的应用初探——以平津战役为例阐述毛泽东的军事思想[J].湖北经济学院学报(人文社会科学版),2011,8(9).

[3]张树焕,王妍.案例教学法在“中国近现代史纲要”课中的运用探析[J].思想教育研究,2015(11).

[4]黄辉.案例教学法的优劣分析与改进[J].福建教育学院学报,2001(4).

[5]教育部,总参谋部,总政治部.普通高等学校军事课教学大纲[Z].2007.

产融结合模式的国际比较及对我国的启示

何新荣

（浙江财经大学东方学院成教分院，浙江 海宁 314408）

摘　要：本文主要针对美国市场主导型、日本银行主导型、韩国政府主导型三大不同模式下的产融结合产生的积极作用与消极影响进行比较分析，从中总结对我国经济转型并可持续发展有重大影响的可鉴之处，以求“他山之石，可以攻玉”。

关键词：产融结合模式；市场主导型；银行主导型；政府主导型；国际比较；启示借鉴

在现代市场经济条件下，产融结合对一国经济增长和社会发展起着越来越重要的作用，不同的产融结合模式具有不同的运行机制，会产生不同的社会经济发展的绩效。因此，研究和比较各种不同的产融结合模式的特点和经济绩效，并从中汲取有益于我国产融结合的因素，具有十分重要的意义。

一、美国市场主导型产融结合模式

（一）市场主导型产融结合模式的运行机制和特点

市场主导型产融结合模式是指金融市场在社会储蓄的汲取以及向投资转化过程中起着基础性作用，任何金融中介机构都是市场的积极参与者，不存在明显的融资成本优势或占据绝对的主导地位等情况；法律上禁止金融部门与产业部门之间和金融部门内部如银行业与证券业之间通过产权的相互渗透以构成垄断；金融企业与工商企业作为相互独立的市场主体，遵循市场原则进行每一次交易。美国是实行市场主导型产融结合模式的国家。

这种模式的主要特点是：(1)在融资制度方面，企业内源融资比例较高，自 1962 年以来，内部积累比率（内部积累总额/资本总额）一直在 50%以上，80 年代以来甚至超过 80%，在外源融资方面，债权融资和股权融资呈平衡态势；(2)在银企交易方面，银行与企业的贷款与借款决策都以各自的收益最大化为原则，很少受到非经济因素的干扰，银企双方以平等的身份进行谈判，表现出完全的市场交易性质；(3)在产权结构和公司治理方面，不仅单个股东持有的企业股份比例很低，商业银行、年金基金、共同基金和人寿保险公司等机构投资者在单个企业中也只能持有较低比例的股权。1990 年，美国企业中个人持股比例高达 30.5%，而金融机构作为所有者的持股比重仅为 2%，在这种股权结构下，无论个人股东还是机构股东都无法对企业实施实际控制，股东大都采用“用脚投票”的方式寻求有价值的公司股票，不断转移投资目标，迫使企业经理层努力工作，间接地对企业经营施加影响。

(二)对美国市场主导型产融结合模式的评价

1. 积极作用

这种模式的积极作用主要表现在:一是造就了相对充分的竞争环境,有助于提高产业部门和金融部门的经营效益。对于金融部门来说,资金的盈利性和安全性是最重要的,而较少出现所谓"关系贷款";对于产业部门来说,融资渠道有了更大的选择余地,从一定程度上降低了融资成本。二是提高了社会资源的使用效率,增强了社会经济中结构调整的能力。一方面,银行出于自身利益的考虑,信贷资金会更多地流向前景看好的朝阳产业,进行增量调整;另一方面,成熟的资本市场不仅会引导资金流向经济效益好、证券增值快的产业和企业,实现增量调整,还会通过收购、重组、兼并等其他资产流动方式实现资产的存量调整。

2. 消极作用

这种模式的消极作用主要体现在,它可能加大企业短期经营压力,而无法集中精力规划和实现企业的长远目标。当企业经营暂时出现问题时,银行一般会收缩贷款,防止出现坏账;同时,不良的经营业绩可能会使公司的股价暴跌甚至出现收购兼并的情况。因而,在这种产融结合模式下,企业经营者必须十分重视企业的短期财务目标,往往会舍弃企业的长远发展目标,形成普遍的企业经营短期化行为。

二、日本银行主导型产融结合模式

(一)银行主导型产融结合模式的运行机制和特点

日本是实行银行主导型产融结合最典型的国家之一。银行主导型的最大特点在于主银行制。什么是主银行制呢? 青木昌彦认为,主银行体制是指"包括工商企业、各类银行、其他金融机构和管理当局间一系列的惯例、制度安排和行为在内的公司融资和治理体制,其核心是主银行与企业间的关系"。

日本主银行制的主要特点是:(1)在融资制度方面,企业的内部融资比重较高,外部融资则大都由银行提供,1980—1984 年间,日本企业间接融资占外部融资的比重高达 85.5%。(2)在银企交易方面,银行的信贷决策并不完全建立在短期收益最大化的基础上,而是建立在银企双方在长期合作过程中所形成的信任和默契的基础上,目的是要长期、稳定获得"主银行租"。一般来说,主银行会给关系企业提供比理性决策下更多的贷款,特别是当企业面临财务困境时,主银行往往会给予资金上的救助,包括增加贷款金额、减免企业债务等,最大限度地避免企业启动破产程序。(3)在产权结构和公司治理方面,银行(一般来讲是主银行)会对企业实施重大影响。除了融资方面的交易外,主银行和企业之间还存在着产权关系以及控制与被控制、监管与被监管的关系。主银行一般都持有企业的股份,再加上主银行在融资中的主导地位,对企业取得了一定的控制权。

(二)对日本主银行制的基本评价

1. 积极作用

日本主银行制度的积极作用主要表现在以下两个方面:一是有利于企业实施长远发展战略。主银行不仅是关系企业最大的债权人,而且双方还相互持股,这样,双方的利益便紧密地结合在一起,主银行不会在乎企业一时的收益状况,而是着眼长远,这使得企业能够有条不紊地推行和实施企业长远发展战略。二是降低了信息不对称,减少了企业与银行的经营风险。在主银行制下,银行通过企业较多的业务往来以及向企业派驻代表等方式实现与企业的信息共享,使银行能够更加充分地了解企业,最大限度地避免由于信息不对称可能带来的逆向选择和道德风险。

2.消极作用

日本主银行制的消极作用主要体现在,它有可能保护效益和效率低下的企业,造成社会资源的浪费。一方面,主银行的关系企业的稳定、亲密的关系限制了企业间的竞争,从一定程度上保护了效益低下的企业;另一方面,银企之间相互持股使主银行与关系企业之间结成一种稳定的利益格局,缺乏"关系"的外部资本很难对企业的控制权构成威胁,就很难实现存量资产从低效率经营者手中转移到高效率经营者手中,阻碍了资产存量结构的调整和产业结构的优化。

三、韩国政府主导型产融结合模式

(一)韩国政府主导型产融结合的运行机制和特点

所谓政府主导型产融结合模式是指,政府在储蓄—投资的转化过程中起着重要的支配作用,它不仅直接和间接地对银行等金融部门的决策施加影响,而且通过产业政策把信贷分配与政府扶持的企业对象联系起来,实现产业结构的调整。韩国是实行政府主导型产融结合模式的典型国家。

韩国政府主导型产融结合模式的主要特点是:(1)在融资制度和融资方式方面,韩国企业的内源融资比例不高,对外部资金的依赖性较强,国外借款也曾经是外部资金的重要来源。1970—1994年,韩国非金融公司的资本来源中,内部融资比例最高仅为26.3%,而外部融资比例最高达80%。(2)在银企交易方面,政府取代市场调节资金资源的分配,实行信贷分配与倾斜制度,而银行基本上没有自主贷款的余地,如20世纪50—70年代,在政府的主导下,韩国银行资金分别主要用于支持尽快替代部门、出口导向部门、劳动密集型轻工业和重化工业。(3)在产权结构和公司治理方面,银行一般很少持有其客户的股份(即使持股也仅仅出于资产管理的目的),同样,由于政府掌握了银行的实际控制权,大股东也无法对银行产生实质性影响,所以韩国的大企业也很少向银行部门参股。

(二)对韩国政府主导型产融结合模式的评价

1.积极作用

在政府主导模式下,由于金融部门的控制权掌握在政府手中,金融资本的配置完全按照政府事先确定的产业政策和信贷计划来进行,有利于在短期内建立起适应现代经济发展趋势的产业结构,对于从传统农业经济向现代化工业经济转变的发展中国家来说具有重要的指导意义。自从1962年第一个"五年计划"开始,韩国经过短短几十年便从一个落后的农业国变成中等发达国家,这一经济奇迹的取得无疑和它实行政府主导型产融结合模式有关。

2.消极作用

政府主导型产融结合模式以政府取代市场调节资源的配置,缺乏坚实的微观经济基础,因而也产生了较大的负面效应:一是政府的过度干预使银行等金融机构无法按照市场化的原则开展业务,造成金融机构资产质量的下降,加大了金融机构的经营风险。二是由于政府的支持,韩国企业特别是大企业普遍存在高负债经营的状况,加大了企业的经营风险。如1990—1996年间,韩国制造业企业的资产负债率平均高达75%左右,如此之高的负债比率和如此脆弱的资本结构大大降低了韩国企业的抗风险能力,1997年开始的东南亚经济危机中,韩国多个大企业的破产充分说明了这一点。

四、产融结合模式的国际比较及对我国的启示

(一)产融结合模式的国际比较

关于银行主导型、市场主导型和政府主导型产融结合模式的运行特点,我们在前文已经进行了较为详细的描述,在这里我们将主要从资本形成能力、结构调整能力两方面对以上三种产融结合模式的经济绩效进行比较研究。

1. 资本形成能力比较

资本形成能力对于一国的经济增长具有特别突出的作用,在某些特定时期甚至是经济增长的核心问题。它包括资本汲取能力、资本转化能力和资本生产能力三个方面。

在美国市场主导型产融结合模式下,较低的国民储蓄率使美国经济的自我融资能力较差,但是由于金融机构和金融市场的相对成熟、高效,美国的资本转化能力和生产能力胜出一筹,只要企业投资项目能够经受住市场检验,即使企业要筹集更大规模的资金也不会有障碍;日本银行主导型产融模式下,资本的汲取主要通过银行来进行,具有较强的资本汲取能力,由于银企之间的长期合作关系,储蓄向投资转化的效率较高,资本转化能力也较强,但是由于主银行的信贷决策有可能偏离效益最大化的原则为关系客户提供非正常的额外贷款,从而导致较弱的资本生产能力;在韩国政府主导模式下,由于存在"强迫储蓄"的倾向,资本汲取能力很强,而且由于政府的干预和直接引导,储蓄向投资的转化比较顺畅,可见资本的转化能力也比较强,但是由于企业的投融资决策受到太多非经济因素的干扰,存在着非理性的盲目投资和重复建设现象,因而资本的生产能力较弱。见表 1。

表 1 几种产融结合的资本形成能力比较

资本形成能力	市场主导型	银行主导型	政府主导型
资本汲取能力	弱	较强	强
资本转化能力	强	较强	较强
资本生产能力	强	较弱	弱

2. 结构调整能力比较

结构调整包括存量调整和增量调整两个方面,存量调整主要通过企业的资产重组和产权交易来实现,增量调整则主要通过间接融资和直接融资两种方式,前者通过银行将资金引向不同的产业部门而实现结构的调整,后者通过股票和债券市场引导资金的流向来进行增量的调整。

在美国市场主导型产融结合模式下,成熟的证券市场和高效的银行体系并存,不仅通过信贷资金、证券投资的合理配置实现结构的增量调整,还通过企业收购、兼并等活动实现存量调整。迄今为止,美国历史上经历了 5 次大规模的兼并浪潮,有助于社会资源在各产业部门之间的调整和分配。

在日本银行主导型产融结合模式下,由于"关系型融资"的存在,银行部门可能会克服追求短期利益的短期行为,而引导资金流向那些具有前瞻性和战略性的产业,有效地实现增量调整;但是,在此种银企关系下,由于银行和企业之间相互持股而构成一种相对稳定的利益格局,使"外部资本"很难介入并取得控制权,从而限制了资产的存量调整。

在韩国政府主导型产融模式下,金融部门实际上成了政府实施产业政策的工具。从这个意义

上说，这种模式反而更加有利于有限的资金资源按照政府制定好的产业政策来配置，在短期内优化产业结构；但是，正如前文所述，正是由于政府的过度参与，金融部门缺乏活力与竞争力，证券市场不发达，企业普遍高负债经营，企业产权和资产流动性差，不利于存量的调整。

（二）对我国产融结合的启示

从以上的分析可知，市场主导型、银行主导型和政府主导型的产融结合模式在融资制度和融资方式、银企交易关系以及公司治理结构等方面有各自的特点。从经济绩效来看，每种模式有各自的积极作用和消极作用，而且，每种模式也都与本国的文化、历史、法律等紧密相关，并呈现出明显的动态特征。作为一个发展中国家和转轨经济国家，我国的产融结合无法照搬也不应该照搬某一种模式，而是应该从我国的实际国情、制度环境和文化环境等方面出发，并顺应当今世界经济的发展潮流。具体讲，我们应得到以下几个方面的启示：(1)金融业混业经营是大势所趋。自从美国于1999年颁布《金融服务现代化法案》，结束长达66年的金融业分业经营的历史以来，目前，世界上绝大多数国家都实施了金融业的混业经营，而且显示出了较强的生命力，而我国还在实行金融业的分业经营和分业监管，虽然有所松动，但是还没有质的突破。从长远看，这种体制不利于我国金融体系竞争力的提高和对外开放，金融业的混业经营是必由之路；(2)在各种形式的产融结合中，要更多地强调市场机制的作用。无论理论还是实践都证明，无论是政府主导还是银行主导，都容易产生寻租空间和滋生腐败，导致产融结合的低效率，而市场主导型更加强调公平和效率，具有坚实的微观基础，具有较高的透明度和约束力，而更具有活力。我国的产融结构应该建立在市场驱动的基础上，定位于美国的市场主导型产融结合模式，并兼容、吸收其他两种模式的合理内核。无论是在银行贷款方面，在企业发行股票、债券直接融资方面，还是通过资本市场进行产权的转移和资产的兼并、重组，都应该更加坚持市场化的方向，更大限度地剔除非经济的因素。(3)大力发展直接融资和非银行金融机构，逐步建立起依托于资本市场的产融结合运行机制。资本市场具有既能重组存量资产又能改变资本流量的市场调节机制，因为它可以为投资者提供多种具有不同流动性、收益性和安全性的金融工具，也是企业能够权衡各自资金来源的成本和期限结构而选择最佳融资方式，从而通过有效地改变企业资本结构达到均衡点而提高金融资本与产业资本结合的效率。不仅如此，有效率的资本市场会迅速准确地将金融资本引向收益高的企业；同时，二级市场也会提供一个传递资金增资压力的产权转换和重组机制，共同作用于存量和增量的调节。加快发展多层次的资本市场，促进资本市场的规范化，逐步建立起完全市场化的股票发行机制，并形成场内和场外多层次的交易体系，加快筹建“二板市场”，加快发展投资基金、可转换债券、资产证券化和高风险证券，为企业的并购活动提供必要的金融支持，逐渐建立起依托于资本市场的产融结合模式。

参考文献：

[1]史晨昱.国际产融结合三大特征[J].第一财经,2010(3).
[2]荆永欣.中国与日美产融结合模式比较研究[J].吉林大学学报,2012(3).
[3]项目.产融结合现状及效益分析[J].池州学院学报,2017(4).
[4]钱凤兰.国内外产融结合的实践分析[J].河北金融,2015(8).
[5]王丽霞.产融结合的意义与未来发展研究[J].金融经济,2014(4).
[6]李翀.国际产融结合模式比较分析及借鉴[J].亚太经济,2012(3).
[7]博实资本团队.产融结合模式的理论与实践分析[J].商业评论,2015(1).

创新意识的培养在艺术设计基础教学中的实践探索

——评《王雪青/郑美京精品课程——设计色彩基础》

苑英丽

（浙江财经大学东方学院文化传播与设计分院，浙江 海宁 314408）

摘 要：创新是时代与社会发展对学校教育提出的基本要求，大学生的创造能力基于基础教育中对学生创新思维的培养。《王雪青/郑美京精品课程》系列教材对设计基础课程教学实践进行了总结与记录。作者基于在法国十余年的教学一线的体验，对当前中国的艺术设计基础教育问题追根寻源，从时代对设计专业的需求出发，并结合国际先进教育理念，调整了设计色彩的教学方向、方式，在有限的课时中为学生打下了对未来的学习设计更有效的思维与表现基础。

关键词：设计基础；色彩；审美；创新；个性

一、引 言

王雪青夫妇曾在法国埃克斯高等美术学院任教十余年，归国12年以来一直奋战于教学一线，关注并致力于符合时代精神的设计教学方法改革研究，成果显著。他们将这些课程教学实践成果总结编撰成系列教材。作者基于中国国情，从时代对设计专业的需求出发，并结合国际先进教育理念，调整了设计色彩的教学方向、方式。在书中作者并没有对色彩教学理论的长篇大论，也没有引经据典，正如作者所言“我们将向大家展现一个真实的教学过程”。作者自2007年出版《中国美术学院设计基础教学新探索》①系列教材始，随着教学经验的积累，每年都会做出相应的调整与改进，2014年作者推出了系列精品课程教材，《设计色彩基础》是其中一本。作者以教学的课程安排作为教材的章节。每一个章节都有明确的教学理念导向，并设置了相对应的练习，要求具体明确。其教学理念与方式极大地调动了学生对课程的热情与投入，学生的课程作品多姿多彩。最重要的是让学生拓宽了视野，提高了观察、思考、表现能力，提升了对美的感悟力，突破了以往色彩课程的禁锢。

二、立足于时代的教学方式

该书围绕着几个核心问题展开：如何能使我们的色彩教学真正地冲破传统的束缚与禁锢，从时

---

① 王雪青.中国美术学院设计基础教学新探索[M].杭州：中国美术学院出版社，2007.

代的意义上有所革新？如何能够从实际的意义上对设计类专业学生的需求有的放矢？作者归国12年以来，面对国内数十年没有发展变化的设计基础教育忧心忡忡，本着十几年在法国的教学一线的体验，以开放的视野大胆地调整了设计色彩课程的设置。从这本书里可以看到作者对这一教学目标所做的探究与调整，当然并不是经验的照搬，而是针对国内学生的实际情况，针对设计专业需求的特殊性——观察力、感悟力、表现力而做的具体而微的调整。作者强调多样化的学习。这种多样化体现在具体的练习设置上：不同的观察方式的练习；多种形式的构图练习；表现体裁对象宽泛灵活；表现工具与表现手段的宽泛了解与接触；带有个性的多样化的表现。

我们可以从这前后两本同样系列的教材里看到作者对这一教学目标所做的持续的探究与调整。在2017年出的最新版中，作者特别设置了观察与描绘这一单元，设置了两个练习，第一个练习从表现生活中各种材质的色彩入手，可用数码摄影作为辅助记录手段，用图示的形式表达材质的不同的色彩关系。该练习训练学生学会观察与捕捉生活环境中的细微之处。第二个练习“物的写生”，这个练习听起来很平常，鉴于考前模式化的临摹与默写训练，观察与感受的过程被删减掉了，而观察与感受正是审美的核心，缺少观察与感受的练习使学生丧失了主动的审美判断力，而审美判断力无疑是作为一名视觉艺术工作者最重要的必备条件。“本练习的重点不在于提高塑造能力，而在于培养细微的观察与感受力，能够准确地体现出对象的特征细节。”①该教学理念鼓励学生用不同的方式在不同的光线条件下去观察，发现熟悉的平凡的事物或场景中的形式美，发现生活与自然界中美的色彩组织关系，在表现中引导学生感受不同的构图所形成的不同的色彩比例关系。

提倡宽泛地接触不同的工具是其重要的教学观点，研究不同的表现方法，如画、拓、印、擦、刻等不同的造型手段的体验与尝试，丰富表现语言。在课堂练习之外的每日色彩日记，培养学生记录生活的习惯，用眼、脑、手，通过多种表达方式对生活进行图文并茂的记录。作者认为这些对未来从事设计行业的学生来说都是十分重要的基础能力。

三、实验性的构图训练

用实验性的练习来代替灌输，也是该教材的特色之一。作者设置的第一个实验性的构图训练是一个过渡性的练习，要求用自己熟悉的方式进行一张静物默写，在默写的静物作业上，使用自制的取景框进行重新构图的尝试，这个练习的重点在于打破重构，旨在发现一些新的色彩与形式的组合关系。从这个练习结果来看，学生经过尝试体验框取不同的色彩与形式，感受到单纯由不同面积的色彩组合所带来的美感。第二个实验性的练习是在生活中选择自己感兴趣的物件，在一个正方形的构图中进行表现，注意对色彩调性的把控，对画面面积空间做出合理安排，注意主体与画面空间的关系。研究画面的组织结构、色彩的布局、面积与空间对比、均衡、疏密、虚实、节奏等等诸多影响画面的要素。第三个实验性构图练习是根据表现对象，自定画面长宽比例。这个练习帮助学生更好地理解物象与画面空间的关系。通过这几个小构图的实验，学生开始注意取舍，注意物体在画面上的位置、大小、虚实、面积、空间的关系，培养整体画面的主次、对比、节奏感的把握能力。

构图一词来源于西方美术，在我国传统绘画中称为“章法”“布白”；在摄影中称为“取景”。它是二维造型艺术获得艺术感染力的重要手段。如何把观察到的事物的美通过有限的页面空间表达出来，景物的取舍、画面空间的安排与布局起着至关重要的作用，可以说决定着画面的成功与否。然法无定法，构图并无一成不变的模式。作者为此安排的系列的小构图练习，之所以要小，目的是让学生把注意力集中到画面的整体安排，主次关系、图底关系、虚实关系，色彩的面积及比例关系等，

① 郑美京，王雪青. 王雪青/郑美京精品课程——设计色彩基础[M]. 上海：上海人民美术出版社，2014.

而不是把注意力放在对物象的塑造上。实验性的尝试对画面的各项元素进行安排,在这个过程中体验构图形式美的规律与法则,实验过程本身就是对审美语言形式的思考与感受。

四、注重发掘培养学生的个性

作者讲过他在法国圣蒂埃安美术学校教书的一件事情,有一位学生拿了自己的作品投到该校申请入学,当时这个学校的老师觉得画得真不错,又来了一位中国学生,咦,怎么像一个人画的呀?打了一个问号,第三个中国学生来了,怎么回事?不仅画法如出一辙,画的对象也一样,三个学生都没有被录取。这就是我们教育的现实,一刀切的模式化教学,忽视个性与创造性,教出来的学生就如一个模子里出来的。我们的教学过于注重知识与技能的传授。体现到课程教学中的细节,我们习惯于以讲授为主的教学方式,老师为教学的中心,以教为主,学生亦步亦趋,缺乏学习的热情与主动性。这是在大学教育中普遍存在的问题,艺术设计的教学存在同样的问题。在艺术基础课程中,素描与色彩课传统的学院教育以绘画技法为主,强调"基本功"就是写实功底。个性培养并没有没列入教学计划范畴。很多人认为基础能力的训练优先于个性的表现,作者对此观点不置可否,作者认为在艺术教育中"雷同"的问题更为严重。"艺术最忌讳的就是雷同",千篇一律意味着创造性的缺乏,本质上是自我意识的丧失。

个性与创造性如同孪生兄弟,"人的创造力的发展受到多种因素的影响,尽管迄今为止专家对创造力的认识仍是众说纷纭,但基本都有一个共识,即创造力涉及认知、人格和社会环境三大层面。"①心理学研究和大量的生活实践表明,创造型人才往往具有独特的人格特征,其个性的独特性在某种程度上也是其创造性的一种反映。而艺术应该像逃避瘟疫一样逃避雷同,艺术的生命力在于个性与创造性,忽视个性的教育可以说是对生命发展规律的漠视,每个人都有个性,而教育者的责任在于如何引导这种个性朝着良性的方向发展。站在一个观察者与引导者的角度,具备一双发现学生潜在创造力的慧眼,予以引导和发掘,这是一个教育者的职责所在。这一点对教师的要求比较高,因为通常我们都习惯按照自己的审美偏好来塑造学生,但对于学生的个性发展却是不利的,如何把握好规则与个性的界限是问题的关键。提倡带有个性的多样化的表现,在教学中尽量避免出现"千人一面"的教学结果。鼓励学生用心观察,从平凡的司空见惯的事物或场景中发现美感。发掘个性的表现语言,释放学生自身的能量,使学生的个性得到舒展的空间。

五、开放性的习题设计

"基础的存在是为了提供放之四海而皆准的操作标准和模式,适用于解决任何问题,基础也是为了给设计者提供实践操作的基本技能而存在。"②关于基础课程的教授,其实并没有放之四海而皆准的方法论模式。基于不同的设计专业需求的特殊性,力求在有限的课时中为学生将来的设计学习打下更有效的基础,作者在教学的课堂练习上,减少了较长期的作业,加强了短中期的练习;尽管被业界广泛接受的要素普遍存在,但在教学的内容上灵活多变。在教材中所涉及的练习主要针对三种能力的操练:认知与体验、创造性、思考。作者把他们概括为手眼脑的综合能力,"如何看?如何思考?如何表现"。"如何看?"首先是开启"慧眼",学会用自己的眼光去观察、去感受事物。通过大脑的思考做出判断。旨在使认知、思维、观察眼光变得更加犀利敏锐,以摆脱既有模式的束缚,

① 王连州.家庭教育与幼儿创造力的培养[J].教育导刊,2010(4).

② 克劳斯·雷曼.凤凰文库设计理论研究系列:设计教育　教育设计[M].南京:江苏凤凰美术出版社,2016.

为认知的发展开辟新路。根据这样的教学理念导向，设置了相对应的练习。在表现对象上更趋于灵活、宽泛，物、人、景境都可以成为表现的题材，在表现方法上，强调对不同工具与表现媒介宽泛的接触与尝试，力求表现个性化与多样化。在这个过程中，学生一改过去僵化的表现套路，而有了新的体会与发现，极大地丰富了视觉表现的语汇。这些基础练习对于设计专业来说具有普遍的适应性，正是由于它们普遍的适用的特征，学生们可以集中精力研究形式与法则，训练自己的创新能力，发展合理而可调整的标准。开放性的基础练习也是个人学习方法的试验场，学生通过练习，寻找到适合自己创作与表达的方法。

参考文献：

[1]郑美京，王雪青.设计色彩基础——王雪青/郑美京精品课程——设计色彩基础[M].上海：上海人民美术出版社，2014.

[2]保罗.拉索.图解思考——建筑表现技法[M].北京：中国建筑工业出版社，2002.

[3]原研哉.为什么设计[M].济南：山东人民出版社，2010(5).

[4]克劳斯·雷曼.凤凰文库设计理论研究系列-设计教育.教育设计[M].赵璐，杜海斌，译，柳冠中，审校.南京：江苏凤凰美术出版社，2016.

[5]孙进.德国大学教育的日常文化与创造力的培养[J].比较教育研究，2009(12).

[6]葛明贵，于鸿雁.高校课堂教学改革与大学生创造力的培养[J].消费导刊教育时空，2008(4).

[7]陈英和，王静.学校教育中的创造力培养[J].中国教育学刊，2010(6).

[8]宋兵波，周运正.如何培养学生的创造力——创造力的文化内涵及其教育启示[J].教育科学研究，2012(4).

商务日语综合实训课程设计和运用研究*

——以浙江财经大学东方学院为例

吴蓉斌

（浙江财经大学东方学院外国语分院，浙江 海宁 314408）

摘　要：文章主要围绕商务日语实训设计的注意事项和具体的应对方法，阐释商务日语实训课程改革的方法论，通过使用经验总结法来归纳仿真环境下的商务日语实训课程的具体教学方法和手段，探索日语教学过程中的实践教学方式方法。该方法论对包括商务英语等在内的商务外语整体设计具有一定的普遍适用性。

关键词：应用型人才；商务日语；综合实训

一、引　言

教育部、国家发展改革委、财政部在2015年10月21日联合发布《关于引导部分地方普通本科高校向应用型转变的指导意见》。意见指出推动转型发展高校把办学思路真正转到服务地方经济社会发展上来，转到产教融合校企合作上来，转到培养应用型技术技能型人才上来，转到增强学生就业创业能力上来，全面提高学校服务区域经济社会发展和创新驱动发展的能力。意见中明确提出了创新应用型技术技能型人才培养模式，实训实习的课时占专业教学总课时的比例达到30%以上，建立实训实习质量保障机制，深化人才培养方案和课程体系改革，加强实验实训实习基地建设。

二、商务日语及其定位

关于商务日语的定义很多，人们普遍公认的是商务日语属于专门用途日语，是依据"专门用途英语(ESP)"理论推导出来的，属于专门用途日语范畴。笔者认为，比较符合对外贸易行业中的商务日语的定义是近藤彩提出的定义：所谓的商务日语是以实现商务目的而采用的所有的交流活动，包含言语行动和非言语行动。

商务日语作为一个学科要不断发展，就必须解决其学科定位问题。从语言学角度来看，它属于应用语言学的范围。国外很早就有关于特殊用途外语的研究，商务日语则属于特殊用途的日语，更具体地说是特殊用途的语言交际。此外，也可以从企业文化的角度对商务日语进行定位。因为商务语言本身也是企业文化的重要组成部分。一般来说不同的行业，不同规模的企业都有自己不同

---

* 本文系浙江省2015课堂教学改革项目"仿真环境下的《商务日语》教学探索与研究"(Kg2015583)阶段性成果。

的企业文化，要从这些内容中提炼出带有普遍性的、共性的部分。作为企业，起码应该包括：企业内部的语言交际，如企业内部的礼貌用语、书面文件用语等；企业外部的语言交际，如接待客户的礼貌用语、电话的应答、商务谈判的应对、用户投诉的处理用语等。

从上述商务日语的定义及其定位来看，商务日语是应用性很强的应用语言。应用语言的教学有别于理论教学，需要实践和应用，更重视其实用性和可操作性。除了课堂教学，应通过实验、实践教学，强化学生的实践和操作能力。商务日语是日语学科中较为符合国家应用型技术人才教育方针的一个细分学科。

三、商务日语改革的必要性

目前国内的商务日语课程以课堂教育为主，"填鸭式"的课堂教学模式不利于培养学生的兴趣，阻碍了实际应用。对外贸易为主的教学内容和语言教育互相分割，没有形成有机的统一。仇文俊对我国高校的商务日语授课做过一个满意度调查，调查结果发现，非常满意占 8%，普通满意占 26%，完全不满意（10%）和不太满意（56%）的总比例达到了 66%①。可见大学生对所谓的商务日语的传统教学方式并不认可。大学的商务日语课程内容和学校设定的教学目标存在较大的差距，教学内容和学生的期待值存在差距。

商务日语课程改革应该往哪里改，轻语言理论，重实践能力是改革的方向。孙守峰对在中国的日企和在中国同日企有业务往来的企业（包括和日企有业务关系的中资企业和外企）做过这样一个调查："您认为工作中最重要的知识是什么？"对于大多数企业来说，推进工作的方式是企业最看重的部分，达到 29.3%，业务知识占 27.8%，日本的礼仪和社会习惯占 21.8%，而言语知识仅占21.1%，排在最后②。也就是说日语语言知识所占的比例仅为两成，而对言语之外的知识要求却达到了八成。可见在和日企打交道时，语言要求并不是最重要的，使用日语和日本人交流，顺利地推进工作，扎实的业务能力更为企业所重视。语言只是一种工具，在商务活动中，除了签订合同、出具产品样式指示材料等环节的书面用语上有较高的语言准确性要求外，很多场合只要能够沟通达意就可以满足商务上的语言应用的要求。

四、商务日语综合实训课程的设计和运用的案例

课程设计（course design），是在调查和分析需求（needs）和学习者条件（readiness）基础上，设定学习目标。为达成目标，确立教什么、怎么教的问题，包含了从教育开始前的准备工作到最终教育完成整个过程的，具体详细的实施计划。

以笔者所在高校实训课程的实施为例，课程以集中讲义形式进行，集中在大四阶段，为期两周，课程定位是企业实习前的能力培养。课程时间安排上基本是采用公司作息时间，每周周一至周五从早上 8:30 至下午 5:30。场地是学校的创业实训中心或外语自主学习中心的商务教室。教室配备有公司的格子间、会议室等，可以给学生营造一种仿真环境。

财经类院校、日语系学生一般具有一定的经济知识基础，也学过一些理论的商务日语知识，但仍然对所学内容缺乏切身体会，停留在理论基础之上。可以说学生具备了商务日语学习的基础条件，同时对日语语言在商务领域的实践运用有着一定的需求。

① 仇文俊．中国の大学におけるビジネス日本語教育の現状と問題点について[J]．比较社会文化研究，2012(32)．

② 孙守峰．中国で働く中国人社員が求めるビジネス日本語[J]．日本語・日本文化研究，2013(12)．

日语专业实训课程目前市场上没有配套的实训设计方案，编写相应的实训大纲教案，建设校内实训基地，将企业人才培养的实习搬进校园就成了商务日语课程的重要课题。具体来说，有以下3个方面。(1)商务日语实训方案的设置缺乏现存的参考资料，对老师来说，如何在实训过程中分配学生角色，如何监控学生学习进程和效果有待探索。(2)对学生来说，团队协作精神不可缺少，如何分配小组成员内部任务进行自主训练，提高自身的语言运用能力是重点所在。(3)教学改革主要以日语语言和商务相结合为突破点，营造一种较为真实的仿真环境，既要有模拟仿真教室，也要有较为完整的仿真商务流程的设计安排。

因此，商务日语实训方案设计和运用中，有以下的一些事项需要注意。

(一)竞争机制的引进

商务日语课程的实训是一种模拟的企业活动，设定好对应的活动规则，引入竞争机制是必要的。以50人的商务日语实训为例，规定5～8人为一个小组成立公司。其中日方进口公司两个，中方出口公司若干个。公司老板是整个实训过程中的中坚力量和牵引角色，需要在动员大会上通过推荐或者指定产生。公司成员则由老板负责招募，在公司的职责也由老板指定，小组集团人事构成灵活多样，内部任务分配由老板全权负责。每个小组可根据自身状况设立所需岗位，既可以是单证员、报关员、业务员、跟单员的业务构架，也可以是老板下面都是业务员的模式。进口公司的进口产品的设定规定要结合地方出口产业特色，通常限定在地方产业发达的产品上。浙江财经大学东方学院位于浙江省海宁市，由于有许村家纺城、海宁皮革城等地方特色的家纺、皮革服装产业，因此鼓励学生选择家纺、服装作为进出口的产品来设定商务环境较为接地气。规定2个进口公司各自向出口公司签下一个订单，出口公司为获得这2个进口公司的订单形成竞争。同时，进口公司之间也形成一种竞争，运营较好的一方能够获得更多出口公司的报价和合作请求。实训成绩的评定和进出口小组的表现挂钩，赢得出口订单的2个出口公司小组及赢得较多报价和合作意向的进口公司小组能够在实训成绩的评定中占有更多优秀和良好的名额。

(二)商务流程设计的完整性和仿真性

模拟企业活动需要一整套的流程，因此流程的设计必须完整、切合实际。商务日语综合实训的流程从确定进出口小组老板人选、公司招聘开始，到出口报关等手续完成为止。主要设定为以下几部分：(1)老板发布招聘启事，对员工进行公司模拟面试，员工提交日语履历书并做日语的自我推荐。(2)进口公司小组发布进口意向并接触出口公司小组，向出口公司小组介绍公司状况，准备进口产品的内容，提出产品要求，准备式样书。出口小组做公司介绍并对进口公司做出商品推销，也可以提出自我方案。其中进出口双方的公司介绍环节都需要制作PPT并用日语公开发表，出口小组还需要对自己的产品方案或者商品推销做进一步的展示。(3)出口小组对进口小组进行细节磋商，履行报价和价格交涉环节。谈判过程中需要用日语进行语音沟通及邮件往来。进口商小组选定一家出口商小组履行合同签约手续，提供合同、产品式样书终稿、辅料配件要求等资料，进出口公司小组举行一次模拟的签约仪式。(4)办理通关及结算，出口核销手续，填写装箱单、发票、L/C等各种单据。也就是说，围绕某个产品的外贸交易，各个小组需要在模拟的氛围中，在具体的语言使用环境下完成产品的整个进出口流程。

(三)商务日语实训过程的考核和监控

商务日语实训课全天工作制课程，如何考核学生的自主实训过程，教师需要提前设计好。在实训流程中，学生老板组织同学以团队协作模式进行商务活动，教师负责导演和监控整个流程。考核的四个重要环节分别是:(1)面试环节——考核学生的日语简历制作能力、面试技巧、日语的自我推销能力。(2)对客户的公司介绍和商品推销PR环节——考核企划、日语书面、口语表现能力。(3)报价、价格交涉和合同签约环节——考核日语书面、口语能力,协调能力。(4)通关、结算、出口核销环节——促使学生了解通关必备的资料,提升专业业务能力。

周林娟在商务日语模拟实践教学中指出,考核体系的构建应包括四大方面:(1)语言的流畅与准确性;(2)商境的仿真性;(3)文化对接的有效性;(4)综合素质。这些要素都是实训设计中需要考虑的,所有环节都需要在仿真的环境下运用日语进行沟通交流。同时,外贸专业知识的运用能力、交流沟通的商务思维能力、产品提案的创新思维能力等综合素质培养在整个流程中也能得到较好的体现。

商务日语的评价方式主要有三个种类:(1)基于教师观察的评价;(2)基于记录分析的评价;(3)考试测评。基于教师观察的评价主要是指教师在教学过程中通过观察学习者的学习态度来进行判断的评价方式。而基于记录分析的评价是依据课程的进度和出席率等信息,从可量化的记录资料进行判断的方式。

商务日语实训过程的考核由于是侧重实践教育的,因此笔者倾向于在实训课程的设计上采用以第2种方式为主,第1种方式为辅的评价方式。即以记录分析的评价方式为主,结合教师对学习者的观察来进行评价。实训期间没有考试,所有任务都是以作业的形式完成的。作业是随着进出口贸易流程的推进自动留下的,是考核学生语言和其他动手能力的一种可量化的资料。如模拟面试的阶段的简历制作,各小组的公司介绍PPT文件、合同文本,拟写价格交涉、报价等邮件,填写的出口单证等资料。对外贸易流程中的电话环节,则是在微信群中完成的,各公司代表的电话交涉都是通过语音形式进行。进出口公司的往来邮件全部抄送给教师,教师可对整个外贸过程中双方的商谈事宜和进程进行监控和指导。这些记录结合实训过程中的小组团队合作成果,都是综合实训成绩评定的依据。

(四)明确实训过程中教师的作用

商务日语实训课程整体而言是一种任务驱动法式的教学,教学中老师的作用需特别加以明确,学生是活动的主体,但教师也不是配角。老师是商务活动的总导演,流程的推进需要老师的指令、监控,也需要其共同参与。

比如在动员大会上选定老板的环节,由于学生老板在公司面试环节要求学生提供书面简历,同时还负责招募小组组员,分配环节任务、协调小组活动,在整个流程实施中起牵引作用。因此老板的日语语言基础相对要求较高,对于成员的选定老师可以给予一定的建议。对于学生在模拟面试环节提交的日语履历书,老师应为学生提供必要的指导意见,这些材料在学生未来的就职活动中可以直接得以应用。公司介绍和商品PR环节由老板选定组员负责制作文案和相关PPT,并在同一个平台上对商品做宣传。进口小组和老师共同对各个小组的方案打分,保证评价相对客观公正。进口公司小组负责筛选具体进口商品种类,制作合同和产品式样书,和出口公司小组进行邮件或电话交流。出口公司小组要负责商品市场调查和报价,进行价格交涉并最终签约,还要负责对合同和产品式样书进行翻译,通过日语邮件等方式向进口商小组报告组织订货情况。过程中的语音对话记录,教师要在微信群中确认检查,提出反馈意见。此外教师在整个外贸的流通过程中要监控双方的商谈事宜和过程,特别是抄送给老师的函电。

教师必须督促各个出口商小组整理最后的通关环节所需材料,并下载各类发票、装箱单等资料进行汇总填写,促使学生掌握贸易实务流程的相关知识。由于引入了竞争机制,一个进口商小组只能选择一组出口商小组签约,那些因落选而没有和进口商小组签订合同的出口商小组,接下来的通关、结算、核销等环节无法按计划进行。对落选小组,教师与其签订一份备用合同并继续后继环节的模拟训练。

虽然教师在实训过程中鼓励学生结合地方特色,选取接地气的产品作为进出口贸易的选材,但在具体的产品选择上由学生自主选择,教师通常也不具备相关产品的专业知识,所以教师在整个活动中,既是一个导演、监控者,也是一个参与者、学习者,在和学生的共同学习中实现教师的自我提升。

五、商务日语实训课程的教学改革效果

商务日语实训课程是一种在仿真环境下的实际语言应用的课程,因此相对于传统的讲授式课程,能起到普通授课不能达到的效果,能够使学生打下较强的日语语言基础,理解商务环境下的日语语言习惯及企业文化,熟练运用日语及办公软件进行商务活动,进行产品演示说明。通过实训项目,训练学生在商务环境下的听说读写的能力,引导日语专业学生改变对课堂教学过分依赖的思想。学生则通过自主学习与合作训练培养团队精神、增强合作意识、学会如何在集团内分配工作、提高合作训练效率、培养学习自主性。

浙江财经大学东方学院教师对近三年日语学生课后商务日语实训课程授课做过一个满意度调查,调查结果发现,非常满意22%,普通满意65%,不太满意13%,完全不满意没有,可见学生对实训课的授课方式整体呈现较高的满意率。参加实训的学生中有些人在毕业后从事外贸行业,涌现了数位优秀的外贸人才。如2015年参加过综合实训的2011级日语系钱玲娟同学毕业不久后在杭州临平创办了杭州宏贺家居用品有限公司,年销售额数百万,首年度就纳税75000元,不仅解决了自己的就业问题,也在大学生创业的道路上迈开了坚实的步伐。2016年参加实训的12级日语系王利娇同学在余姚黎丰贸易有限公司实习期间,1个月内单独促成首单2万美元交易,在毕业实习评价上获得单位极高的评价。

参与实训课程的教师也可以从实训项目中受益。实训可以促进教师教学能力的发展,摆脱传统的教授式教学,开展以学生为主的任务模式教学,教师在实践教学中能够转变教学理念、角色,从讲台上的老师变身为实训项目的导演,真正做到"以学生为中心",这对于提升教师能力也有促进作用。

六、深入实施商务日语实训面临的新问题

商务日语的实训课是一种模拟仿真的授课形式,改革和探索的主体基本取决于授课教师的经验、个人能力以及参与的学生的知识面。要继续深入实施商务日语综合实训课程,双师型人才的缺乏会是制约这类课程开展的最大因素。特别是来自学校外部的相关行业对整个流程的监控和评估指导仍然处于一种不足或者说是空白的状态,商务流程的仿真度有待于进一步提高。这就需要教师在课程流程设置中设计更多的案例题库和可能发生的突发状况。由于整个流程中在很多情况下采用的是任务驱动法的教学模式,也就是教师导演设计进出口任务和目标,学生提出完成的思路和建议,学生的发挥空间很大,适合个性发挥和工作技能的习得。但在具体的语言运用上语言的流畅度和准确性会有所不足,特别是口语的交流表达上,需要教师在课后对模拟进出口小组双方做出及时的反馈和指导。此外,教学中缺乏专职实训教师,由普通授课教师兼任情况严重。授课时间安排和现行的教学日程有着较大的冲突,实训课时仍然过少,可供选择的科目体系也不够丰富,无法满足教育部所规定的未来实训实习的课时占专业教学总课时的比例应达到30%以上的要求。

高见泽孟认为，未来的商务日语教育有必要探讨设立教学组。擅长语言教育的教师和擅长商务信息的教师组成团队，在同一个班级交替教学。目前，商务日语实训课程改革的设计和实施基本都由中方教师担任。对中方教师而言，有过外贸从业资格，从事过相关行业的业务是必要的条件。只有具有一定实际经验的教师才能较好地驾驭和指导这类课程，但仅仅依靠中方教师还是不够的。在实训课的很多重要环节和模拟训练上，中方教师和学生既是参与者，又充当裁判，这种仿真模拟是否符合日商习惯，对礼貌用语得体与否的判断缺乏专业人士的明确衡量标准。招募有从事中日间商务活动经验的日籍外教参与到模拟课程的设计和评估上来显得尤为重要。同时，一门课的授课和监控是否允许两名教师同时存在也是一个现实的问题，没有了日方教师，日本商务习惯和礼仪等诸多因素的评判就有可能不够合理，而如果缺少了中方教师，出口产品的仿真性，接地气的报价等因素就没有了合适的监控人，也会降低实训的仿真效果。

校内实训课程和校外实习的衔接也不尽如人意，校外实习是学生掌握技能最好的方式，工厂公司提供的 BPO 岗位可供大量日语系专业就业，而能够接受大量学生实习和就业的企业几乎没有。这和专业形态受到学科性质和地域特色的限制有关。一般的对外贸易企业不愿意花费过多的精力和时间去培养一名应届毕业生做一个业务员，更多的是将学生作为一个单证员或跟单员录用，外贸业务员有着深厚的“教会了徒弟，饿死了师傅”的观念，外贸企业参与到这种校企联合的培训项目的积极性不高。在这种背景下，业务实践能力的培养很大程度上还是回到了依靠有相关背景知识的学校的路子上来，这就造成了学校实训和实习相脱节的情况。此外，目前高校日语专业学生就业并不太理想。对于学生个人而言，获得相关校外实习岗位的学生基本都是在和用人企业签订就业协议的基础上才被允许进入单位实习，也就是说外贸企业通常考虑的是用人因素，但在教学阶段联合培养上态度较为消极。企业不愿参与校企项目的很大原因是企业惧怕参与培养的人才跳槽进入其他企业，最终为他人作嫁衣。因此校内实训和校外实习相衔接由哪个企业来做就成了一个较大的问题，这个问题在民营经济和个体私营经济发达的浙江省显得尤为突出。应用型日语外贸人才的培养过程中，如何形成产学研的合力还面临着较多的困难，在学校实训课程的基础上，依靠学生自我能力的个人校外实习是目前的主流，但参与相关实习的学生数量还是太少。这个问题在所有的外语及外贸人才的培养中都存在，是一个具有普遍性的问题。

七、结语

鼓励一批普通高校向应用型大学转型，这是“十三五”期间，国家支持职业教育，深化产教融合，推动应用型高校建设发展的必然的结果。包括日语在内的高校外语专业也要迎合这种改革的需求，结合应用语言的特色，建设和地方经济特色结合的，和企业需求相符合的实践课程。探讨课程设计和运用方式，摆脱外语教学的纯理论的论述，编制具有实践操作性的外语教学方案和教案将会成为未来高校外语专业面临的一个共同的课题。作为应用语言的商务外语教学建设未来几年必将会加快从理论教学向实践教学转变的步伐。

参考文献：

[1]近藤彩.『日本人と外国人のビジネス㊣コミュニケーションに関する実証研究』[M]ひつじ書房.東京，2007.

[2]高見澤孟.ビジネス日本語の教え方[M].アルク.東京，1994.

[3]严红君.试论商务日语的能力界定[J].日语学习与研究，2011(3).

[4]李爱文.中国商务日语教育的历史、现状及未来展望[J].日语学习与研究，2011(4).

[5]周林娟,潘幼芳.商务日语模拟实践教学的探索与研究[J].日语学习与研究,2011(5).

[6]教育部,国家发展改革委,财政部.关于引导部分地方普通本科高校向应用型转变的指导意见[EB/OL]. http://www.moe.edu.cn/srcsite/A03/moe_1892/moe_630/201511/t20151113_218942.html,2015

英语专业学生多元思辨能力的翻转式培养*

李　皓

（浙江财经大学东方学院外国语分院，浙江 海宁 314408）

摘　要：多元思辨性思维被认为是创新能力的基础，现代教育对学生多元思辨能力的培养十分重视和强调。本文通过研究新兴的翻转课堂教学模式来探讨在英语专业课堂内外进行创新型培养，鼓励和组织学生进行有效的知识积累、同侪探讨和思考活动，并最终实现对多元思辨能力的培养。同时强调翻转课堂应破除唯技术主义迷思，引入含多元思辨能力要素的实质性内容。

关键词：多元思辨；翻转课堂；英语专业教学；创新型培养

一、引　言

多元思辨性思维被认为是创新能力的基础。国内对思辨性思维的研究始于21世纪，在理论探讨、量具开发和教学研究等方面都仅处在初级阶段[1]。虽然现代教育对学生思辨能力的培养十分重视和强调，但通过何种教学法在课堂内外鼓励和组织学生进行有效的知识积累、同侪探讨和思考活动却缺乏足够的研究。

Christensen等[2]倡导用破坏性创新打破标准化的工厂式教育系统。他们以独创的、有20年研究背景的"破坏性创新理论"为基础，提出"以学生为主体"的教育改革方向。提倡适当运用数字化技术作为学习的平台，针对学生量身打造和整合内容，让学生能在他们喜欢的地方、以他们喜欢的步调、符合他们智能类型的方法去学习和提高思考能力。这一现代教学改革思潮和翻转课堂的课下网络学习、课上答疑讨论的自主学习基本理念不谋而合，但国际上还缺乏具体将翻转课堂用于提升学生多元思辨能力的研究。

二、我国英语专业学生多元思辨能力培养的现状及影响

现在我国大多数高校英语课程的功能还停留在灌输知识、训练技术、备战考试层次，而对学生未来发展更重要的公民教育、人格教育和人文精神教育，以及与之密切相关的多元思辨能力的培养并没得到很好的贯彻和实施。

跟其他文科专业相比，英语专业学生的多元思辨能力训练更为薄弱。文秋芳等[3]用自制的思

* 基金项目：浙江财经大学东方学院2015年教学研究一般课题(2015JK38)成果。

辨能力量具对全国11所高校14个专业的2000多名文科生开展思辨能力的调查研究,推断出"英语专业课程对大学生思辨能力发展的积极影响至少比不上其他文科专业课程",并将此归因为英语学习过程中主要的练习环节是"模仿、记忆、重述",而不是训练跟思辨能力相关的"分析、推理、评价"技能。仲伟合[4]也指出国内英语类专业对学生人文性培养不足,对提高思考能力不够重视,造成了学生知识结构和人文素养的缺损。

一方面,大学英语课程的一些教学内容久被诟病为是对中小学课程的无谓重复,多元思辨能力培养缺席,重复的信息内容和基础知识难以激发学生的学习主动性和积极性;另一方面,多元思辨能力不足的学生在学习过程中主要表现为思维性懒惰(intellectual laziness),如放弃思考、回避话题探讨、议论时仅能列举简单事实信息等。这对他们的未来发展不利,也使他们在一些强调多元思辨能力的考试中处于劣势——如雅思(IELTS)、托福(TOEFL)、GRE等,引入多元思辨能力培养要素将能对此境况做出改善。但采取何种教学法在课堂内外组织和引导英语专业学生发展思辨能力,促进参与式、启发式、探究式、讨论式教学,还欠缺足够的理论和实践性研究。

人们往往误认为,中国学生英语交流能力差是对英语实践性不够重视造成的,归咎于英语学习脱离了日常生活。其实更深层次的原因是现行大学英语教育体系缺乏对学生多元思辨能力的培养。思辨能力和人文素养差的学生往往用母语也无法清楚有效地表达自己的思想和看法,或者仅能随大流,表达庸知俗见。把有利于多元思辨能力培养的翻转课堂教学模式引入大学英语课堂将有可能对此现状做出积极改变,为社会提供既有英语语言能力,又有思考和判断能力的健全人才。为了让英语专业学生在全球化社会的跨境商贸、跨文化交流和跨区域合作中发挥更大的作用,此种创新型培养方式必不可少。

三、运用翻转课堂培养英语专业学生的多元思辨能力

(一)翻转课堂概述

Jonathan Bergmann和Aaron Sams于2007年开始在化学课堂中采用翻转课堂教学模式,并推动此模式应用于美国中小学教育。Robert Talbert教授在很多课程中(如"利用计算机工具解决问题"、"线性代数")应用了翻转课堂教学模式并取得了良好的教学效果。他总结出翻转课堂的实施结构模型,并简要描述了翻转课堂实施过程中的主要环节,然而其应用多偏向于理工类的操作性课程,运用于人文类科目以促进学生思辨创新能力的研究还乏善可陈,而其强调学生自主学习和思考互动过程的特点又使其在这方面充满潜力。

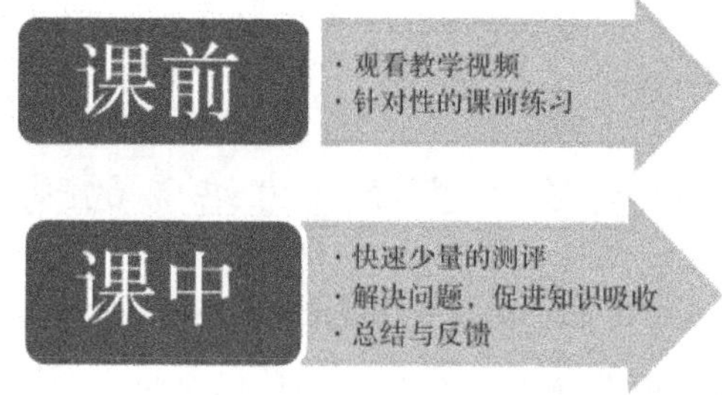

图1 Robert Talbert的翻转课堂结构

资料来源:Robert Talbert Inverting the Linear Algebra Classroom. http://prezi.com/dz0rbkpy6tam/inverting-the-linear-algebra-classroom)

翻转课堂意指打破传统课堂里学生上课听讲、课后完成作业练习的学习模式，而鼓励有效利用现代科技的便利性和普遍性，由教师在课前录制或推荐与课程内容相关的视频剪辑和网络资源，让学生利用计算机和智能型手机等媒介浏览学习。教师尽量不占用课堂时间传递基本信息和事实，相应的信息采集工作由学生在课前通过看视频、听讲座、上网查阅材料来自主完成，还可以通过社交媒体与其他同学进行讨论。学生遇到困难时也可再次观看视频重复学习或者咨询其他同学。正式课堂时间则采用研讨小组、互动学习等教学策略，让学生总结并展示所掌握的信息，以及进行对话或其他练习活动，强调师生间和生生间的互动。在此种教学情境下，教师的角色转变成引导者(guide)或顾问(advisor)，鼓励学生进行互动合作或独立探索。

翻转课堂是对传统课堂教学结构与教学流程的颠覆，让日常碎片时间的学习利用率更高，学生能够更灵活、更自主地把握学习进度。其实信息传递(授课)仅是最基础层次的学习活动，在翻转课堂中，教师需要通过督促和指导把学生从被动信息接收者(passive information consumer)转化为主动学习者(active learner)。

(二)翻转课堂和多元思辨能力培养的互促互利关系

翻转课堂近几年被引入国内教学界后，成为当下最受关注的教育改革和教育创新话题之一，但大多数教研都围绕着课前教学视频的编制和其他技术层面，重操作而轻内涵。其实认为翻转课堂就是教师录制教学视频让学生在家里看是一种误解，其精髓在于鼓励和培养学生自主学习、钻研问题、探究创新的兴趣和能力。真正的目的是充分利用课堂时间做更深层次的学习活动，让学生的课堂参与度更强，并提升多元思辨能力。

很多学者认为思辨性思维的培养应与具体学科的教学内容结合(McPeck[5]; Pithers & Soden[6])，并应在此基础上开设专门的思辨性课程或与通识课相结合 (Halpern[7])。一方面，英语专业课程若要致力于提升学生的人文素养和思考能力，就需要引入思辨能力培养的内容；另一方面，翻转课堂能促进更多的课堂讨论和互动，有助于提升学生的学习参与度和热情。

精熟学习理论(mastery learning)认为，传统课堂里，所有的学生都获得同样长度的课堂学习时间，学生无法根据自己的理解和吸收能力来自主安排学习进度。而翻转课堂里，同一个英语教学课题下，可以让精熟程度高的学生探讨更深入的内涵和寻求新的问题视角；精熟程度较低的学生则获得更多的个人辅导，参与力所能及的学习活动，并从同学那里得到启发和帮助。这样的教学模式是最有利于多元思辨能力培养的。

总而言之，一方面翻转课堂能为多元思辨能力的培养提供具体有效的实施手段；另一方面，引入对多元思辨能力的培养又为翻转课堂提供了实质性内容，避免其流于形式主义或唯技术主义(Technological determinism)。

(三)运用翻转课堂培养英语专业学生多元思辨的困难和克服措施

相较于国内中小学，翻转课堂其实更适合于大学：一方面中小学生在独立思考和自主学习方面得到的训练极少，缺乏有效进行翻转课堂的思维能力基础；另一方面大多数中小学生课堂外的时间事实上被各种应试型的作业和补习填满，少有空余时间去进行翻转课堂教学所必需的自主摸索和同侪讨论。因此只有在大学校园里，翻转课堂教学模式才能在一定程度上有效开展，但是也会面临许多困难。

第一，教师需要引导学生转变既有的学习习惯和思维模式。国内学生经过多年的应试化教育，已经习惯于单方面被动接受信息灌输。翻转课堂鼓励学生主动学习和自主把握学习进度，但教师需要引导学生在课后收集信息并钻研思考，利用碎片时间学习，这样会在一定程度上加重学生的课业负担。翻转课堂还需要学生积极与他人互动并参与讨论和展示等教学活动,国内许多学生已经习惯于个体练习作业。这些现状就要求教师进行更多课堂设计组织方面的说明,以取得学生的支持与配合,逐渐转变他们学习模式。英语专业翻转课堂里,教师作为学生的组织者和引导者,要预先布置教学主题,指导学生在课前获取自己所需的知识,掌握获取知识的方法以及学会根据认知的需求处理各种信息的方法。在课堂上,教师则应退居建议者的地位,让学生更多发言和讨论,鼓励学生用已掌握的英语尽量表达自己的观点,充分发挥学生的主体作用,以实现英语的高效课堂。

第二,课前课中教师要充分利用网络资源和多媒体技术来丰富教学内容和补充知识点。建构主义理论认为"情景"、"协作"、"会话"和"意义建构"是学习环境中的四大要素或四大属性,而翻转课堂会对这些要素进行重构。教师需要研究翻转课堂一些精品课例来了解其背后的教学设计,并通过大学英语教学实践来设计和反思能激活学生多元思辨能力的高效课堂。课前课中,教师提供给学生的学习材料要力求新颖多样和富于吸引力,分层次、有梯度、有针对性地激活学生的思考和探索精神,最终达到培养多元思辨能力的目的。

第三,教师需要记录和分析运用翻转课堂后,英语专业课堂上产生的新的师生与生生互动模式,及其对多元思辨能力发展的影响。翻转课堂上生生间和师生间的交流和讨论,都需要教师在细致的观察和反思调整中,真正做到脚手架式的(scaffolding)因材施教,以促进学生对知识文化的思考和消化吸收。此一过程,经过进一步的记录分析后将可以得出更清晰、更有指导意义的结论。

第四,创造有利于发展多元思辨能力的教育环境,需要转变和发展教师在翻转课堂里的角色和功能。翻转课堂的应用,另一个重大阻碍来自教师习惯性的教学理念和思维方式。很多教师在应试化的教育环境中,已经形成了僵化的教学行为模式和思维习惯,而翻转课堂会使教师处于全新的、流动性的、富于变化的教学环境中。教学中会出现教师备课阶段没有涉及的内容,所以翻转课堂也对教师提出了更高层次的要求,需要教师自身具备终身学习、不断提升文化素养的意愿和能力。只有教师自觉自愿地转变自己的角色定位,才能充分发挥翻转课堂的效用。

四、结 语

考虑到人工智能在语言领域内的发展速度和模式,英语专业学生的培养已经不能仅仅局限于简单的语言操作和应用层面。教师已不能仅仅满足于做基础知识的重复和传递者,更为重要的是促进学生通过在日常的课堂和学习过程中加强交流活动的参与与反思,来扩展他们的思维,培养他们从多元化和思辨性的高度来观察和省视问题,创新性、多维度、多层次地应用语言和人文知识在跨文化交流的过程中平等协商、缓解分歧和促进共识。可以期待,按照这种创新方式培养的英语专业学生未来将在国际社会的跨境商贸、跨文化交流和跨区域合作等方面发挥更大的作用。

参考文献:

[1]罗清旭.论大学生批判性思维的培养[J].清华大学教育研究,2000(4).

[2] Christensen C M, Horn M B, Johnson C W. Disrupting Class: How Disruptive Innovation Will Change the Way the World Learns[M]. Mcgraw-Hill, 2008.

[3]文秋芳.我国英语专业与其他文科类大学生思辨能力的对比研究[J].外语教学与研究,2010(5).

[4]仲伟合.英语类专业创新发展探究.外语教学与研究[J].外国语文双月刊,2014(1).

[5]Mcpeck J E. Stalking Beasts, but Swatting Flies: The Teaching of Critical Thinking[J]. Canadian Journal of Education, 1984,9(1).

[6]Pithers R T, Soden R. Critical thinking in education: A review[J]. Educational Research, 2000,42(3).

[7] Halpern D F. Thought and Knowledge: An Introduction to Critical Thinking[J]. Thought & Knowledge An Introduction to Critical Thinking, 2002, 36(2).